宋代科举社会

梁庚尧 编著

中国文明研究丛书

THE SONG DYNASTY
EXAMINATION SYSTEM:
A SOCIAL HISTORY

东方出版中心

图书在版编目（CIP）数据

宋代科举社会 / 梁庚尧著. — 上海：东方出版中心，2021.1

ISBN 978-7-5473-1753-2

Ⅰ. ①宋… Ⅱ. ①梁… Ⅲ. ①科举制度－影响－社会生活－研究－中国－宋代 Ⅳ. ①D691.344 ②D691.9

中国版本图书馆CIP数据核字（2020）第261042号

上海市版权局著作权合同登记号：图字09－2016－780

本书简体中文版由台湾大学出版中心授权出版

宋代科举社会

著　　者　梁庚尧
策　　划　郑纳新
责任编辑　沈　敏
装帧设计　陈绿竞

出版发行　东方出版中心
地　　址　上海市仙霞路345号
邮政编码　200336
电　　话　021-62417400
印 刷 者　山东韵杰文化科技有限公司

开　　本　890mm×1240mm　1/32
印　　张　8
字　　数　184千字
版　　次　2021年1月第1版
印　　次　2021年1月第1次印刷
定　　价　68.00元

梁庚尧

当代著名历史学家。祖籍广东省新会县，1948年生于广州，1956年定居台北。台湾大学历史系学士，台湾大学历史研究所硕士、博士。历任台湾大学历史系讲师、副教授、教授。梁史治史，尤精于中国社会史研究和宋代历史研究，著有《南宋的农地利用政策》《南宋的农村经济》《宋代社会经济史论集》《南宋盐榷——食盐产销与政府控制》《宋代科举社会》等。

目录

序

本书是我在台大历史研究所讲授“宋代科举社会”课的讲稿，讲授这门课，始于1996学年。原本我在开始指导研究生之后，在1994学年开授了一门“宋代社会史料选读”，供学生修习，好让师生之间有课堂上见面、讨论的机会。由于宋代的士人是我在这期间研究的一个重点，所以选读的史料就以与士人相关者为重心。教了一年，觉得所选史料在内容上可以改写成一份较有系统的讲稿，经过思考，以“宋代科举社会”为题，搜集相关的研究成果，辅以自己的研究心得，写成讲稿，开出这门课，这份讲稿可以说是本书的初稿。以后这门课和“中国社会史”课轮流，隔年开授一次。至于“宋代社会史料选读”课，亦未停开，同时由于系里教学上的需要，我又开出其他的史料选读课，各门史料课并且扩大为大学部三、四年级学生也可以选修，这些史料选读课轮流在不同的学年开授。“宋代科举社会”课则仍维持只有研究生才能选修，并且避免和“宋代社会史料选读”课在同一年开授，一直到我退休前。

以“科举社会”这一个概念来阐释宋代社会的特色，渊源自钱穆。钱穆在《中国社会演变》一文中，从士人身份与政府组成分子出身的角度出发，将唐以下的社会称为“科举的社会”，认为这一种社会在唐代已开始，到宋代始定型，其中心力量完全寄托在科举制度上。我在念大学时，读到钱穆收在《国史新论》的这篇短文，以之与他在《国史大纲》中所讲唐宋间社会的绝大变迁，亦即唐代世族门第渐次衰落以后社会的新形象，相并而观，印象深刻。开始教书以后，讲授各系的共同课程“中国通史”、本系的专史课程“中国社会史”，讲到宋代社会中的士人与士大夫时，都以“科举社会”的概念来讨论；在“中国社会史”课中，更有一讲以“科举社会的成立与逆转”为题，讲唐、宋到元代间社会变化的一个面相。无论是“中国通史”课，还是“中国社会史”课，讲述宋代的科举社会，受到内容分配和讲授时间的限制，都只能是其中一讲的一个部分。开出“宋代科举社会”这门课，以一个学期来讲授一个专题，有比较充裕的时间来发挥，较为深入地讨论牵涉到的问题。

本书在性质上和已经出版的《中国社会史》一样，是一本编纂的教材。内容多撷取自学界的研究成果，也有一部分取材于我自己的研究心得，这主要是由于我对相关的问题发表过一些论文，所以把这些心得也写入书中。此外，还有一些内容是平日的读书心得，并未写成论文发表。这些心得散见各讲，或是注意到某段史料的意义，或是有某种想法，有些比较片段甚或零星，只能组织编入相关的论述之中；也有些较成系统，甚至可以单独成为一节，例如第十五讲中“积善与种德”和“荣耀家邦”两节，就属于这一类。自1996学年初次讲授这门课之后，学界在这一个课题的研究上已有所进展，我自己也陆续发表了一些讨论相关问题的新论文，有一些新的读书心得，所以讲稿也跟着有所增补修改，大的结构虽未改变，可是若干讲的内容已和讲稿初次写成时不尽相同。

我的授课讲稿的出版，出自方震华先生和陈雯怡、吴雅婷两位女士的提议，获任职于台大出版中心的汤世铸先生促成。本书稿出版前的整理，得陈雯怡女士和张维玲女士的协助，她们两位都通阅了书稿一遍，于此一并致谢。我首次讲授这门课时，陈女士已自台大历史研究所硕士班毕业，仍然来旁听。她自己在这一个课题上，也有过一些很好的研究发表。她讨论南宋书院的硕士论文，是这一个课题的优秀作品，后来出版成书，为本书重要的参考著作。书稿经陈雯怡女士和张维玲女士整理之后，我自己又修订过一次。其后再依据两位审查人的意见修改过，虽未能完全依据审查意见来修改，但受惠实多，衷心感激。此外，我也要感激台大出版中心编辑们的认真与细心，特别是本书责任编辑曾双秀女士。学海无涯，个人所知、才识均有限，书中疏漏错误之处仍多，有待读者指正。

梁庚尧序于2015年10月

第一讲
科举制度（上）

一、宋代的重视科举

魏晋南北朝是中国历史上所谓的门第社会时期，以世族为中心，形成上下分明的社会阶级，政治权力由少数高门大族所把持，寒门士人很难有出头的机会。隋唐以后，由于皇帝有意压抑世族，配合着以科举考试制度取代九品中正制度来选拔人才，这一个阶级性的社会逐渐被打破，门第势力逐步衰退；到了五代时期，战乱残酷地打击过去的世家大族，使得它们完全消失。宋代建立之后，皇权更为高涨，不仅继续实施科举考试制度，而且愈益讲究防止主考官员与考生之间私人关系对于选才的影响，配合印刷术逐步推广与教育日渐普遍，与唐代以前相比较，社会上可以说已经没有历久不衰的高门，也没有明显的阶级界线；经由科举考试的选拔，社会上的读书人不论出身高下，都有可能进入政治的核心，演变为所谓的科举社会。对于新社会形态的形成，科举考试制度无疑是一个重要的推动力量。

科举考试开始于隋代，唐代继承这项制度。在盛唐时期，科举已经成为入仕的重要途径，受到士大夫的重视。五代虽然兵荒马乱，武人割据，可是科举考试并没有中断。到了宋代建立，为了矫正唐末五代武人政治的积弊，朝廷鼓励读书。江少虞《皇朝类苑》卷一载：

太祖将改年号，谓宰臣等曰，须求古来未尝有者，宰臣以乾德为请。三年正月，平蜀，宫人有入掖庭者，太祖因阅奁具，得鉴背字云，乾德四年铸，大惊曰："安得四年铸此鉴？"以出示宰相，皆不能对。乃召学士陶谷（903—970）、窦仪（914—966）问之，仪曰："蜀主曾有此号，鉴必蜀中所得。"太祖大喜曰："作宰相须是读书人。"自是大重儒臣矣。

当时宰相为赵普（922—992），赵普辅佐宋太祖开基创业，功劳甚大，但学问上的修养究竟有限，所以宋太祖会因为年号一事而有"作宰相须是读书人"的感想。同书同卷又载："太祖闻国子监集诸生读书，喜，遣使赐之酒果，曰：'今之武臣，亦当使其读经书，欲其知为治之道也。'"可见宋太祖不只重视读书人，进一步还希望武臣也受到经书的熏陶，而所以如此，是因为经书所讲的是"为治之道"。这样的一种期望，就不仅仅是因年号问题而生的临时感想，而且是针对唐末五代以来长期的战乱动荡与民不聊生而发。

不仅皇帝对读书人看重，社会对他们也寄予厚望。五代时期，科举虽然没有停废，士人却没有受到政府的重视，地方官吏甚至对他们压抑摧辱，士人也不敢穿着儒士衣冠出入官衙、闾巷。到了宋初，朝廷政策有了改变，士人开始穿着儒服公开活动，地方父老看到他们，有乱世将成过去的观感。马端临《文献通考》卷三十《选举考三·举士》引晁归来子（晁补之）序张穆之《触鳞集》（又见晁补之《鸡肋集》卷三四《张穆之触鳞集序》）：

五季文物荡尽，而鲁儒犹往往抱经伏农野，守死善道，盖五十年不改也。太祖皇帝既定天下，鲁之学者始稍稍自奋，白袍举子，大裾长绅，杂出戎马介士之间，父老见而指以喜曰："此曹出，天下太平矣。"

当时仍刚开国，武人的势力未完全消失，白袍举子只是“杂出戎马介士之间”，但是父老已经满心欣喜，对于天下太平充满了信心。“白袍举子”是指应举士人的穿着是白色襕衫，这是沿自唐代的制度。

朝廷和社会对于读书人的期望，具体地显现在对于科举考试制度的重视上。宋代的重视科举，从宋太祖的时代就已经开始。表现之一，是对远道赴京考试的贡士提供旅费补助。以往士人入京应考，费用均须自备，家贫道远者无法赴考。开宝二年（969），下诏“西川、山南、荆湖等道，发遣举人往来并给券”，“给券”是发给驿券，亦即从初起程到还乡的费用，都由公家供给。这时后蜀、荆南刚刚并入版图，南唐、南汉则仍在控制之外，这项措施，恐怕也有笼络人心的作用。宋太宗崇尚文治，对于科举考试更加重视，曾经说：“朕欲博求俊彦于科场中，非敢望拔十得五，止得一二，亦可为致治之具矣。”（李焘《续资治通鉴长编》卷十八“太平兴国二年正月丙寅”）又说“朕亲选多士，殆忘饥渴，召见临问，以观其材，拔而用之，庶使岩野无遗逸，而朝廷多君子尔”（同书卷二四“太平兴国八年六月戊申”）。

也就是从宋太宗的时候开始，科举考试录取的人数大量增加。宋代科举考试科目很多（进士、诸科，详后），但仍然和唐代一样，以进士科最受重视。唐代科举考试每年举行，每次进士科录取不过一二十人。宋代考试时间最初没有一定的制度，宋太祖时是每年考，宋太宗时每隔一二年考，也曾经连续五年不开科场；宋真宗时有时连续两三年考，也有时隔一年或两三年才举行；宋仁宗时起初是四年一贡举，后来又改为间岁一开科场；直到宋英宗治平三年（1066），才定制为三年一开科场，此后没有变更。进士科录取人数在宋太祖时仍然不多，少时不满十人，多也不过三十人。自宋太宗时起逐渐增多，淳化三年（992）榜录取达三百多人，和诸科合计在一千人以上，以后每榜进士科录取绝大多数都达到数百人，而以南宋宝庆二年（1226）录取九百九十八人为最多。

宋代登第任官，比唐代来得容易，这项变化也发生在宋太宗时。

唐代在礼部考试通过后，还要经过吏部考试，通过才能任官。宋代初年沿袭这项制度，及第考生由礼部贡院送吏部南曹，试判三道，称为关试，合格才能授官。宋太祖开宝八年（975），由皇帝亲自主持的殿试开始成为常例；两年后，亦即太宗太平兴国二年（977），进士、诸科登第合计五百人，均不经关试而授官，从此成为定制。

进士及第可以享受各种荣耀，譬如皇帝赐宴。唐代科举考试发榜之后，新科进士聚宴于曲江，但这是进士们自己凑钱办的。五代、宋初改为官府赐钱，宋太宗时，再改为皇帝赐宴。起初在开宝寺，从太平兴国八年（983）起改在琼林苑，成为定制。这项宴会，又称闻喜宴，政府高级官员和主考官都出席作陪，皇帝并且赐诗。至于榜首，也就是一般所谓的状元，荣耀就更高了。原本自宋初确立殿试以来，殿廷唱名发榜后，状元和其他及第考生骑马出宫门，均须自备鞍马费，而京师也有一些好事者自以鞍马等候于宫门之外，所以虽然号为廷魁，却和众人没有差异。从宋真宗大中祥符八年（1015）起，特诏给金吾卫骑士七人传呼前引，于是显得与众不同。田况（1005—1063）《儒林公议》卷上：

> 太宗临轩放榜，三五名以前，皆出贰郡符，迁擢荣速。陈尧叟（961—1017）、王曾（978—1038）初中第，即登朝领太史之职，赐以朱绂。尔后状元登第者，不十余年皆望柄用，人亦以是为常，谓固得之也。每殿廷胪传第一，则公卿以下，无不耸观，虽至尊亦注视焉。自崇政殿出东华门，传呼甚宠。观者拥塞通衢，人摩肩不可过，锦鞯绣毂，角逐争先，至有登屋而下瞰者，士庶倾羡，欢动都邑。洛阳人尹洙（1001—1047），意气横跞，好辩人也，尝曰："状元登第，虽将兵数十万，恢复幽蓟，逐强敌于穷漠，凯歌劳还，献捷太庙，其荣亦不可及也。"

科举考试在宋代朝野心目中的地位，从田况的这一段描述中清楚地表现出来。

就理想而言，宋代的重视科举，有鼓励社会上寒士出头的作用。宋真宗曾经在一次发榜之后，问宰相王旦（957—1017）等人："有知姓名者否?"众人回答说："人无知者，真所谓搜求寒俊也。"（《续资治通鉴长编》卷八四"大中祥符八年三月丁酉"）宋真宗也曾亲谕知贡举的大臣："贡举重任，当务选擢寒俊，精求艺实，以副朕心。"（同书卷四三"咸平元年正月丙寅"）人们也认为宋仁宗"于科举尤轸圣虑，孜孜然惟恐失一寒畯也"（朱弁《曲肴旧闻》卷一）。为了配合这一个理想，考试制度愈来愈严密，宋太宗时开始有糊名弥封，宋真宗时进一步有誊录易书。定等第时由主考官和覆考官两次定等，分别弥封，最后才由详定官启封，参考两次等第作最后的评定。为防考生挟带，又订有搜身的办法（防弊制度详后）。南宋中期人回顾以往，观察到"本朝尚科举，显人魁士，皆出寒畯"（赵彦卫《云麓漫钞》卷七），理想、政策和制度相互配合，结合民众受过教育之后对于登科及第的盼望，收到了北宋前期以来君臣所期待的成果，而科举考试也因此成为塑造宋代社会特性的重要因素。

一、贡举程序

科举考试又称贡举，也称作乡贡，意思是地方（乡）将人才进献（贡）到中央。贡举是常科，另外有制举，为特科，由皇帝特别下诏举办，例如贤良方正能直言极谏、才识兼茂明于体用、茂才异等、书判拔萃等科，自宋初以来已有。凡内外职官、前资现任官或无官职者，并得由诸州及本司解送吏部送试，录取人数很少。此科虽受时人推崇为大科，但整体上的重要性不及贡举。又有词科，包括宏词、词学兼茂、博学宏词三科，设于宋哲宗绍圣年间（1094—1097），考试内容以文词为主，必须有官人才能投文礼部，请求应考，后来扩大到无出身命官也可以应考。宋人对此科的重视不如制举，录取的人数也不多。

宋代贡举需先后经过解试、省试、殿试三个程序，前两个程序在唐代就已经存在，最后一个程序到宋代才确立。

（一）解试

解试由州军举行，所以称为解试，是由于考生在录取之后，由本州岛军“发解”到京师参加中央政府的省试，通过解试而获得发解者称为得解人或得解举人。考试时间在秋天，北宋天圣四年（1026）以前在八月，天圣四年以后在九月。福建离京城远，提前在七月，四川、两广更远，再提前在六月。南宋初年解试恢复在八月，由于都城南迁到杭州，福建、两广距离已近，所以也同样在八月举行。因为在秋大举行，所以又称秋试、秋解或秋赋。士人参加此项考试，则称为取解或取应。解试通过，才能由地方政府解送到中央，参加礼部的考试。

参加解试的士人，先于本贯（本籍）投纳家状、保纸和试纸。家状上写明应举人的姓名、年龄、家庭状况、三代、举业、举数，以及乡贯。保纸则是考生彼此互保符合应考资格和考试规定，在解试是三人结保。试纸则是考试用纸，由官府加盖印信后发还，到考试时使用。从宋初以来，就规定应贡举人必须“各归本贯取解，不得寄应”（《续资治通鉴长编》卷六十“景德二年七月丙子”），所谓寄应是指寄籍取应。这项规定含有乡举里选的意义，但是执法不严，寄应于开封府考试的士人尤其众多，原因在于开封府的解额比较宽。所谓解额，是指全国各州军都有中央给予的发解名额，虽然多寡不均，但是都能分配到一定数额，用意在让各地士人都有参加省试的机会，具有维系地方对中央向心力的意义。

士人应考解试，自唐代以来，便是“怀牒自列于州县”，自行报名。宋代仍然如此，但是必须没有以下几种情形，才符合资格：

> 一、隐忧匿服；二、曾犯刑责；三、不孝不悌，迹状彰明；四、故犯条宪，两经赎罚，或未经赎罚，为害乡里；

五、籍非本土，假户冒名；六、祖、父犯十恶四等以上罪；七、身是工商杂类，及曾为僧道者。（徐松辑《宋会要辑稿·选举三之二五·科举条制》“庆历四年三月十三日”）

有以上七种情形之一，均不得取应。所谓十恶，是指谋反、谋大逆、谋叛、恶逆、不道、大不恭、不孝、不睦、不义、内乱诸罪（窦仪《宋刑统》卷一）。这几项要求，第一是要身家清白，祖上没有犯大罪。第二是要本身没有道德上或法律上的过失，服丧期间不许应考，也可归入这一部分，这是最基本的条件。至于第五项必须于本籍应考的规定，前面已提过实际上执行不严。第七项是有关职业、身份的限制。工商是工商业者，杂类具体包含哪些人并不清楚，吏人、倡优等也许都在其内，僧道则是佛、道两教的出家人。这一项规定实际上也未严格执行，因为另外有诏令：“如工商杂类人内有奇才异行，卓然不群者，亦许解送。”曾为僧道者虽然不许应考，他们的子弟却不受限制。

除此之外，在身体健康方面，宋太宗曾下令诸州不得解送身有废疾的进士，但是这一个禁令后来似乎没有严格执行，实际上只要不是严重的残废，便可以应考。朱长文（1039—1098）和徐积（1028—1103）是北宋两位著名的残障登科进士，朱长文是在登第之后才因坠马而成为跛足；徐积的耳聋不确定在何时，但是至少在他尚未考省试时，在一封自称“乡贡进士徐积”的信中，他就已说自己“两耳病聋”，而且“病聋数年”（徐积《节孝先生文集》卷三十《上赵殿院书》），耳聋不影响日后他考省试、殿试，并且登第，可以推想，耳聋应也不致影响一个士人报考解试。南宋淳祐十年（1250）榜的状元方逢辰（1221—1291）则右足跛、左目瞽，第四名杨潮南、省元陈应雷，都一目瞽，他们也都获地方解送参加省试。

学历方面，在宋代绝大部分的时间也没有限制，只有庆历改革时曾规定在国子监或州县学入学满一定日数才能取应，可是这项规定不旋踵而废除。宋徽宗时实施地方学校（州、县学）三舍法，废除解试及省试，取士全由学校升贡，这项制度也只实施了十八年便失败。所以整体来讲，只要没有严重的道德过失（主要是家庭伦理方面），也不曾触犯法禁，士人便可以应考，这就提供了广泛的机会，给有志于此者参加竞争。

除了由州军举行的解试之外，还有一些特殊的解试，包括：

1. **锁厅试**

凡现任官应进士举，另外为他们举行锁厅试。锁厅是“锁其厅事而出”的意思。宋真宗天禧二年（1018）定制“自今锁厅应举人，所在长吏先考艺业，合格即听取解，如至礼部不及格，当停见任，其前后考试官、举送长吏，并重置其罪”（《续资治通鉴长编》卷九二“天禧二年六月壬申”）。后来下第者免除处罚，应试者日增，宋仁宗宝元二年（1039），以锁厅人妨占地方解额，有碍孤寒上进，改送转运司考试，别立解额解发。

2. **别头试**

应举人有亲戚在本州岛任官，或者担任发解官，或者侍奉父母任官距离本州岛两千里以上，由转运司选官另行考试，又称转运司类试，南宋时称漕试。所谓亲戚，指五服内亲（同一高祖父以内的亲属），及大功以上（同一祖父以内的亲属）婚姻之家。这项制度确立于宋仁宗景祐四年（1037），解额另立，不占州军解额。到嘉祐二年（1057），又规定不还乡里而寓居他州应选的举人，也就是寄应者，“自县令佐察行义保任之，上于州，州长贰复审察得实”（《续资治通鉴长编》卷一八六“嘉祐二年十二月丁未”），送转运司参加类试。类试在南宋又有附试之称，如远离本籍的举人、京城官员的随侍有服亲和门客等人，可以附于路转运司考试。漕试的解额较州军解试为宽，但是附试则录取名额甚少。

另外宋代宗室在神宗熙宁年间以前均可授官，自熙宁二年（1069）起，疏远亲属必须经过科举考试才能授官。解试阶段，在京城者参加国子监试，在各路者参加转运司试，有官人则参加锁厅试。国子监试原为国子监生员举办，他们都是中高级官员的子弟，宗室应举，自然也有特别的优待。

并非所有的贡士都要先考解试，在某些特别情况之下可以免解，宋太祖时曾诏令："贡士之下第者，特免将来请解，许直诣贡部。"（《续资治通鉴长编》卷十六"开宝八年岁末"）这个办法到宋太宗时取消。从宋真宗时起，贡士如果曾经多举不中（三举或更多），特免取解成为惯例。此外，经由皇帝特恩也可以免解，例如咸平三年（1000）由于辽国入侵，特许"河北及淄、青、齐州举人，经蕃寇蹂践处免取解"（同书卷四七"咸平三年五月丁丑"），这是地域性的普遍免解。个人也可以获得特恩免解，宋仁宗至和二年（1055），定州乡贡进士赵肃因为上《兵民总论》而特免将来文解。南宋太学生升到上舍，也可以免解。

（二）省试

通过各种解试或者获得免解资格的举人，在次年春天到京师的礼部参加考试，由于礼部属尚书省，所以称为省试。省试的时间，北宋时期一般在正月，到二月底或三月初奏名发榜；南宋淳熙十六年（1189）以后，由于考虑到正月初春严寒，改为二月初考试。省试时间在春天，所以又称春闱。参加省试的举人，除了像参加解试时一样要缴家状、保状和试纸外，还要缴纳解状，亦即地方官府的解送文书，另外互保也增为十人结保。省试也和解试一样，有为现任官而设的锁厅试，和为考生避考官亲戚嫌疑而设的别头试。

省试合格，由知贡举官奏名皇帝，这是正奏名。宋真宗时正奏名人数约为省试考生人数的十分之一，宋仁宗时则十取其二，南宋初年定为十四人取一人，宋孝宗时进一步紧缩为十七人取一人。宋初以来对于权贵子弟常加以覆试，省试发生争议时，皇帝也会下令覆试。宋太祖开宝六年（973），李昉（925—996）知贡举，被黜下第人徐士廉击鼓自陈，于是从下第人择取一百九十五人覆试，再录取二十六人。宋太宗端拱元年（988），也由于省试发生争议而下令覆试。

除了正奏名之外，另有特奏名。凡是解试合格而省试或殿试落第的举人，累积到一定举数和年龄，可以不经过解试、省试，由礼部特予奏名。特奏名始于宋太祖开宝三年（970），宋真宗咸平三年（1000）成为定制。根据宋仁宗景祐元年（1034）的规定，是进士五举，年五十，诸科六举，年六十；曾经殿试者进士三举，诸科五举；曾经先朝御试，诸科举人应七举，不限年，均准予特奏名。特奏名的资格前后有很多次改变，一般而言，北宋比较严，南宋比较宽。特奏名又称“恩科”，用意在于笼络士人。

省试不仅在京师举行，南宋时各路又有类省试，而以四川维持最为长久。南宋建立之初，由于朝廷逃避金军追击，政治中心还未确定，同时宋、金交战和盗贼作乱，使得交通困难，士人要远赴行在也不容易，朝廷曾经在宋高宗建炎三年（1129）和绍兴元年（1131）两次将省试合取名额分给各路，在各路转运司的所在州举行考试，称为类省试，第一次是由提刑司差官主持，第二次则分别自各路漕、帅、宪、茶盐四司中选择词学之臣主持。这两次类省试的反应都不太好，加上南宋局势也逐渐稳定，于是在绍兴三年（1133）下诏停罢类省试，只有四川类省试没有取消。

所谓四川类省试，实际是川陕类省试，涵盖地域除了四川地区之外，还包括陕西没有沦陷于金的部分。四川类省试所以继续保存，是由于离行在太远，朝廷担心当地举人不能如期抵达行在参加省试。除了绍兴四年（1134）第一次举行地点在川陕宣抚处置使所在州军外，以后各次均在四川制置使所在州，亦即成都举行。考试制度同于省试，略有变通，录取名额也比较宽。但是也并非所有四川得解举人均参加类省试。朝廷规定，四川帅臣、监司、郡守、通判的亲属及门客，必须前往行在参加省试，这是为了防止请托弊端。至于其他得解举人，如果愿意赴行在省试，也发给驿券，解决他们的旅费问题，以示鼓励。

（三）殿试

礼部正奏名与特奏名均须参加殿试。殿试由皇帝亲自主持，一般认为始于前述宋太祖开宝六年（973）的覆试，当时宋太祖御讲武殿亲自阅视。但是这一次覆试只是针对下第人举行，和后来殿试以奏名者为对象不同。殿试成为常例应该从开宝八年（975）开始，这一年覆试礼部合格举人，以奏名者为对象，同时礼部试第一人和殿试第一人也不同，从此有省元、状元的分别。宋太宗雍熙四年（987），御试累月方毕，宰相屡次建请以春官（礼部）之职归于有司，宋太宗于是下诏贡举之事还归礼部负责。但是次年，即端拱元年（988）考试发生争议，宋太宗下令召下第人覆试。端拱二年（989），苏易简（958—996）知贡举，坚持请求御试，于是宋太宗恢复亲试举人，殿试从此成为定制。

从上述殿试确立的经过来看，皇帝所以要亲试举人，防止考试不公应该是原因之一。但是原因并不仅止于此，另外一个也许更加重要的原因，是皇帝要将取士的权柄，收之于己。唐代科举考试，导致主考官和考生之间结成座主、门生的关系，彼此在朝廷中往往互相援引，结成政治势力。这种关系，自宋初以来即加以严禁，宋太祖建隆三年（962），“诏及第人不得拜知举官子弟，弟侄及目为师门、恩门，并自称门生”（《文献通考·选举考三·举士三》）。在否定恩出知举官，斩断座主、门生的关系后，进一步就要显示恩出人主。人主之恩，正是由殿试表现出来。皇帝和登第者之间的这种关系，到南宋初年，就出现了“天子门生”一词（《宋史》卷三八一《赵逵传》），此语出自宋高宗之口，显示出皇帝心中的想法。

柳开（948—1000）《河东集》卷八《与郑景宗书》中提到开宝六年徐士廉对考试结果提出抗议后，蒙宋太祖召见，他请求宋太祖廷试，理由是：

方今中外兵百万，提强黜弱，日决自上前出，无敢悖者。

惟岁取儒为吏官下百数，常常赘戾，以其授于人而不自决致也。为国家天下，止文与武二柄取士耳，无为其下鬻恩也。

很清楚的是要宋太祖收恩于上。柳开在文章中评论此事，指出这是唐宋之间取士的大变，唐代取士只是“委任有司”，而宋太祖“纳人一言，变古易式，取由朕，弃由朕”。而宋太宗“恢闻其道，广穷俊能，海外区中，良才硕士，皆自我得”。柳开的评论，显示出宋人心目中当时实施殿试的动机。

殿试是否有必要，也并非没有人质疑。宋仁宗庆历二年（1042），富弼（1004—1083）在上言中指出省试有三长，殿试有三短。省试的三长是：

主文衡者四五人，皆一时词学之选，又选命馆阁才臣数人，以助考校，复有监守、巡察、糊名、誊录，上下相警，不容毫厘之私，一长也；引试三日，诗、赋所以见才艺，策、论所以观才识，四方之士，得以尽其所蕴，二长也；贡院凡两月余，研究差次，可以穷功悉力，三长也。

殿试的三短是：

殿试考官泛取而不择，一短也；一日试诗、赋、论三篇，不能尽人之才，二短也；考校不过十日，不暇研究差次，三短也。

比较了两者的长短后，富弼进一步认为“若曰礼部发榜，则权归有司，临轩唱第，则恩出主上，则是忘取士之本，而务收恩之末也”。他建议如果一定要恩出主上，可以“使礼部次高下以奏，而引诸殿庭唱名赐第，则与殿试无所异矣”。于是宋仁宗下诏废罢殿试，但是其他大臣认为“祖宗故事，不可遽废”，过不了几天，又“诏复殿试如旧”（《续资治通鉴长编》卷一三五“庆历二年二月”)。而《文献通考》卷三十记载其事，说殿试既废而复的原因，是“议者多言其轻上恩，隳故事”。从“轻上恩”三个字，便可以了解殿试存在的原因。

殿试从宋太祖时代以来，除特殊情形外，一般均在三月举行。到南宋光宗绍熙元年（1190），为了方便四川类省试举人远道前来临安参加，所以延到四月。宋宁宗嘉定元年（1208），再延至五月。地点则自宋太祖至宋仁宗时期，在讲武殿，也就是崇政殿（宋太宗时改名）举行；自宋神宗至南宋末年，在集英殿举行，不过南宋临安的集英殿又名崇政殿。宋仁宗嘉祐二年（1057）以前，殿试常有黜落，即使省试通过也未必就能及第，例如宋真宗咸平五年（1002）礼部解进士七十二人，经过殿试及第仅三十八人。从嘉祐二年起，进士参加殿试皆不黜落。所以有这样的改变，宋代有人认为是“远方寒士，殿试下（第），贫不能归，多至失所，有赴河而死者”，宋仁宗“闻之恻然”，从此“殿试不黜落”（邵伯温《河南邵氏闻见录》卷二）。也有人认为是因为一个名为张元的士人，“累经省试取中，屡摈弃于殿试”，因此“积忿降元昊，大为中国之患”，于是群臣归咎于殿试黜落，促成了这一项改变。（王栐《燕翼贻谋录》卷一）当代学者则有人认为是受到庆历二年（1042）富弼上言的影响，既然省试长而殿试短，省试已经录取之人到殿试自然不应该再黜落。除了省试制度已经完备这一个理由外，又有人认为，如果省试通过而殿试黜落，将会造成“恩归有司”而“怨由主上”。这些理由，都不无道理。不过虽有殿试不黜落之制，实际上此后一直到南宋，仍有人在殿试中遭到黜落。所以如此，是由于这些人的殿试试卷中有“杂犯”。所谓“杂犯”，是指试卷中的文字触犯了当时皇帝或先帝的嫌名庙讳，或有落韵、文理疵缪等情况。

自唐代以来，进士登第，由知贡举官以黄花笺书写登第人姓名，知贡举官于其下花押，派人持往通报，称为榜帖，又称金花帖子。北宋初年，仍然沿袭这项制度。但是自从殿试唱名发榜后，这项制度逐渐消失（见刘昌诗《芦浦笔记》卷六）。殿试唱名始于宋太宗雍熙二年（985），由天子面赐及第、出身，分等或分甲录取，起初分为三甲，后来分为五甲。宋仁宗景祐元年（1034），定进士第一、二甲赐进士及第，第三、四甲赐进士出身，第五甲赐同进士出身。分甲的方式前后有变化，不完全一致。从第一甲至第五甲又称黄甲，都是正奏名。特奏名参加殿试，不论是否合格，均赐出身或官衔，第一人附第五甲，补迪功郎，其余授诸州文学、助教等闲散官，方式前后也有所变化。省试榜首如果没有名列第一甲，可以由圣旨升列第一甲，欧阳修（1007—1072）便曾如此。发榜之后，择日由皇帝赐以绿袍、靴、笏，释褐，并向皇帝谢恩，仕途自此展开。

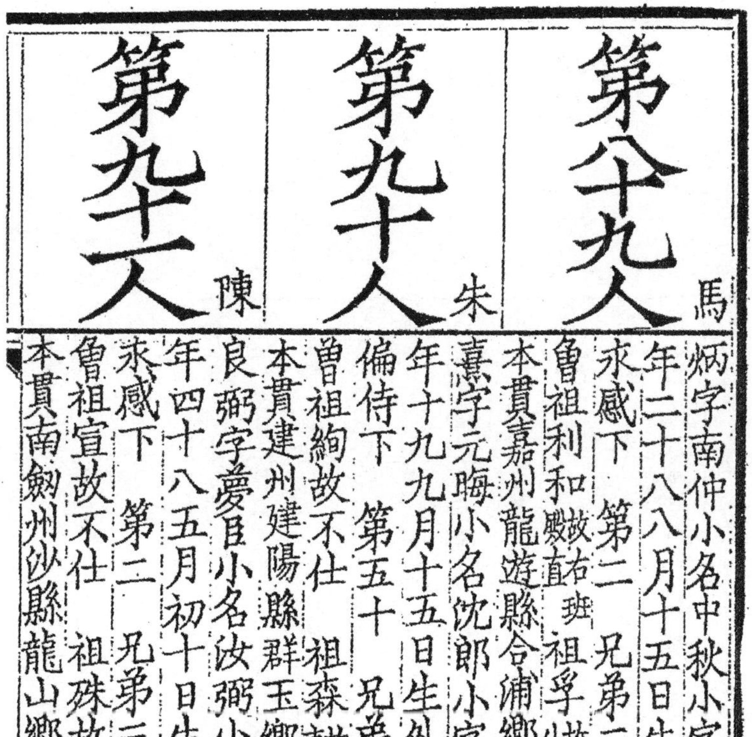
第八十九人　馬
炳字南仲小名中秋小字千里
年二十八八月十五日生外氏楊
永感下　第二　兄弟二人　一舉　娶楊氏
曾祖利和故右班殿直　祖孚故不仕　父宗彝故將仕郎前井研縣丞
本貫嘉州龍游縣合浦鄉蘇稽里兄裘為戶

第九十人　朱
熹字元晦小名沈郎小字季延
年十九九月十五日生外氏祝
偏侍下　第五十　兄弟無人　一舉　娶劉氏
曾祖絢故不仕　祖森故贈承事郎　父松故任左承議郎
本貫建州建陽縣群玉鄉三桂里父為戶

第九十一人　陳
良弼字夢臣小名汝弼小字彥正
年四十八五月初十日生外氏鄧
永感下　第二　兄弟三人　四舉　娶鄧氏再娶鄧
曾祖宣故不仕　祖殊故不仕　父儀故不仕
本貫南劍州沙縣龍山鄉崇仁里自為戶

朱熹为宋高宗绍兴十八年（1148）第五甲第九十名进士，赐同进士出身。此名单出自《绍兴十八年同年小录》。

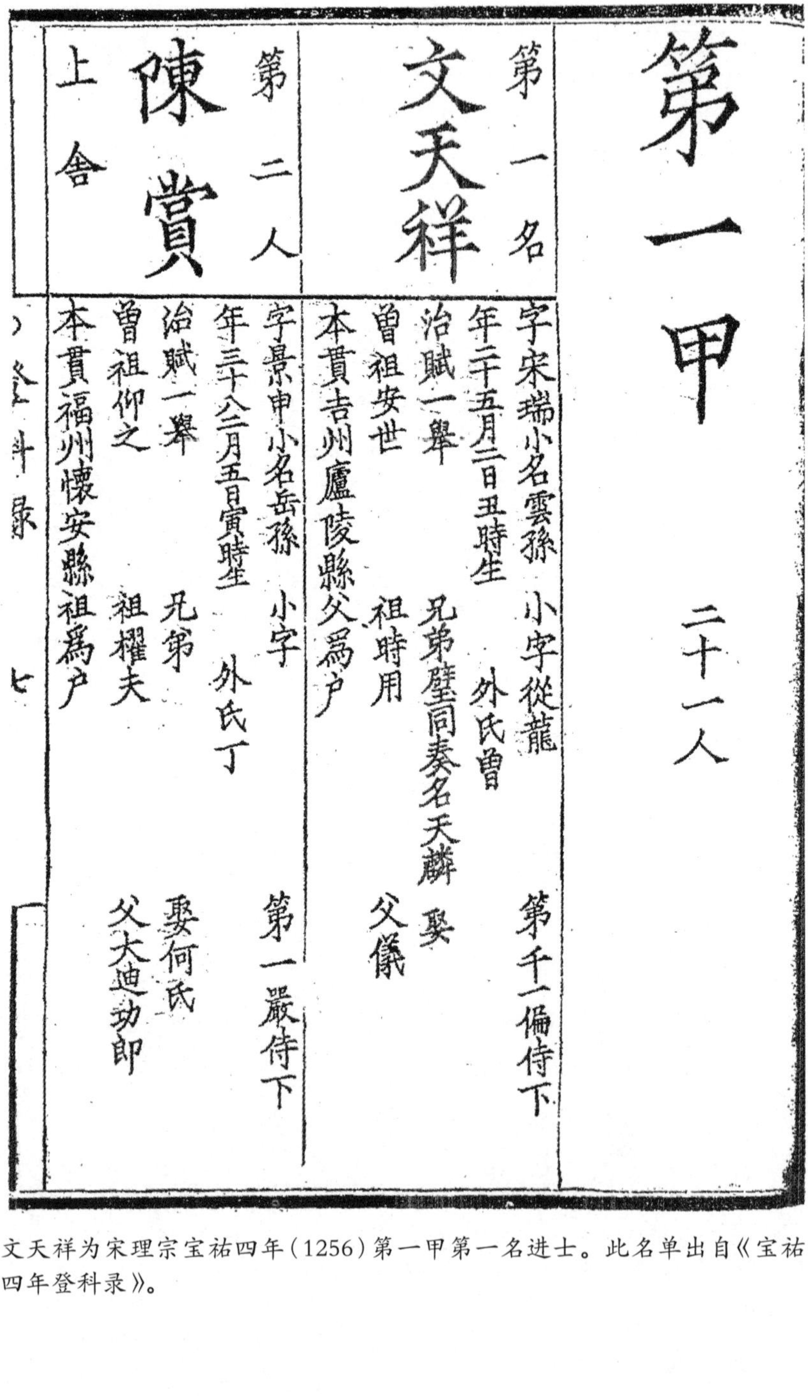
第一甲　二十一人

第一名
文天祥
字宋瑞小名雲孫　小字從龍　第千一偏侍下
年二十五月二日丑時生　外氏曾
治賦一舉　兄弟璧同奏名天麟　娶
曾祖安世　祖時用　父儀
本貫吉州廬陵縣父爲户

第二人
陳賞
上舍
字景申小名岳孫　小字　第一嚴侍下
年三十八二月五日寅時生　外氏丁
治賦一舉　兄弟　娶何氏
曾祖仰之　祖權夫　父大迪功郎
本貫福州懷安縣祖爲户

登科錄　七

文天祥为宋理宗宝祐四年（1256）第一甲第一名进士。此名单出自《宝祐四年登科录》。

第二讲 | 科举制度（下）

一、科目与考试内容的演变

宋初贡举科目大致可分为进士与诸科。诸科也就是唐代的明经，宋代诸科包括九经、五经、三礼、三传、学究、开元礼（后来改为开宝通礼）、三史、明法等科目。这些科目主要沿袭五代时期而来，和唐代明经所包含的科目不尽相同。

在考试内容方面，解试、省试时诸科考帖经、墨义。以九经科为例，考《周易》《尚书》《毛诗》《礼记》《周礼》《仪礼》《春秋左传》《公羊传》《穀梁传》等九部经书，试六场十八卷；共帖经一百二十帖，对义六十条。进士科则试诗、赋、论各一首，策五道，帖论语十帖，对《春秋》或《礼记》墨义十条。殿试时进士科最初仅考赋、诗二题，宋太宗太平兴国三年（978）加考论一首，从此增为三题。诸科考试内容不详，可能也是考帖经、墨义。

无论诸科或进士，考试内容均有帖经、墨义。帖经、墨义的考法沿袭自唐代而来，唐代帖经的方式是将经文掩两端，中间露出一行，在这一行中用纸帖三字（或增或损），考生要把这几个字写出。后来又改为帖的前后各露出一行。宋代的方式大概也相同。墨义的方式据马端临（1254—1323）所见到的吕夷简（979—1044）应解试的试卷，是下述这种形式。问："作者七人矣，请以七人之名对。"回答说："七人某某也，谨对。"问："见有礼于其君者，如孝子之养父母也，请以下文对。"回答说："见无礼于其君者，如鹰鹯之逐鸟雀也，谨对。"问："请以注疏对者。"回答说："注疏曰云云，谨对。"如果记不清楚，则回答说："对未审。"（《文献通考》卷三十《选举考三》）帖经有如填空，墨义有如墨（默）书，都凭记忆力。诸科考试仅止于此，不如进士科考试除帖经、墨义外，还考诗、赋、论，可以发挥文才，所以当时人重视进士科过于诸科。

进士科考试内容中虽然也有帖经、墨义，但是所占比例既轻，向来不受重视，司马光（1019—1086）在宋英宗治平年间（1064—1067）便曾指出："所有进士帖经、墨义一场，从来不曾考校，显是虚设，乞更不试。"（司马光《温国文正司马公文集》卷二八《贡院定夺科场不用诗赋状》）宋初以来，进士科考试的取舍标准，实际是以诗赋为主，而尤其以赋为重。欧阳修甚至说："自科场用赋取人，进士不复留意于诗，故绝无可称者。"（欧阳修《欧阳文忠公全集·诗话》）无论诗赋，均必须遵守一定的写作规格，譬如对偶、音律、韵脚、字数等等。特别是韵脚，考官不仅出题，而且规定韵脚，一旦落韵，便遭黜落。即使以欧阳修的文才，十七岁时在随州参加解试，即"以落官韵而不收"（魏泰《东轩笔录》卷十二）。

宋初以来贡举考试内容的趋向，到宋真宗时期开始有人提出检讨。咸平五年（1002）张知白（？—1028）在上言中指出：

> 今进士之科，大为时所进用，其选也殊，其待也厚。进士之学者，经史子集也；有司之取者，诗赋策论也。故就试者惧其题之不晓，词之不明，惟恐其学之不博，记之不广，是故五常、六艺之意，不遑探讨，其所习泛滥而无着，非徒不得专一，又使害生其中。……况夫儒者之术，不以广记隐奥为博学，不以善攻奇巧为能文。若使明行制令，大立程序，每至命题考试，

不必使出于典籍之外，参以正史，至于诸子之书，必须辅于经、合于道者取之，过此并斥而不用。然后先策论，后诗赋，责治道之大体，舍声病之小疵。如此，则使夫进士之流，知其所习之书简而有限，知其所学之文正而有要。不施禁防，而非圣之书，自委弃于世矣；不加赏典，而化成之文，自兴行于世矣。（《续资治通鉴长编》卷五三“咸平五年十一月庚申”）

张知白上言的重点，在于进士科考试应以圣贤典籍为依归，取舍之标准应该“先策论，后诗赋，责治道之大体，舍声病之小疵”。他的意见，很清楚是针对诗赋未必与经典、治道相关而写作规格又过严而发。研读圣贤典籍必须求治道的大体，也和帖经、墨义所要求的读书方式方向不同。从张知白以后，陆续有人提出类似的主张。

宋仁宗初年开始，策论在科举考试中的地位逐渐提高。到庆历三年（1043），范仲淹（989—1052）推动政治改革，在答仁宗手诏条陈诸事中，有“精贡举”一项，建议：

进士旧人三举以上者，先策、论而后诗、赋，许将三场文卷通考，互取其长。两举、初举者，皆是少年，足以进学，请逐场去留。（范仲淹《范文正公集·政府奏议》卷上《答手诏条陈十事》）

次年政府颁布规定，进士考三场，先策、次论、次诗赋，先逐场去留，淘汰一部分人，再将三场文卷通考，决定去留。这项新政策显示了两点，第一，帖经、墨义不再成为进士科的考试项目；第二，策、论取代了诗、赋，成为取舍的重心。但是庆历新政不旋踵而失败，庆历四年（1044）的新规定也随之而取消。尽管如此，考场中策论日益受到重视。嘉祐二年（1057），欧阳修知贡举，痛惩当时流行以怪诞奇涩为高的太学体古文，将这种文风的考卷一切弃黜，而提倡平易流畅的古文，使得文风为之一变。这正是策论在当时考场中受到重视的说明，因为无论欧阳修所痛惩的怪奇古文，或是他所提倡的平易古文，都只有在策、论中才能表现。此外，这时已逐渐受到重视的经义考试，其实也由于古文的应用，才能在此后取代帖经与墨义，成为科举考试中经籍考试的主流。

和韵文相比，古文是一种便于述事和说理的文体；自晚唐以来，古文的倡导者同时也主张“文以载道”，又含有复兴儒学的动机。因此自从古文确定成为科举考试所用的文体之后，一些演变也随后陆续出现。例如经义在北宋熙宁变法以后，成为科举考试的重要内容；南宋中期主要由永嘉学者（特别是深于《春秋》之学的陈傅良〔1137—1203〕）所带动的永嘉文体，借经义结合史事来发挥对于政制与政事的意见，讨论如何收到国家治理的实效，一度在科场中引领风骚；南宋晚期比起永嘉学者更加重视经义与道德的理学，与科举考试的关系愈来愈密切，无论是考官出题或考生答题都深受其影响。

宋仁宗时期的改变迹象，不仅见之于进士科，也见于诸科。不过早在天圣四年（1026）已新设“说书举”，礼部贡院举人通三经者“量试讲说，特以名闻，当议甄擢之”（《续资治通鉴长编》卷一〇四“天圣四年九月庚申”）。庆历改革期间，又下令加以考试，“别试大义十道，以五通为合格，仍令讲诵，与所对大义相合者，具奏取旨”（《宋会要辑稿·选举三之二九·科举条制》“庆历四年三月十三日”）。所谓“试大义”，方式是“直取圣贤意义，解释对答，或以诸书引证，不须具注疏”。同样是考经书，可是方式和帖经、墨义明显不同，以发挥义理为主。说书举是无论业进士、诸科者，均可以经礼部贡院选取而参加的考试科目。同样在庆历改革期间，诸科的考试也有改变，下令九经、五经并罢填帖，只问墨义；又下令士子通经术愿试大义者，试十道，以晓析意义为通。对大义及第者所授等第在对墨义及第人之上。这些措施，到改革失败都停罢。皇祐五年（1053），朝廷再诏令将对大义的考试方式扩展到诸科，对诸科举人今后“终场问大义十道”，其中九经、五经“只问大义，而不须注文全备”。当时“侥幸之人，悉以为不便，欲摇罢诏法”（《续资治通鉴长编》卷一八一“至和二年十月己酉”），但是朝廷仍然坚持，并将说书举改制为明经科。

嘉祐二年（1057）对于考试科目与内容作了这样的调整：“进士增试时务策三条，诸科增试大义十条，又别置明经科。”（《续资治通鉴长编》卷一八六“嘉祐二年十二月戊申”）进士增试时务策三条，显示策、论比重的加重；诸科增试大义十条，是对皇祐五年诏令的再次确定。至于明经科的考法则是“并试三经，谓大经、中经、小经各一也”，“每经试墨义、大义各十道，仍帖《论语》《孝经》十道”，另外“试时务策三道”（《宋会要辑稿·选举三之三四·科举条制》“嘉祐二年十二月五日”），大经有《礼记》《春秋左氏传》，中经有《毛诗》《周礼》《仪礼》，小经则包括《周易》《尚书》《穀梁传》《公羊传》。特色是除了帖经、墨义之外，还考大义和时务策，而帖经、墨义在试题中的比例则较诸科大为降低。明经科一方面考经义，另一方面则考时务策，可以说是介于进士与诸科之间。出身视同进士，较诸科为佳，但是在地方上却列于诸科解额之内。从宋初以来也有人泛称诸科为明经，但是嘉祐二年（1057）以后的明经科则是一个独立的科目。当时王珪（1019—1085）建议，“请自今新人毋得应诸科，皆令习明经，不数举间，可以尽革其弊”（王珪《华阳集》卷七《议贡举庠序奏状》），可见有逐渐以明经取代诸科的打算。

宋仁宗时代科举考试有关经学的部分，开始强调大义，和当时学术界研究经学不局限于章句训诂而好发挥义理的趋势，可以说是互相呼应。到了宋英宗治平年间（1064—1067），舆论又将经义在科举考试中的地位更加往前推进，而诗赋考试的必要性则遭到否定。治平元年（1064），吕公著（1018—1089）上言指出：

以言取人，固未足以尽人之才，今之科场格之以辞赋，又不足以观言。国家承平日久，文物至盛，学者莫不欲宗经向道，至于浮华博习，有不得已而为之者。

他建议：

今来科场更不用诗赋，如未欲遽罢，即乞令第一场试论，第二场试策，第三场试诗赋。每遇廷试，亦以论压诗赋为先后升降之法。

中书门下将吕公著的建议送礼部贡院讨论，司马光表示意见说：

近世取人，专用诗赋，其为弊法，有识共知。今来吕公著欲乞科场更不用诗赋，委得允当，然进士只试论策，又似太简。欲乞今后省试除论、策外，更试《周易》《尚书》《毛诗》《周礼》《仪礼》《春秋》《论语》大义共十道为一场，其策只问时务，所有进士帖经、墨义一场从来不曾考校，显是虚设，乞更不试。御前除试论外，更试时务策一道。如此则举人皆习经术，不尚浮华。（《温国文正司马公文集》卷二八《贡院定夺科场不用诗赋状》）。

他不仅同意取消诗、赋考试，还主张省试取消帖经、墨义，加考经义，殿试加考时务策。这样的主张，正和后来熙宁变法时科举考试内容的改变若合符节。所以熙宁年间贡举制度的改变，大体上是顺应当时的潮流，并非王安石（1021—1086）一人的私见。

王安石在宋仁宗嘉祐三年（1058）上书仁宗皇帝言事，已经表达了他对当时科举取士方式的不满，认为无论制举、进士、诸科、明经都取之非其道，不能适合天下国家之用。他获得宋神宗的信任后，推动大规模的变法，贡举制度的改变是其中重要的一项。改法之前，宋神宗曾经下诏群臣讨论学校贡举，大臣的意见多主张罢诗赋，考经义，或取义理，不取文辞。唯独苏轼（1037—1101）的看法与众不同，他认为：

> 自文章而言之，则策、论为有用，诗、赋为无益；自政事言之，则诗、赋、策、论均为无用矣。虽知其无用，然自祖宗以来莫之废者，以为设法取士不过如此也……近世士大夫文章华靡者莫如杨亿（974—1020），使杨亿尚在，则忠清鲠亮之士也，岂得以华靡少之；通经学古者莫如孙复（992—1057）、石介（1005—1045），使孙复、石介尚在则迂阔矫诞之士也。自唐至今，以诗赋为名臣者，不可胜数，何负于天下，而必欲废之。（苏轼《苏文忠公全集·奏议集》卷一《议学校贡举状》）

苏轼的讲法并非完全没道理，不过并没有发生影响。

考试方法的改变，开始于殿试。熙宁三年（1070），吕公著同知贡举，在贡院密奏殿试改用策。殿试时进士就席，主管人员循例发给礼部韵，结果题目发下，并非以往的诗、赋、论三题，而是策问。殿试考策问从此成为定制，仅宋哲宗元祐八年（1093）有意回复旧法，而未成事实。熙宁四年（1071），依照王安石的想法颁布贡举新制。新制废罢诸科、明经，仅存进士一科，进士科废除诗赋、墨义、帖经的考试，而考经义本经、兼经各十道，论一首，时务策三道。进士各人自己选考《诗》《书》《易》《周礼》《礼记》之中的一经，兼考《论语》《孟子》，而《春秋》不在考试范围之内。礼部试时务策增两道，即五道，殿试考策一道。同时规定经过一次科场之后，新进士不准再应诸科举，旧人则可继续应考到无人再考为止。新制进士科以经义考试为主，实际上是一方面改变了本身的性质，另一方面也将宋仁宗时所设的明经科吸收在内，所以不仅诸科，连明经科也一并废罢。对于这样的改变，当时连反对新法的司马光也认为是“革历代之积弊，复先王之令典，百世不易之法”（《温国文正司马公文集》卷五二《起请科场札》)。他所反对的只是在科举考试以经义为主后，王安石用自己的学说（《三经新义》）作为天下学校教学和科场考试的标准。

除了进士科改制继续存在之外，熙宁变法时期还另设新科“明法科”。诸科之中原本有明法科，以墨义的方式考律令，同时兼试《论语》《尔雅》《孝经》。新科明法科设于熙宁六年（1073），改考《刑统》大义及断案，赐第、授官都比旧制明法为优。应考对象原初限于曾应明法举人，后来扩大为曾应明经、诸科举人，目的在让业诸科之人不能改试进士者有一条出路。

熙宁贡举新制，确定了以后进士科成为贡举考试单一科目的基本形态，经义也从此成为进士科考试的基本内容。供旧人应考的诸科考试和新设的新科明法考试都延续到北宋末年而完全结束。宋哲宗元祐年间（1086—1094）旧党执政，推翻新法，但是对于熙宁贡举新制虽有相当程度的修改，却并未取消。一方面针对王安石“不当以一家私学，欲盖掩先儒”（司马光《起请科场札》），规定“进士经义并兼用注疏及诸家之说或己见，仍罢律义”（《宋会要辑稿·选举三之四八·科举条制》“元祐元年四月十二日”），同时禁于考试时引用王安石《字说》。按禁引用《字说》在元祐元年（1086）六月，至于《三经新义》则与先儒之说并行，并未禁止。进士考律义的规定开始于元丰四年（1081），从中书礼房之请，“进士试本经、《论语》《孟子》大义、论策之外，加律义一道，省试二道”（《续资治通鉴长编》卷三一一“元丰四年正月庚子”），并非熙宁年间的制度。另一方面，则在进士选考的经书加入《春秋》，由分五经取士变成分六经取士。再一方面，旧党部分人士比较大的要求，则是恢复诗赋在科举考试中原有的地位，可是对于这件事情旧党内部有不同的意见，为此争执不休，办法在分经义、诗赋为两科和合两者为一科之间来回反复。宋哲宗亲政之后，下诏“进士罢试诗赋，专治经术”（《宋会要辑稿·选举三之五五·科举条制》“绍圣元年五月四日”），等于是恢复了熙宁年间的贡举制度，此后一直维持到北宋灭亡。

元祐年间以后比较引人注意的，是曾经设立以德行而非以考试为选拔标准的科目。从宋仁宗的时代以来，就有许多人追溯古代乡举里选的精神，强调选拔人才时德行的重要性，他们甚至不满考试时弥封、誊录等制度，认为这些制度使得士人平日的言行无法列入选才时的考虑之内。而这种重视德行的态度，也和科举时经书义理日益获得重视的潮流有关，因为经书“内可以美其身，外可以谋王体、断国论”（金君卿《金氏文集》卷下《仁宗朝言贡举便宜事奏状》），德行和治道只不过是内外之分。熙宁变法前后讨论贡举制度，也有许多人强调德行的重要性，在这一点上，并没有新党、旧党截然的分别，只有苏轼不以为然。他指出：

> 夫欲兴德行，在于君人者修身以格物，审好恶以表俗。孟子所谓君仁莫不仁，君义莫不义，君之所向，天下趋焉。若欲设科立名以取之，则是教天下相率而为伪也。上以孝取人，则勇者割股，怯者庐墓；上以廉取人，则弊车羸马，恶衣菲食，凡可以中人意，无所不至矣。德行之弊，一至于此乎？（《苏文忠公全集·奏议集》卷一《议学校贡举状》）

废除弥封、誊录的想法在科举考试中一直没有实现，可是元祐年间以后却走上了苏轼所竭力反对的“设科名以取之”的道路。

元祐元年（1086），由于司马光的一再建议，而设立经明行修科。经明行修科在唐代已有，属于制举，并非常科。宋真宗大中祥符元年（1008）东封泰山、大中祥符四年（1011）西祀汾阴及大中祥符七年（1014）亲祀太清宫时，亦曾举办服勤辞学、经明行修科，凡车驾所经州府及开封府有发解名额，进士科和诸科各半，这是在特殊情况之下举办。司马光所建议设立的经明行修科，与进士科并置，则是常科。根据先后的相关规定，每遇科举诏下，由朝官不拘路分，奏举经明行修举人一名，免解赴省试，各路有一定名额，计算入本州岛解额之内。

如果省试合格，殿试唱名，可以升一甲；省试不合格，则依特奏名例参加殿试。这个办法刚一施行便遭到不少人的批评，旧党之内就分别有支持者和反对者，随即由常科改为特科。到宋哲宗亲政之后，这一个科目也就消失于无形。但是新党恢复执政，并没有舍弃以德行取人的主张，宋徽宗大观元年（1107）诏以八行取士，于是有八行科，所谓八行，指孝、悌、睦、姻、任、恤、忠、和等八种德行。当时停罢州郡解试，行学校升贡之法，士人的行为如果有合于这八种德行，经过审查属实，可以按其表现而分别入县学、州学、太学，入太学在学升至上舍之后，可以按照规定释褐或等待殿试推恩。这个办法施行的结果，造成许多弊端，也证实了苏轼所说的“教天下相率而为伪也”并没有错。宣和三年（1121）罢学校升贡，恢复科举取士，这个办法大概也跟着废除。

南宋初年，采用元祐年间分经义、诗赋两科取士的办法，绍兴年间两科时分时合，到绍兴三十一年（1161）确定为进士科分经义、诗赋两科取士，经义进士考经义、论、策，诗赋进士考诗赋、论、策，殿试两科均试策，经义进士又分为《诗》《书》《易》《周礼》《礼记》《春秋》等六科。直到南宋灭亡，办法没有改变，科举考试的内容在南宋朝廷上已经不再成为重大的议题。不少人对科举考试的方式仍然不满，像朱熹（1130—1200）就认为科举选拔不出德行好而有真才实学的人；他也认为当时的经义考试有很大问题，考官断章取义出题，而考生则完全不观经文，写的是自创的新奇诡异之论。但是尽管他有很多意见，却未能影响到政府的政策。

二、防弊措施不断加严

为了配合拔擢寒俊的理想，宋代科举考试的防弊措施日益加严。唐代、五代以来，科场已经有挟书、传义之禁，但是执行不严，唐穆宗长庆元年（821）白居易（772—846）就曾指出，“准礼部试进士例，许用书策，兼得通宵”（白居易《白氏长庆集》卷四三《论考试进士事宜状》）。从宋初以来，对于挟书、传义的禁令日益严格。宋太祖乾德二年（964），从权知贡举卢多逊（934—985）言：“请准周显德二年（955）敕，诸州解发进士……如有遥口相授，传与人者，实时遣出。”（《宋会要辑稿·选举一四之一三·发解》“太祖乾德二年九月十日”）省试也有类似的禁令，违犯者不仅遣出，而且要“殿一举”。此后处罚日重，宋真宗大中祥符五年（1012）定为“进士殿二举，诸科殿五举”。南宋时更重，“怀挟殿五举，不以赦原”。自宋太宗时起，为防举子挟书、传义，省试时轮差官员两人在省门监守、分差官员于廊下巡察，称为监门、巡铺官，对于诸科举人防范尤严，入场时还要解衣检查。大中祥符五年，由于认为解衣检查有失取士之体，才停止这项措施。后来考场内又派士兵巡查，元祐年间多至一百人，“诃察严细，如防盗贼，而恩赏至重”（《苏文忠公全集·奏议集》卷四《省试发榜后札子三首·乞裁减巡铺兵士重赏》）。搜身检查考生虽然在大中祥符五年以后停止实施，但在南宋晚期殿试时又再执行，吴自牧《梦粱录》卷三“士人赴殿试唱名”条载：“其士人止许带文房及卷子，余皆不许挟带文集，士人入东华门，各行搜检身内有无体私文，方行放入。”

除挟书、传义之外，又严禁代笔。代笔之禁始见于后周显德二年（955），宋太宗雍熙二年（985）规定考试请人代笔，许人告发，违犯者送本籍服劳役，永远不得仕进，同保人不论知情、不知情都要受罚。不过北宋初年这个问题仍不严重，大约从北宋晚期起，逐渐引人注目。宋徽宗时实施学校升贡法，停办地方的解试，州县官学的考试实际上已成为科举的一个环节。当时人指出考试代笔的弊端，尤其以县学入学补试及岁升州学考试为严重，考生将题目传送出外，坐在考场中，“以待文字之来，其间翻录，至句语字画错谬”，虽然有监门官，却不敢搜索，“传出送入，傍若无人”（李新《跨鳌集》卷十三《乞禁州县学滥进之弊札子》）。南宋富家雇人代笔价格之高令人侧目，绍兴二十一年（1151）有官员指出省试时的代笔，“凡六七人共撰一名程文，立为高价，至数千缗”（《宋会要辑稿·职官十三·礼部》“绍兴二十一年二月二日”）。面对这种情况，政府防备的措施也愈加细密。除了对告发者给予奖赏之外，又规定应考人要亲笔写卷首、家状，在解试、省试合格后，以试卷和家状对照笔迹。南宋晚期，乡贡、监补（太学补试）、省试都实施覆试，目的也在于防止代笔。但是这个问题一直禁不能止，朝廷除了有各种防备措施之外，也加严了惩罚。嘉定六年（1213），依从官员的建议，“重代笔之罪，永不得入场屋”（《宋会要辑稿·选举六·举士》“嘉定六年三月十七日”），亦即处分以永远不得再参加考试；南宋末年，黄震（1213—1280）在劝谕业农工商贾的富家在解试时不要雇士人代考的《又晓谕假手代笔榜》中，提到“今举又备奉朝省指挥，应代笔侥幸者根究，决配本州岛”（黄震《黄氏日抄》卷七八），则是视同触犯刑律，比起嘉定六年的处分可以说是严厉得多。

唐代科举考试如果应举人白天没有答完，可以夜晚继续作答，由官府给蜡烛三条，以烧完为时限。后周开始考试时间限于白昼，宋初沿袭此一规定，不许继烛，但执行不严。贡院虽然屡次榜示，但是仍然有到第二天清晨仍未出考场的。继烛除了可能酿成火灾之外，夜晚答卷作弊也比较容易。为了防止弊端，宋真宗景德二年（1005）开始严禁继烛，解试、省试、殿试均在白天进行。不过南宋时殿试有时会出于皇帝特恩而赐烛，只是获此恩惠的考生在唱名时要降甲、降等。地方解试防范较为松弛，南宋时常有继烛的情形，继烛有利于代笔，换座位或换考卷都难以觉察，因此朝廷屡次严禁。顺便一提，考试之前公告考生座位，考试时按位就座，是从宋代开始的，在景德二年成为定制。

唐代科举考试有干谒的风气，考生事先投纳诗文于权要之家，以求赏识，朝廷高官可以向知贡举官推荐士人，称为公荐。唐及五代又有公卷之制，考生向知贡举官投纳诗文，供主考官观察平日的作品。这两项风气一直沿袭到宋初才有所改变。宋太祖首先于乾德元年（963）下诏朝臣不得再有公荐，开宝六年（973）再度申严禁令。公卷一直到宋真宗景德二年仍旧存在，不过据礼部贡院的说法，当时已有“进士所纳公卷，多假借他人文字，或用旧卷装饰，重行书写，或被佣书人易换文本”等弊端，以至于“到省无凭考校”（《宋会要辑稿·选举三之七·贡举杂录》“景德二年十二月五日”），因而要求应举人亲自投纳，官府并且要核对笔迹。同时也要求知举官“先一月差入贡院，考校公卷，分为等第”，如果有特殊优异的，在评定考试试卷时，再精细地衡断，以免因为考生一时表现欠佳而遗漏人才。但是糊名、誊录的制度自宋太宗的时代以来渐次实施，考官不知道考卷的作者，公卷的意义逐渐消失，再加上纳公卷存在许多弊端，所以到宋仁宗庆历元年（1041），便下诏罢除公卷。公荐和公卷，正是唐代座主、门生关系建立的重要媒介，这两项风气遭到禁止，无疑出自否定恩出知举官的考虑。

宋代科举考试在防弊措施上最大的改变，是实施弥封（糊名）、誊录制度，影响也最大。弥封开始于宋太宗淳化三年（992），最初仅施行于殿试，宋真宗咸平二年（999），推广到省试，州郡解试则一直到宋仁宗明道二年（1033）才实施。糊名的目的，在防备考官偏私，评定等第不公。但是尽管如此，弊端仍未完全止绝，因为考官可以根据笔迹辨认试卷，为了防止这一弊端，于是又有誊录的制度。誊录也首先实施于殿试，时间在宋真宗大中祥符二年（1009），省试则初行于大中祥符八年（1015），解试更晚至宋仁宗景祐四年（1037）。弥封、誊录实施之后，考生所纳考卷先由编排官除去卷首乡贯、家状，以字号排列，交付封弥，封好之后，送往誊录，依照字号书写，对读没有错，才送往主考官定等第，定好再封弥，再送往覆考官定等第，然后再封弥，再送往详定官拆封，参考两次等第作最后的决定。再交回编排官，取乡贯、家状和字号相对照，列出姓名、名次。在殿试称初考官、覆考官、详定官；在省试则称点榜官、参详官、知贡举，也要经过三回的评定。解试则较为简单，只有两回。

弥封、誊录制度的实施，使得考官无法以私情来影响优劣的评定。欧阳修对这两项制度有这样的评论：

> 窃以国家取士之制，比于前世，最号至公。……糊名、誊录而考之，使主司莫知为何方之人，谁氏之子，不得有所憎爱薄厚于其间。……其无情如造化，至公如权衡，祖宗以来不可易之制也。（《欧阳文忠公全集·奏议集》卷十七《论逐路取人札子》）

最好的例子，是宋人有关苏轼和李廌（1059—1109）的故事。苏轼一向赏识李廌，李廌参加省试，刚好苏轼知贡举，看到一份卷子，非常高兴，手批数十字，告诉黄庭坚说，一定是李廌的卷子。等到拆封对号，结果是章持的卷子，而李廌却没有录取。后来李廌虽然颇有文名，却考运不济，终身没有及第。这个故事说明由于糊名、誊录制度的实施，主考官即使想录取他一向赏识的考生，也难以从考卷来辨识。

除了以弥封、誊录来防范考官徇私之外，宋代又新创有锁院的制度。淳化三年（992），苏易简等五人权知贡举，他们认为“贡举重柄，义在无私”，受诏之日“便赴尚书省锁宿，更不归私第，以杜绝请托”（《宋会要辑稿·选举一九之二·试官》“淳化三年正月六日”），以后成为常例。锁院之后，门禁严密，不许出入，家人报平安，只能在门口平安历上填写，再传入院中，试官再在平安历上回复，所有人员共享一份平安历，大家目所共见，不容有私。锁院一直要到奏名才能出院，在贡院中大约有三十天到五十天的时间。这一个办法，也施之于解试和殿试，至于考官与考生之间亲戚的嫌疑，则有别头试来防范，前文已曾述及，这项制度沿袭自唐代。

以上各种措施，都是针对考生和考官而来，有些沿袭自唐代，有些则新创于宋代，整体来讲，比起唐代要严格很多。不过尽管规定严格，各种舞弊的情形仍然层出不穷。在严格的规定下仍然能够舞弊，一方面是执行的问题，另一方面则和书铺的活动有关。“书铺”是宋代城市一种新兴行业，和出版书籍、贩卖书籍的书坊不同，经营的主要是有关法律方面的业务，譬如代人起草诉讼状，或者证明供词或契约的正确，此外，书铺也为应考人代办应考手续，譬如考生的乡贯、家状和试纸都要先交给书铺，经书铺审核没有错误，才交给贡院。书铺参与办理应考手续，从北宋时期就开始，而考生也常常经由书铺的协助，从事各种舞弊的活动，譬如冒用别人的公卷、冒名代笔等。书铺所以有办法做这些事，和他们跟贡院里的胥吏熟悉，互相勾连有关。不过北宋时期的问题也许还不太严重，到了南宋，参加科举考试的人愈来愈多，而舞弊的情形也愈来愈成为一个众所注目的问题，甚至连弥封、誊录，胥吏都可以舞弊，而种种舞弊行为，又常和书铺代考生打通关节有关（见《宋会要辑稿·选举六之三三至三五、三七至三九·举士·贡举杂录》“嘉定十二年十二月九日”“嘉定十三年四月二十日”）。因此政府针对问题，采取加强管理书铺的措施，在宋宁宗嘉定十三年（1220）规定，“约束书铺，三人结保，如一名造弊，并三名决配籍没”。

第一、二讲参考书目

一、专著

何忠礼，《科举与宋代社会》。北京：商务印书馆，2006，有关科举制度各篇论文。

何忠礼，《南宋科举制度史》。北京：人民出版社，2009。

金中枢，《北宋科举制度研究》。台北：稻乡出版社，2009。

荒木敏一，《宋代科举制度研究》。京都：京都大学东洋史研究会，1969。

宁慧如，《北宋进士科考试内容之演变》。台北：知书房出版社，1996。

贾志扬（John W. Chaffee），《宋代科举》。台北：东大图书公司，1995。

De Weerdt, Hilde. *Competition over Content: Negotiating Standards for the Civil Service Examinations in Imperial China, 1127–1279*, Cambridge, Mass.: Harvard University Asia Center: Distributed by Harvard University Press, 2007.

二、论文

李弘祺，《宋代的科举与教育的关系——论宋代士人对科场及学术传承的态度》，收入柳立言主编，《第四届国际汉学会议论文集：近世中国之变与不变》。台北："中央研究院"，2013。

林瑞翰，《宋太祖至仁宗朝乡贡考》，收入宋史座谈会编，《宋史研究集》第十五辑。台北：中华丛书编审委员会，1984。

荒木敏一，《北宋科場における寒畯の擢第》，《東方學》第三十四辑，1967，东京。

荒木敏一，《宋代の科場と不具疾患の進士》，《東洋史研究》第三十卷第二、三号，1971，京都。

近藤一成，《王安石的科举改革》，收入刘俊文主编，《日本中青年学者论中国史・宋元明清卷》。上海：上海古籍出版社，1995。

张希清，《论宋代科举中的特奏名》，收入邓广铭、漆侠等主编，一九八七年年会编刊：《宋史研究论文集》。石家庄：河北教育出版社，1989。

张希清，《宋代贡举科目述论》，收入邓广铭、漆侠主编，《国际宋史研讨会论文集》。保定：河北大学出版社，1992。

张希清，《南宋科举类省试述论》，收入邓广铭、王云海等主编，一九九二年年会编刊：《宋史研究论文集》。开封：河南大学出版社，1993。

张希清，《宋代科举弥封誊录制度述论》，收入刘海峰主编，《科举制的终结与科举学的兴起》。武汉：华中师范大学出版社，2006。

杨树藩，《宋代贡举制度》，收入宋史座谈会编，《宋史研究集》第四辑。台北：中华丛书编审委员会，1967。

刘子健，《宋代考场弊端——兼论士风问题》，收入氏著，《两宋史研究汇编》。台北：联经出版事业公司，1987。

穆朝庆，《论宋代的“恩科”制度——兼评宋代的养士政策》，《中州学刊》1991年第5期，河南。

龚延明，《宋代“殿试不黜落”考》，收入氏著，《中国古代职官科举研究》。北京：中华书局，2006。

第三讲 | 印刷术的普及与影响

一、印刷术的发明与推广

科举社会的成立，不仅有赖于科举考试制度的推动，也必须配合知识的普遍传播。如果知识传播只局限于少数人之内，参与考试竞争的仍然只是这一小群人，科举考试就无法发挥拔擢寒俊的作用。唐代科举考试已经实施，而对社会的影响仍然有限，明经科尤其是大族子弟出身的途径，知识传播的局限性应该是造成这种现象的因素之一。到了宋代，知识的传播已经远比唐代来得普遍，印刷术的推广和学校教育的兴盛，是导致宋代知识传播日益普遍的两项重要因素，这一讲讨论印刷术的影响。

中国传统的印刷术主要是雕版印刷，首先发明的也是雕版印刷。雕版印刷发明于唐代，不过在雕版印刷发明以前，印章的使用和摹拓的风气均已有长久的历史，而这两项技术对于雕版印刷的发明都应该有直接或间接的影响。雕版印刷的概念，可以说直接源自印章。印章的使用，可以往上追溯到殷商，以后使用日渐常见。早期的印章多用青铜、玉或石制，后来也用木制。魏晋南北朝时期，道教用来印符咒的木印，已经大到有四寸之广，有一百二十个字，已经略具后来雕版印刷的雏形。摹拓则对雕版印刷的发明有间接的影响，从殷、周以来，许多文字都刻在青铜器或石碑上，汉代以后石刻尤其盛行。儒家经书和佛、道两教的经典都有刻在石碑上的情形，具有确立标准和长期保存的作用。东汉晚期取得石碑上的文字尚用抄写，大约在南北朝时期开始有摹拓，到唐代尤其盛行。摹拓得到黑底白字，雕版印刷得到白底黑字，只要观念一转，从摹拓就可以得到雕版印刷的概念。此外，学者认为，纸的使用也是促成印刷术发明的十分重要的因素，没有纸则印刷术无所用。中国印刷术发明较西方为早，实由于纸已发明在先，西方比中国迟了一千多年才知道造纸，也比中国迟了六百多年才有雕版印刷。

雕版印刷的发明时间，有各种说法，其中隋代及其以前等各种说法，或是由于证据不足，或是由于对资料有误解，均不能成立。唐代的说法则无论在实物上或文献上均有证据，为晚近学者所接受。唐代的说法既已成立，唐代以后的说法已无意义。雕版印刷最初是如何发明的，已无法得知，但最早的应用，则和佛教印佛像、佛经有关。见之于文献上印刷术最早的应用，是五代冯贽《云仙散录》引《僧园逸录》，“玄奘（602—664）以回锋纸印普贤像，施于四方，每岁五驮无余”。玄奘在唐太宗贞观十九年（645）从印度回国，到唐高宗麟德元年（664）去世，他大量印制普贤像应该在这一期间。《云仙散录》的真伪虽然有疑问，但是玄奘印普贤像一事应该没有问题。较早的实物，则是1966年在韩国东南庆州佛国寺石塔中发现的《无垢净光大陀罗尼经》，据考订印刷的时间在704年到751年之间，亦即武后长安四年到唐玄宗天宝十载之间，这份经卷可能是在唐境内印刷，而后带到新罗。

到了唐代后期，也就是公元9世纪中晚期，印刷术已经不仅仅用于印佛像、佛经，而且在江浙一带，有人印白居易、元稹（779—831）的诗来卖，在江西有人印道教的书来卖，四川、淮南等地有人印历书来卖，成都又有人开书店卖书，“其书多阴阳杂说、占梦、相宅、九宫五纬之流，又有字书、小学，率雕板印纸”（叶某《爱日斋丛钞》引《柳氏家训序》）。至于唐代后期的雕版印刷实物，在敦煌、成都均有发现。尽管这时印刷术已经应用渐广，但是儒家典籍尚未在雕印之列，同时雕印书籍出版主要是民间的活动，政府对于这项活动并未支持。

儒家典籍的雕印和政府对于印书的支持，都开始于五代时期。五代虽然是武人割据的乱世，却也是印刷术推广应用的关键时代。这个时代，华北的印刷活动大概仍远比不上江浙、四川。后唐的宰相冯道（881—954）、李愚（？—935）由于看到吴、蜀之人印刷文字贩卖，种类很多，却始终不及于经典，便认为如果将经典雕行流通，对于文教将大有裨益。于是建议依石经文字，刻九经印版，广颁天下。奉诏委由国子监负责，由学官田敏（880—971）等人考校经注，详细勘正之后再刊刻。这件工作开始于长兴三年（932），经历四朝，一直到后周广顺三年（953）才雕印完毕，前后超过二十年，虽然经历改朝换代，却始终没有中断，田敏也一直在负责。

除中原地区外，四川的后蜀也进行九经的雕印。在后周广顺三年，也就是田敏主持九经刊刻完成那一年，后蜀宰相毋昭裔建议刻九经印板。毋昭裔早年清贫，向人借《文选》《初学记》，别人面有难色。他发誓富贵之后，要刻板流传。他后来果然做到宰相，先是出私财要门人刻《文选》《初学记》《白氏六帖》；然后又出私财营建学校，将九经刻石于学校；再请求朝廷准许，刻印九经、诸史。后蜀为宋所灭后，他的儿子毋守素（921—973）将刻板带到开封，据说子孙以卖书致富。

田敏所主持的九经刊刻工作，完全获得国家的经济支持；毋昭裔刻印九经，虽然出私财，却也先求得朝廷的准许。五代时期的这两件史事，说明了政府开始支持印刷活动。到了宋代，国子监仍然是中央政府主持刻书的机构，对推动书籍的刊刻有很大的贡献。而各种官营、私营的刊刻活动也愈来愈多，刊刻的范围愈来愈广，不仅印各种各类的书籍，也印类似今天报纸的朝报、小报（朝报又称邸报，主要内容有官员职位的迁黜、大臣奏章、皇帝诏令及其他有关官府的资料，由官府编辑刊刻。小报则是民营的，常刊载朝报的漏网新闻），又用来印制纸币，用途愈来愈广。

在雕版印刷应用愈来愈广的时候，又有活字版印刷术的发明。这项技术始于宋仁宗庆历年间（1041—1048）杭州布衣毕昇发明胶泥活字版，类似近代以来的检字排版技术。沈括（1029—1093）的《梦溪笔谈》有所记载，众所周知。沈括讲，“若止印三二本，未为简易，若印数十百千本，则极为神速”（卷十八《技艺》）。以往的印刷史讲完沈括有关毕昇的记载外，便谈元代王祯（1271—1368）发明木活字，并且试印《旌德县志》。至于宋代曾否应用活字版技术印书，则不得而详。近年来学界已经提供一些新的发现，可以证明宋代确曾用活字版技术印书。首先是在1984年，在香港的一次宋史学术会议中，黄宽重发表了《南宋活字印刷史料及其相关问题》这篇论文，指出根据周必大（1126—1204）《文忠集》所见到的一封信，可以证明周必大曾在潭州用沈括所讲的方法，“以胶泥铜板移换摹印”，印成他自己所撰写的《玉堂杂记》（卷一九八《程元成给事·又（绍熙四年）》）。然后在1987年，在中国大陆的《文物》杂志上有一篇《早期活字印刷术的实物见证——温州市白象塔出土北宋佛经残叶介绍》，作者是金柏东，文中指出这片佛经残页初步断定是北宋活字版印刷品，理由是字体小而薄，比起一般宋版书的雕版字体要拙劣很多，而且有字体大小不一、粗细不等、漏字、倒字等现象。这些情形，只有在早期泥活字的阶段才容易出现。

这两项发现，证明活字版技术在宋代已曾应用，绝无问题。但是北宋末年温州白象塔的佛经残页，显示出当时活字版印刷在质量上比不上雕版印刷。南宋中叶周必大所印的《玉堂杂记》，只是二十八条资料，分量很少，相信也只是试验性质，不曾大量刊印。活字版印刷术在宋代的出现，只能说明当时已经存在着有利于印刷活动发展的环境，这项技术本身对于推动当时的出版业，并没有发生重要的作用。

二、出版业蓬勃发展

宋初延续五代的传统，继续以政府的力量推动书籍的雕印，但是最早雕印的不是五代开始刊刻的儒家典籍，而是佛经。唐代以来雕印佛经的风气在五代时期仍然存在，南方吴越政府和民间都曾印了数量众多的佛经、佛像，佛教对于宋代的出版业也继续发生巨大的影响。宋太祖开宝四年（971），在益州开雕《大藏经》，一直到宋太宗太平兴国八年（983）完成，共计1,076部、5,048卷，一般称为《开宝藏》，此后至南宋末年，《大藏经》又曾五次刊印，不过这五次刊印已非政府之力，而是分别由福州、湖州、苏州等地的佛寺和僧人主持。

宋太宗时政府在完成《大藏经》的雕印后，很快就把力量集中到儒家经典，从雍熙二年（985）刊印《五经正义》开始，各种经籍陆续校勘、刊印，到宋真宗时期，已经有很明显的成果。《宋史》卷四三一《邢昺传》（又见《续资治通鉴长编》卷六十“景德二年五月戊辰”）载：

> 景德二年（1005）……是夏，上幸国子监，阅库书，问昺经版几何。昺曰：国初不及四千，今十余万，经、传、正义皆具。臣少从师业儒时，经具有疏者百无一二，盖力不能传写，今版本大备，士庶家皆有之，斯乃儒者逢辰之幸也。

可见当时比之于北宋初年，经版数量迅速增加，经籍的流传已经日见普遍。此后经书一直是国子监雕印的主要对象。北宋中叶以后，士大夫倡议科举考试应以经义为主要考试内容，到宋神宗熙宁年间（1068—1077）终于成为事实。这一项发展，可以说是五代以来儒家经典雕印流传所收到的成果之一，因为只有在儒家经典流传普遍之后，经义作为所有士人科举制度必考项目这一个理想，才有可能实现。除了经书之外，其他史书、子部、集部等书籍，国子监也校勘、刻印了不少。南宋时国子监迁到杭州，继续担负刻书的任务。国子监的出版品，特色在校勘比较精确。有些书籍后面附有勘官、详勘官、都勘官等的名字，又有再校、都再校等人员，显然是经过反复校勘。古代以来传抄的一些经史典籍，就是在经过宋代官府刊印之后，成为定本。

除了国子监之外，宋代中央政府的许多机构，像崇文院、秘书省、司天监、太医局等，也都从事刻书。其中崇文院（即宋神宗以后的秘书省）大概是国子监之外刻书最多的一个机构，所刻书包括国史、实录、历书、算学以及本身收藏的一些古籍。

不仅中央政府的许多机构致力于书籍的刊刻，许多地方政府的机构也参与了这项活动，在南宋时期尤其活跃。这些机构，包括路级的转运司、安抚司、提刑司、常平茶盐司，各个州县政府、各州的公使库，以及郡、县学校。牵涉的地域很广，刊印书籍的总量也很可观，远超过中央政府刊印的数量，其中当代人的著作占了很高的比例。整体来讲，宋代的政府从中央到地方，对于出版业的发展都有很大的贡献。许多科举考试必须要读的书籍，因此得以流传。

促进宋代出版业发展的，不限于政府，民间也有很大的贡献。民间出版业的发展，比起官府来有更加长久的历史，早在唐代就已经开始，到宋代并没有因为官方出版业的兴盛而消退。民间出版的书籍，除了前面提到的佛教寺院所印的佛经，大致可以分为“私宅、家塾刻”和“坊刻”两大类，活动的规模远远超过唐代，尤其以南宋时期最为兴盛。和官方的出版业一样，显得愈来愈发达。私宅、家塾所刻的书籍，兼有家族自用和销售的目的，名姓流传下来的有好几十家，其中最有名的是岳珂相台家塾所刻的九经、三传，廖莹中世彩堂所刻的《五经》《韩昌黎集》《柳河东集》。私宅、家塾所刻书籍各类皆有，经、史及唐以前的文集占了相当的比例，这些书籍，大体上都精雕细校，品质很好。至于坊刻，则是书坊的出版品，也就是书商的活动，是以市场为取向的，对于当时社会的影响也比私宅、家塾刻本来得大。

坊刻书籍的出版地也很广，不过最有名的是杭州、建宁和四川三个地方。就品质上讲，“杭州为上，蜀本次之，福建最下”（叶梦得《石林燕语》卷八），可是福建的刊本以价廉取胜，销售量很大，也不容忽视。四川从唐末以来就以出版业著称，宋代书籍出版主要集中在成都府路的成都、广都、眉山三地，各种书籍无不具备。杭州在五代吴越时也已经以印制佛经闻名，北宋时国子监校勘的书籍，也有很多是杭州雕印的，毕昇发明活字版印刷术也是在这个地方。南宋初年，又有一些原本在开封营业的书籍铺迁移到这里来，再加上是行都，更刺激了这里出版业的发展。南宋时杭州称书籍铺、经籍铺或其他名称的书商可考的达到二十家之多，其中最有名的是南宋晚期棚北大街的陈宅书籍铺，主人叫陈起，又称陈道人或陈解元。解元可能只是一种对士人的尊称，他未必真正中过解元。陈起本身是一个诗人，和很多文人都有来往，《南宋群贤小集》就是他编的一部南宋诗人的诗集。他另外编有一部《江湖集》，因为触犯史弥远（1164—1233）的忌讳而引发江湖诗案，他自己也卷入其中。他的书籍铺后来由儿子继续经营，父子两人刻书很多，最多的是唐、宋人的诗文集。福建的出版业中心在闽北建宁府的建阳、建安两县，以麻沙、崇化两地最出名，这里出的书在雕印、纸张方面质量较差，可是价格比其他地方出版的书籍来得低廉，所以销路很广。南宋初年，建本书籍的销售已是“几遍天下”（《石林燕语》卷八）。宋代建阳、建安两县书坊名号可考的将近四十家，其中以余氏最有名，前后开了好几家书坊；名号沿用最久的是勤有堂，一直到明末仍然使用；出书最多也最有名的则是万卷堂。

出版业日渐发达，使得书商有了竞争。宋版书籍已经普遍附有刊记，最普通的是说明出版者，也有的书特别强调不许复版，例如眉山本王称《东都事略》的刊语是“眉山程舍人宅刊行，已申上司不许复版”。有些书强调已有精审的校勘，例如南宋绍兴二十二年（1152）刻《抱朴子・内篇》有这样的刊语：“旧日东京大相国寺东荣六郎家见寄居临安府中瓦南街东，开印输经史书籍铺，今将京师旧本《抱朴子・内篇》校正刊行，的无一字差讹，请四方收书好事君子幸赐藻鉴。绍兴壬申岁六月旦日。”有些书则强调内容的完整，例如龙山堂刻南宋王明清《挥麈录》有这样的刊语：“此书浙间所刊，止前录四卷，学士大夫恨不得见全书。今得王知府宅真本全帙四录，条章无遗，诚冠世之异书也，敬三复校正锓木，以衍其传，览者幸鉴。龙山书堂敬咨。”有些书则讲本身如何有用，如吕氏家塾手校《东莱先生诗律武库》有这样的刊语：“用是为诗战之具，固可以扫千军而降劲敌。”有些书则作新书广告，例如钱塘王叔边刊《后汉书》有这样的刊语：“今求到刘博士《东汉刊误》，续此书后印行。”这些刊语，一方面有宣示版权的作用，另一方面也是在作宣传，吸引人来购买。但是有的宣传未必确凿，例如建本阮仲猷种德堂刊《春秋经传》附集解的刊记说已经“三复校正”，但是刊记本身就有错字，把“窒碍”刊成“室碍”。

除了刊记上所显示的市场竞争外，书商还有种种的做法，譬如讲究版面的大小、刻版的字体；又如对经、史、文集进行加工，像把《史记》集解、索隐、正义合刻，或者附上图表。也有些书籍加上断句或圈点，以利阅读。建本书籍能够风行天下，大概也已经有了一套发书的方法。例如吕祖谦（1137—1181）在一封写给朱熹的信中这样说：

> 《论语精义》近得本，日夕玩绎，类聚皆在目前，工夫生熟，历然可见，与分看甚不同。此间学者多欲看而难得本，告谕贩书者令多发百余本至此为佳。（吕祖谦《东莱别集》卷八《尺牍二·与朱侍讲元晦》）

当时朱熹在建宁，吕祖谦在婺州，《论语精义》是朱熹在建宁出版的书籍，大概起先发到婺州的书不多，所以吕祖谦写信给朱熹，请他告知书商多发一些书来。书坊为了争取市场，又刊印了许多销路较广的通俗性书籍，譬如医卜星相等，或者像《居家必用》和《事林广记》等日用百科全书，这些书籍，以建宁府所印的为最多。

建宁府所出版的另一类有广大销路的书籍，是科举考试的参考用书。经史文集等书籍，当时已经有大量刊本，是士子准备科举考试所必须读的基本书籍；不过在这些书籍之外，还有许多教人怎样写科举诗文，以及供写科举诗文时引用事实、文字的参考书籍出版。前面提到的吕氏家塾手校《东莱先生诗律武库》，从刊语看，很明显是一本教人在科举考试时怎样写诗的书。吕祖谦又编了教人怎么写时文的书，在建阳出版。朱熹在一封写给吕祖谦的信里问："近见建阳印一小册，名《精骑》，云出贤者之手，不知是否。此书流传，恐误后生辈，读书愈不成片段也。"（朱熹《朱文公文集》卷三三《答吕伯恭》）吕祖谦回信承认："拣择时文、杂文之类，向者特为举子辈课试计耳。如去冬再择四十篇，正是见作举业者，明白则少曲折，轻快则欠典重，故各举其一，使之类为耳，亦别无深意。今思稽其所要，诚为至论。此等文字，自是以往决不复再抬出。"（《东莱别集》卷八《尺牍二·与朱侍讲元晦》）至于供写科举诗文时用来检索资料的参考书，例如《事文类聚》《记纂渊海》《古今源流至论》《山堂考索》《古今合璧事类》等书都是。不仅建宁府和其他地方的书商出版各类科举参考书，连太医局也出版了一部《太医局诸科程文格》。前引吕祖谦写给朱熹的信中提到拣择"时文"编成的书，是指科举考试用的作文模板。"时文"也称"程文"，这一类参考书在宋代由于有很好的销路，也因此大量编印出版，有私人编印的，也有官府编印的。时文参考书在当时甚至成为许多士人准备考试时研读的重心，连官私教学也出现了重视时文过于经籍的流弊。宋代科举考试自从考经义之后，逐渐发展出一种固定的撰写格式，这种固定撰写格式的经义时文，就是后来明清八股文的雏形。

上述的一些科举参考书，应该还是其中水平比较高的。还有一些书商"于时文中采摭陈言，区别事类，编次成集，便于剽窃，谓之《决科机要》。偷惰之士，往往记诵，以欺有司"（《宋会要辑稿·刑法二・禁约二》"政和四年六月十九日")。更严重的，是出版一些供考生夹带入场的小册子。北宋中叶以前，考生夹带入场，还是用手抄本，"皆是小纸细书，抄节甚备，每写一本，笔工获钱三二十千"（欧阳修《欧阳文忠公全集・奏议集》卷十五《条约举人怀挟文字札子（嘉祐二年四月知贡举)》)。到了北宋末叶，除了手抄本之外，也出现了雕印的小册子。《宋会要辑稿・选举四・考试条制》"政和二年正月二十四日"条载臣僚言及当时考试舞弊的情形：

蝇头细字，缀成小册，引试既毕，遗编蠹简，几至堆积。兼鬻书者，以《三经新义》并庄、老、字说等，作小册刊印，可置掌握，人竞求买，以备场屋检阅之用。

到了南宋，这一类供考试剽窃和夹带的参考书，在建阳大量出版。岳珂《愧郯录》卷九：

自国家取士场屋，世以决科之学为先，故凡编类条目，撮载纲要之书，稍可以便检阅者，今充栋汗牛矣。建阳书肆，方日辑月刊，时异而岁不同，以冀速售，而四方转致传习，率携以入棘闱，务以眩有司，谓之怀挟，视为故常。

这一类书商出版的夹带小册，当时称为夹袋册，"高价竞售"（《宋会要辑稿・选举六之四八》"嘉定十六年七月十日"），可见市场需求之大。而出版业和科举考试关系的密切，也于此可见。

三、读书与藏书愈益方便

书籍雕版既多，可以大量印制，书价也大为降低。抄本书价与刻本书价的比较，在《续资治通鉴长编》卷一〇二"天圣二年十月辛巳"

条有一段资料，当时判刑部燕肃（961—1040）认为以往赦书集由书吏分别抄录，有很多错字，导致各地的复奏有违旨意，建议改用雕版宣布，因而诏令今后赦书由刑部雕版颁行。在这段叙事之后有作者李焘（1115—1184）的两行夹注："因之日官亦乞模印历日，旧制，岁募书写费三百千，今模印，止三十千。"从这段文字推计，当时印本书价只是抄本书价的十分之一。以后又有质量较差而价格低廉的建本，吕祖谦在一封写给朱熹的信中讲到义乌想刻朱熹的《论语精义》，接着说："然婺本例价高，盖纸籍之费重，非贫士所宜，势必不能夺建本之售。"（《东莱别集》卷七《与朱侍讲元晦》）可见建本书籍的低廉，连贫士都可以买得起。

在这样的环境之中，书籍流传愈来愈广，读书、藏书都比以前方便得多。五代时期的南唐，文化比中原发达，境内一些有"义门"之称的累世同居大家族，以丰盛的田产为经济基础，设有兼具教育与聚书功能的书堂，聚书数千卷已称盛事，如江州德安县陈氏有数千卷，洪州奉新县胡氏有五千卷。到了宋代，一些藏书丰富的人家，达万卷甚或数万卷者已颇有人，这与书籍刻版流传之后，购书方便应有关联。他们所收藏的书籍仍有不少或来自传抄，或得自其他藏书人家的赠送，或得自朝廷的赐予，或来自家传。如北宋前期的宋绶（991—1040），自祖父以来，已经三世仕宦，家中原有藏书，又得其外祖父杨徽之（921—1000）将家中藏书全部赠予；其岳父毕士安（938—1005）也富于藏书，两家难免相互交换或互借抄录，后来毕家藏书亦归于宋家；宋绶与父亲宋皋同任职馆阁，每赐书，必得二本；至其子敏求，藏书不下三万卷。但是来自购买的也日益多见。例如眉州人孙降衷在宋太祖时，在京师购买国子监本的书"万卷以还"；他的孙子孙辟又至京师，传抄官府藏书并购官本书，"载而归，即所居建重楼藏之"；南宋时书楼毁于火灾，孙氏后人又"走行阙下，传抄贸易以补阙遗"（魏了翁《鹤山先生大全文集》卷四一《眉山孙氏书楼记》）。开封蔡氏在北宋时，业儒而不事科举，"独喜收古今之书，空四壁损千金以购之"，历五十年，北宋末年有书“今二万卷矣”（苏过《斜川集》卷五《夷门蔡氏藏书目序》）；同样在北宋晚期的吴与，“生平历官凡七任，悉以俸余市书”，所藏更是“至三万余卷”（陆心源《宋史翼》卷十九《吴与传》）。

富有人家可以大量收书，一般人家要零购也很方便，给人的印象就是书籍流传日广。所以在北宋后期，苏轼作《李氏山房藏书记》，说：

> 余犹及见老儒先生，自言其少时欲求《史记》《汉书》而不可得，幸而得之，皆手自书，日夜诵读，惟恐不及。近岁市人转相摹刻，诸子百家之书，日传万纸。学者之于书，多且易致如此。（《苏文忠公全集·前集》卷三二）

苏轼已经说当时的书是“多且易致”了，可是到了南宋中叶，朱熹抱怨人们“读书苟简”，仍然觉得苏轼那时书籍难得：

> 今人所以读书苟简者，缘书皆有印本多了。如古人皆用竹简，除非大段有力底人方做得，若一介之士如何置。……如东坡作《李氏山房藏书记》，那时书犹自难得。晁以道尝欲得公、穀传，遍求无之，后得一本，方传写得。今人连写也自厌烦了，所以读书苟简。（黎靖德编《朱子语类》卷十《学四·读书法上》）

显然南宋中叶时，书籍流传已更加广泛。到了宋、元之际，人们更是认为“摹印便而书益轻，后生童子习见以为常，与器物等，藏之者只观美而已”（罗璧《罗氏识遗》卷一“成书得书难”条引蔡氏语）。

只有在这样的环境中，北宋后期据说是二程学生谢良佐（1050—1103）所说的“读书人人有分”，才能成为一种理想。读书的人比起从前大为增加，科举考试的特性也激励了许多家庭费尽心思培养子弟读书应考。不过，尽管书价已经大幅降低，购书仍然是一笔很大的花费，一般童蒙书籍的支出也许不难负担，而进一步学习所必须研读的经史子集，价钱可能就比较昂贵，特别是为了在考试竞争中能够出人头地，而要搜寻比较多的书籍来读，花费也就更大。所以对有意培育子弟应考的家庭来讲，聚书是一件大事。

北宋时已有不少士人家庭，为了让子弟有比较好的条件准备考试，致力于收藏书籍。这种风气到南宋依然存在，常有一些史料讲到这些家庭为了买书而要“倾家赀”，或者妇女“鬻嫁时装具”，甚至要“典衣市书”。可见买书确实是一笔不小的花费。但是由于出版业的发达，对于家境较为清寒的士人来讲，要收藏比较多的书籍也不是一件完全不可能的事。杨万里（1127—1206）的父亲杨芾（1096—1164）没有田产，在吉州吉水县以授徒为生，曾经“岁入束修之赀以钱计者才二万”，平均每月收入一千六百多钱，可以说是十分微薄，可是他“忍饥寒以市书，积十年得数千卷”（胡铨《胡澹庵先生文集》卷二五《杨君文卿墓志铭》）。明州也有一位高元之，同样以授徒为生，死后“家贫无以葬”，可是他生前由于对于书籍的嗜好，“遇所未见，解衣辍餐，不计其直”，也能够“家藏数千卷”（楼钥《攻媿集》卷一〇三《高端叔墓志铭》）。数千卷比起一些藏书人家的数万卷自然少了很多，但是经多年的累积也多少有一个数量。总之，家里备有比较多的书籍固然不容易，但这时也已非少数富裕家庭的专利。

有志于读书的贫穷士人，如果确实买不起书，借书来读或许也不再像印刷术还没有推广应用之前那样困难。地方上政府所设置的州、县学校，大概都会有藏书阁、经史阁之类的建筑，藏有朝廷所赐国子监刊刻的书籍，遇到有心的地方官，也会设法拨款添购书籍，借在学的士人利用。“兴学聚书”是地方官值得称述的一项政绩。至于民间，也兴起许多藏书的人家，比以前要多得多，他们之中有一些愿意把藏书提供给别人利用。藏书风气的兴盛，兴化军的莆田是一个例子，南宋陈振孙（1183—1262）所著的《直斋书录解题》，是目录学的名篇，这一部书的撰写，得力于他任兴化军通判时传抄阅读了当地郑、方、吴、林等家的藏书而完成。其中仅是方氏一族，在南宋就出了好几位有名的藏书家。写《通志》的郑樵（1104—1162）是莆田人，也是一位目录学者，后来自己也收藏了不少书籍。可是据南宋末年当地人林希逸（1193—1271）的记载，郑樵二十几岁时，“家贫，无文籍，闻人家有书，直造其门求读，不问其容否，读已则还”（林希逸《竹溪鬳斋十一续集》卷二九《学记》），可见他的学问基础是靠借书来读奠定下来的。这种情况自然不限于莆田，各地都有一些藏书较多的人家，愿意将藏书公开给族人或寒士使用，甚至愿意给前来读书的寒士以经济补助。社会上阅读的条件因此大大改善，这正是印刷术推广应用所获得的成果。

第三讲参考书目

一、专著

卡特（T. F. Carter）著，胡志伟译，《中国印刷术的发明及其西传》。台北：台湾商务印书馆，1968。

朱传誉，《宋代新闻史》。台北：学术著作奖助委员会，1967。

李书华，《中国印刷术起源》。香港：新亚研究所，1962。

宿白，《唐宋时期的雕版印刷》。北京：文物出版社，1999。

叶德辉，《书林清话》。台北：文史哲出版社，1988。

张秀民，《中国印刷术的发明及其影响》。台北：文史哲出版社，1988。

张秀民著，韩琦增订，《中国印刷史》。杭州：浙江古籍出版社，2006。

潘美月，《宋代藏书家考》。台北：学海出版社，1980。

钱存训著，刘拓、汪刘次昕译，《造纸及印刷》。台北：台湾商务印书馆，1995（本书为李约瑟〔Joseph Needham〕主编，《中国之科学与文明》〔*Science and Civilization in China*〕第五卷第一册之中译本）。

罗树宝，《中国古代印刷史》。北京：印刷工业出版社，1993。

二、论文

方豪，《宋代佛教对中国印刷及造纸之贡献》，收入氏著，《方豪六十至六十四自选待定稿》。台北：方豪，1974。

王德毅，《宋敏求的家世与史学》，《台大历史学报》第三十一期，2003，台北。

朱瑞熙，《宋元的时文——八股文的雏形》，收入氏著，《城集》。上海：华东师范大学出版社，2001。

佐竹靖彦，《唐宋變革期における江南東西路の土地所有と土地政策——義門の成長を手がかりに——》，收入氏著，《唐宋變革の地域研究》。京都：同朋舍，1990。

金柏东，《早期活字印刷术的实物见证》，《文物》1987年第5期，北京。

翁同文，《印刷术对于书籍成本的影响》，收入宋史座谈会编，《宋史研究集》第八辑。台北：中华丛书编审委员会，1979。

翁同文，《毕昇身世及其雕泥活字版考释》，收入宋史座谈会编，《宋史研究集》第二十二辑。台北：中华丛书编审委员会，1992。

黄宽重，《南宋活字印刷史料及其相关问题》，收入氏著，《南宋史研究集》。台北：新文丰出版公司，1985。

刘祥光，《印刷与考试：宋代考试用参考书初探》，《政治大学历史学报》第十七期，2000，台北。

刘祥光，《宋代的时文刊本与考试文化》，《台大文史哲学报》第七十五期，2011，台北。

台静农，《南宋小报》，收入宋史座谈会编，《宋史研究集》第三辑。台北：中华丛书编审委员会，1966。

第四讲 | 官学的演变（上）

一、从国子监到太学

导致宋代知识传布普遍的另外一项重要因素，是学校教育的兴盛。宋代学校教育可以分官学和私学两个方面来谈，官学又可以分为中央官学与地方官学两个部分，这一讲先谈中央官学。

中央政府设置官学，在宋代以前原已如此。唐代以国子监统理中央官学，其中最主要的是国子学、太学、四门学三个部门。国子学的学生来自政府高层官员的子弟，太学的学生来自政府次高层官员的子弟，四门学的学生则除了来自政府中下层官员的子弟外，庶人俊秀者也可以入学。整体而言，当时中央官学学生，也就是生徒，主要来自政府官员的子弟，平民子弟入学的机会很少。这种情况，到宋代有很大的改变。

不过改变并非从北宋初年就已经如此，而是经过了一个酝酿的过程。宋朝建立之后，在宋太祖建隆二年（961）设置国子监，后来一度改称为国子学，到宋太宗淳化五年（994）又恢复国子监之称。从名称的反复更改看，宋初的国子监和国子学，并不像唐代那样有所分别。这时的国子监除了从事书籍的校勘雕版之外，也招收学生、从事教学，入学的资格是京朝七品以上官员的子孙，名额则只有七十人。可见入学有家庭身份的限制，甚至比不上唐代四门学允许庶人俊秀者入学，同时规模也不大。实际上官员子弟有许多虽然系名国子监学籍，却不前往听读，反而是在京城的一些准备应考进士、诸科的士人经常到监中听习。开宝八年（975），朝廷因此接受国子监的请求，准许未入学而听习者补监生之阙。

从宋初以来，中央官学已与科举结合，国子监不仅是一个从事出版教育的机构，而且和州郡一样，是一个发解处所，而解额又比州郡要宽很多，通过了国子监入学考试等于获得了取解的资格。因此每逢科举考试将要举行，就有许多人请求进入国子监就学。这种情况，使得国子监遭受进一步的冲击。向国子监报名要交家状证明身份，许多不符合入学资格的八品以下官员子弟，还有平民子弟，为了能够入学，谎报家世。这一个问题在宋真宗时已经存在，大中祥符七年（1014）因此规定官员子弟在监习业，每人要找京朝官两人保识，然后才予以考试，但是这一个办法并没有收到效果，问题愈来愈严重，甚至引发诉讼。宋仁宗初期，每逢科举考试，游学于国子监广文、太学、律学三馆的学生已多达千余人，但是到考试结束，在监中习业的则不过一二十人而已。针对这一个问题，朝廷在庆历二年（1042）接受王洙（997—1057）的建议，一方面规定必须在监修习满五百日才准许取应，即使是曾经取解过的，也必须修习满百日；另一方面，为了满足低层官员和平民子弟的需要，仿唐制另设四门学。

四门学存在的时间很短，不久之后就被太学所取代。庆历三年（1043），范仲淹任参知政事，推动多项改革，振兴学校是其中之一。范仲淹在上奏中所谈的主要是地方官学，中央官学虽然不在他的建议之内，但是庆历四年（1044）太学迁出国子监单独设置，应该和当时的改革措施有关。太学原本只是宋代国子监的一个馆，这年由于判国子监事王拱辰（1012—1085）等人建议“今取才养士之法盛矣，而国子监才二百楹，制度狭小，不足以容学者，请以锡庆院为太学，葺讲殿，备乘舆临幸”（《续资治通鉴长编》卷一四八“庆历四年四月壬子”），而从国子监迁移出来，在行政上虽仍隶属于国子监，却有朝廷另行拨给的经费，可以自行运用，招收学生的对象也有了改变。新制的太学，取代了四门学，容纳八品以下官员和平民的子弟，政府拨给田租和房租作为经费，当时生员有二百人。

但是庆历改革随即失败，太学虽然仍有独立的校舍，却已从锡庆院迁出到比较狭小的马军都虞侯公廨，同时经费来源也在不久之后被截断，落入国子监的手中。此后太学生日益减少，国子生却日益增加，在熙宁变法以前，太学生的数量仍然远比不上国子生。至于庆历二年在学必须满五百日才能取应的规定，也在范仲淹去职之后取消。

王安石推动熙宁变法，讲究人才的培育。如何才能获得国家所需要的人才？第一步是调整科举考试的方向，也就是以经义考试取代诗赋。而更加基本的，则是由学校来培育，也就是王安石所说的“古之取士俱本于学，请兴建学校以复古”（《文献通考》卷三一《选举考四》）。在这样一个想法之下，熙宁四年（1071）有太学三舍法的实施。太学三舍法的具体内容，留在后面分别说明，这里只说明太学三舍法至少导致了宋代中央官学的几点变化：第一，学生必须在学读书，经过长期的考察，才能取得发解或任官的资格。第二，太学规模大为扩充。校舍在此之前已迁回锡庆院，这时继续扩大校址，同时学生人数也大量增加，元丰二年（1079）已经增加到2,400人。第三，国子生的数量则日渐减少，元丰元年（1078）国子生招生的名额只限二百人，比起熙宁元年（1068）的九百人减少了很多，和同时太学的2,400人相差更远。总而言之，到了宋神宗时期，太学生已经取代国子生，成为中央官学生员的主要部分；而低层官员和平民子弟，也取代了中高层官员的子弟，成为中央官学教育的主要对象。

二、太学入学方式的演变

太学入学须经考试，称为补试，所以称为补试，是因为生员有一定名额，必须有阙才能补。参加补试的资格从庆历四年（1044）太学迁至单独的校舍之后，到宋哲宗元符二年（1099）州学升贡法实施之前，大概只要合乎科举考试的条件，亦即没有道德或法律上的过失，即可参加，其间办法的修改也许不大。

州学升贡法的实施，是太学入学方式的一项重大改变。实施虽然开始于宋哲宗末年，却早在宋神宗时代就开始酝酿。在太学三舍法实施之前，宋神宗曾在熙宁二年（1069）下诏要群臣讨论学制，程颢（1032—1085）在他的奏疏里有这样的主张：

> 县令每岁与学之师，以乡饮之礼会其乡老。学者众推经明行修，材能可任之士，升于州之学，以观其实。学荒行亏者，罢归而罪其吏与师。其升于州而当者，复其家之役。郡守又岁与学之师，行乡饮酒之礼，大会郡士，以经义、性行、材能三物宾兴其士于太学，太学又聚而教之，其学不明，行不修与材之下者，罢归，以为郡守、学师之罪。升于太学者，亦听其以时还乡里，复来于学。太学岁论其贤者、能者于朝，谓之选士。朝廷问之经以考其言，试之职以观其材，然后辨论其等差而命之秩。（《河南程氏文集》卷一《请修学校尊师儒取士札子》）

他提出的办法，是由县而州而中央，将地方学校与中央太学连成一线，经由学校选拔人才，逐层升迁，最后朝廷人才出自太学。元丰三年（1080），曾巩（1019—1083）在一封奏札里也提出了类似的办法：

> 诚令州县有好文学，厉名节，孝悌谨顺，出入无悖所闻者，令佐升诸州学，州谨察其可者上太学，以州大小为岁及人数之差。太学一岁谨察其可者上礼部，礼部谨究其可者籍奏，自州学至礼部皆取课试通一艺以上，御试与否取自圣裁……

其旧制科举，以习者既久，难一日废之，请且如故事。（曾巩《元丰类稿》卷三十《请令州县特举士》）

他的办法虽然保存了科举，但很清楚只是因为“难一日废之”，最后仍然要完全以学校系统来取代科举。

程颢、曾巩都不是新党，但是他们的想法都和王安石“古之取士俱本于学”如出一辙。而且王安石的太学三舍法着重在人才的培育，政府取士主要仍然经由科举，由地方到中央逐级考试选拔；程颢、曾巩的办法则是地方的解试可以完全废掉，中央的取士考试只有由太学选拔出来的学生可以参加，而太学的学生又选拔自地方学校。这样的构想，使得科举考试完全被学校教育所取代，但是从另一个角度看，学校教育也变成完全是为了选拔政府所需要的人才而存在。

宋哲宗末年以后的州学升贡法，可以说正是程颢、曾巩两人构想的实践。元符二年（1099），在章惇（1035—1105）主持下，将原本在太学实施的三舍法推广到部分州学实施。实施三舍法的州学，每年选一名上舍生到京城参加太学入学考试，考试通过后入太学内舍，如果三次考试没有通过，遣还州学；另外每年可以选送两名内舍生，不经考试直接进入太学外舍。这些由州学升贡至太学的学生占太学总名额的比例不大，而且科举考试在这时也没有废除。过了三年，也就是宋徽宗崇宁元年（1102），蔡京（1047—1126）主政，将三舍法推行到全国所有州学，同时扩大实施升贡法，将县学、州学与太学连成一线，县学学生经过考试进入州学就读，州学学生经过考试进入太学就读。太学名额这时扩充到3,900人，达到宋代的顶点。太学补试在崇宁元年原本定为三年一次，到崇宁五年（1106）改为每年举行。各州州学升贡至太学有一定的名额，按名额送到京城参加考试，依成绩高下分别进入上舍、内舍或外舍就读。同时从崇宁五年以后，完全取消科举考试，学校成为主要的仕进之途。科举考试停办之后，进入太学除了经由州学升贡外，另有八行一途。所谓八行，在讲科举制度时已曾说明，其中八行全备的，可以免试进入太学。

州学升贡法一直实施到宣和三年（1121）。蔡京执政期间，有许多作为不得人心，地方学校三舍法也出现许多弊端。宣和二年（1120），王黼（1079—1126）执政，将蔡京所推动的措施一一推翻，地方学校三舍法也在次年完全停止实施，科举考试恢复，州学升贡法和八行取士都随之而废除。

宋高宗绍兴十三年（1143），太学由于汴京沦陷而停办了一段时间之后，重新在临安招生。刚开始时，规定有几类人可以报考：第一类是在本贯官学住学满一年，三试中选，不曾因犯过而受第三等以上罚的学生，非本贯人若在当地游学，只要合于上述资格，也比同本贯学生；第二类是虽未住学而曾经发解、品德良好的人。这两类人都必须取得州学教授的保明，并为他们申报到州，发给赴考公据。另有第三类人，不符合第一、二两类资格者，若已执有本贯官府发给的公据，且在赴考途中，难以要求他们返回，也通融允许在这一次报考，这是为了适应南渡后首次举行太学补试的现实情况而有的临时规定。不过没有多久之后，报考资格就有了改变，不再要求具备住学或得解的资格，士人只要经过州县官府的审核，于报名参加科举考试没有违碍，以及未曾遭到殿举的惩罚，都可以取得地方官府发给的公据赴补。所谓“殿举”，是指在从报考到参加解试或省试的过程中，因品德、行为等问题，受到禁止参加若干次科举考试的惩罚。从绍兴十三年以来，太学补试的方法虽曾有变更，但都是让不同身份的考生（在学或未在学，得解或未得解）混同应考，这应即后来所称的混补，也有人称之为混试。这种方式，资格的规定比较宽，可以参加太学补试的人比较多。混补一直实施到宋孝宗淳熙四年（1177），才为待补所取代。

混补法由于资格较宽，所以报名参加的人很多，在宋孝宗初年已经多到一万多人。当时的太学生名额已比北宋后期大为减少，不过一千人左右，而初入学的外舍生更不过是数百人而已。所以有那么多人要来报考太学，竞争为数不多的名额，原因在于太学生比较容易取得免解的资格，直接参加省试；即使未能免解，必须参加解试，太学的解额也比州郡宽很多。由于参加太学补试的士人太多，不容易维持秩序，朝廷一直在思考对策。淳熙四年终于提出了待补的办法，这个办法是从每次解试各州落第人中，每一百人取三人，每不及三十人亦取一人，称为“待补太学生”，等到太学举行补试时，可以参加考试一次，录取的比率后来又增为6%；此外，曾得解举人也可以参加，原规定每补听试，但次年即改为各缴原省试落第公据，许赴补一次，待遇如同待补太学生。无论待补太学生或曾得解人，在解试中的成绩都属于领先群，“待补”主要是指这些有资格参加太学补试的士人的身份，从而引申为太学入学考试方式的名称。待补和解试结合，建立起太学入学和科举考试的全面关系，太学变成是解试落第人的一条出路，也因此当时待补生有“贡余”之讥。

待补虽然减少了参加补试的人数，但是也产生很多弊端。宋光宗绍熙三年（1192），倪思（1147—1220）检讨待补的弊端，建议改行混补，但是赵汝愚（1140—1196）等人有不同的意见，他们建议：

> 欲远稽古制，近酌时宜，不烦朝廷建官，不劳有司增费，惟重教官之选，假守贰之权，仿舍法以育才，因大比而贡士。考终场之数，定所贡之员，期以次年试于太学，庶几士修实行，不事虚文，渐复淳风，仰裨大化，有三舍之利而无三舍之害。（《宋会要辑稿·崇儒一·太学》“绍熙三年六月二十四日”）

也就是要将北宋末年的州学升贡法在修正后重新实施，不过赵汝愚等人的意见并没有得到朝廷的接受。到了宋宁宗庆元二年（1196），终于恢复混补法，混补法复行之后，嘉泰二年（1202）参加补试的考生多达37,000人，是宋孝宗初期的三倍，反映出社会上士人的急剧增加，而恢复州学升贡法的呼声在这时也仍然存在。刘宰（1166—1239）

在开禧三年（1207）以后写给宰相钱象祖（1145—1211）的一封信里说：

> 今诸州学田日增，学舍日葺，而乡校之去取，无与于升沉，士子之去来，无关于进取，往往有志者鲜入其间。而太学补试取一日之长，亦无以得州里之良士，故莫若罢太学之补试而取其人于乡贡。

他所谓的乡贡是：

> 其合贡人并取于月书季考，而或殿或罚，并依学令，必求其行艺无玷者，前期上其名于太学。至省试之后，太学缺员之时，帘引参学。

他认为这个办法如果实施：

> 如此则太学之所取，皆乡里所推之人，乡校所养，有登名太学之渐。乡校之教养不虚设，太学之所取皆实材，而士之宿留都城以营补试者息矣。（刘宰《漫塘集》卷十三《上钱丞相论罢漕试太学补试札子》）

刘宰的办法，基本上依旧是由州学推举优秀学生进入太学，他的建议仍然没有产生影响。

此后直到南宋末年，大致上是混补与待补交替施行。宋理宗淳祐十年（1250），当时施行待补，诏令将每举待补名额的一半，从州学考选一定比率的学生，和待补生同赴太学补试。这项措施的施行背景不得而知，却显示出到了南宋晚期，待补也包含州学的学生在内。从太学入学方式演变的整个过程看，科举和学校的关系毕竟无法分开。

三、太学的课程与考核

宋朝初年国子监的课程以《诗》《书》《易》《礼记》《春秋》为主，用的是唐代的注疏，学生分别习其中一经。庆历四年（1044）太学迁出国子监以后，课程开始与政治环境及科举考试产生了比较紧密的联系。经学仍然是主要的课程，不过已不限于解释章句，有些教师把经书的内容和实际的政事结合起来讲。例如胡瑗（993—1059）在宋仁宗皇祐四年（1052）到国子监和太学任教之后，将他在苏州、湖州等地方学校分经义、治事两斋的教学方法也带到中央官学来。除了经学之外，太学也教科举考试所要求的诗、赋、论、策，有些教师甚至把学生每月诗、赋、论、策考试等第的高下公布于学校门口。

熙宁四年（1071）实施太学三舍法之后，太学的课程有了比较大的变动。配合着科举考试内容的改变，太学的课程以经义为主，兼习论、策，诗赋课程则取消，后来又设有律学课程。经学课程的内容有了变动，原本五经中的《春秋》课程被撤销，而代之以《周礼》，学生自其中选习一经，另外兼习《论语》和《孟子》。《周礼》所以获得重视，是因为这一部书是王安石推动改革的理论依据，《春秋》课程所以遭受撤销，是因为王安石认为《春秋》三传都不可靠，这一部书不好懂。他并没有禁止习史，但是影响所及，当时士人多不读史书。不过更加值得注意的，是科举和学校对于经书都采取了新的解释，也就是依照王安石所主持编纂的《三经新义》，其中《周礼新义》是王安石自己写的，《诗》《书》义则是由王雱（1044—1076）、沈季长（1027—1087）、陆佃（1042—1102）、吕惠卿（1032—1111）等人所写，经过王安石的校订。王安石曾向宋神宗谓：

> 今人材乏少，且其学术不一，一人一义，十人十义，朝廷欲有所为，异论纷然，莫肯承听，此盖朝廷不能一道德故也。

故一道德则修学校，欲修学校则贡举法不可不变。(《文献通考》卷三一《选举考四·举士》)

不止此处，他在其他一些地方也提到“一道德”的说法。《三经新义》用来作为教学和考试的标准，正是为了达成“一道德”的目的。不过“一道德”也并非是王安石一个人的想法，当时也有其他人提出这样的要求。为什么在这时会有这样的想法，仍然值得探讨。

元祐年间（1086—1094）恢复诗赋考试，太学里也恢复了诗赋课程，不仅恢复，而且成为热门课程。据苏轼在元祐四年（1089）的上奏中讲，当时“太学生习诗赋者十人而七”。经学课程也作了调整，经书的范围扩大，以《诗》《周礼》《礼记》《左传》为大经，《易》《书》《仪礼》《公羊传》《穀梁传》为中经，《论语》《孟子》为兼经，在注疏方面，虽然恢复使用旧的注疏，却也不禁止王安石的新解，仅仅停止了王安石所撰《字说》一书的使用。大体来讲，可以说是兼容并蓄。当时国子司业黄隐“讽谕其太学诸生，凡程试文字，不可复从王氏新说，或引用者，类多黜降”，便受到旧党吕陶（1031—1107）、刘挚（1030—1097）等人的弹劾。吕陶在奏文中说：

且经义之说，盖无古今新旧，惟贵其当。先儒之传注，既未全是；王氏之解，亦未必尽非。善学者审择而已，何必是古非今，贱彼贵我，务求合于世哉。(吕陶《净德集》卷四《请罢国子司业黄隐职任状》)

黄隐因此而被免除国子司业的职位。至于施行新法期间增设的法律课程，则在这时停罢。

宋哲宗亲政之后，倾向新党，太学里也全面恢复熙宁年间的课程，以经义为主，这种情形一直延续到宋徽宗时期。宋徽宗由于崇尚道教，曾以道科取士，《老子》《庄子》《列子》等课程也列入太学。南宋初年一反北宋末年的做法，配合科举考试制度，太学里诗赋、经义两方面课程并重，经义教授《诗》《书》《易》《礼记》《周礼》《春秋》等六种经典，仍然以《论语》《孟子》为兼经，这种情形大概一直持续到南宋末年。南宋晚期比较值得注意的变化是，从宋宁宗嘉定五年（1212）以后，以朱熹为代表的理学家作品逐渐被采用为太学教材。

太学里既然开有各项课程，学官自然要经常当众讲解，不过更重要的也许是学生和学官之间个别的讨论，以及学生的自行研习。北宋仁宗时胡瑗在太学，以身教为先，也常召学生使论其所学。但是至神宗以后，太学卷入政潮，学官屡因狱讼而遭罢黜。元丰元年（1078），太学生虞蕃控告学官升舍不公，究治时追逮遍及各地，学官有人因受学生茶、纸而遭免官。刘挚在宋哲宗元祐元年（1086）指出，“其所坐赃，大率师弟子摯见之礼，茶、药、纸、笔好用之物，皆从来学校常事，虽经有司立法，而人情踵故，未能遽革”（刘挚《忠肃集》卷四《论太学狱奏》）。受此案影响，此后至元祐六年（1091），仍然有官员上言，“国学设师生而禁其谒见，无从叩问”（《文献通考》卷四二《学校考三》），禁止师生于课堂讲课之外私下见面，不仅是“无从叩问”，更无所谓身教。也可以看出，此一禁令至旧党执政时仍然存在，并未废除。到了南宋，学官中有人“养望自高，不与诸生接，亦不复省学事”（张栻《南轩集》卷四十《教授魏元履墓表》），但也有人“早暮延见学者，孜孜诲诱”（《宋史·沈焕传》）。太学生中学行修养特出的，往往成为其他学生师礼的对象，譬如陆九龄（1132—1180）、陆九渊（1139—1192）兄弟在太学，沈焕（1139—1191）、杨简（1141—1226）、舒璘（1136—1199）等人便从之问学。

太学中不仅有经常的讲课，也有定期的考核，定期的考核在宋初的国子监大概还不存在。宋仁宗皇祐年间（1049—1054）胡瑗主讲国子监、太学时，已经有公试、私试。到熙宁年间（1068—1077）太学三舍法成立后，考核办法更加详密，考核的方法大概分成两个方面，一方面是定期的考试，另一方面是平日的观察。

定期的考试有私试、公试、舍试。私试每个月举行一次，公试每年举行一次，公试通过，才有可能从外舍升入内舍。太学中外舍、内舍的分别在熙宁年间以前原已存在，太学三舍法实施，增设上舍，于是除私试、公试外，又有舍试。舍试来年举行，通过之后才有可能升入上舍。上舍生参加上舍试，如果成绩优异，则有机会释褐任官。各项考试弥封、誊录有如科举考试一样，上舍试并且由朝廷另外派官主持。依照元丰二年（1079）的规定，当时外舍生二千人，内舍生三百人，上舍生一百人，可见升舍并不容易。如果经过三次考试仍然不能升舍，便要遣还本州。至于经由上舍试而直接任官的，在元丰年间（1078—1085）只有一人而已。这一套考试与升级的办法，以后虽然有一些变化，但是大体上一直实施到南宋末年，同时也变得更加精密。例如在宋神宗时考试只是分等第，到北宋晚期进一步以等第换算积分，再累积积分来比较优劣。南宋晚期太学考试升级的方法，在周密《癸辛杂识》后有详细的集中记载。

除了定期的考试之外，对于学生的学、行也作平时的观察，也就是所谓月书季考：

> 斋长、谕月书其行艺于籍，行谓率教不戾规矩，艺谓治经、程文，季终考于学谕，次学录，次正，次博士，后考于长贰。岁终会其高下书于籍，以俟覆试参验而序进之。（《宋史》卷一五七《选举志·学校试》）

太学生分斋研习，斋长、谕选自同斋学生，学谕、学录、学正多由上舍生担任，有时也用内舍生，博士以上则是官员。月书季考配合上考试等第，决定太学生是否能够升舍。有些学官对于太学生的品德特别注重，吕祖谦在乾道六年（1170）担任太学博士时，曾经制定学规，规定如果有亲在别居、亲殁不葬、因丧婚娶、家族讼财、侵扰公私、喧哗场屋、游荡不检等情形，都要除籍；诸斋私录演讲之类，由于多有讹舛，也不可以传习（见《东莱别集》卷五）。太学生违反学规，还会受到禁闭、鞭打等轻重不等的处罚，详情也可以看周密《癸辛杂识》后集。不过从一些资料看，有些太学生的品德不见得很好，南宋人也讲太学的风俗不好，无益于国家教化。德行的考察，恐怕只是虚设。尽管始终也有一些太学生关心时政，进而表现为节义行为，甚至有人为此而牺牲了性命，如北宋末年为了国家安危而多次伏阙上书的陈东（1086—1127），但是许多太学生在学的真正目的，是想要求得科举的出身。士人就读太学所以会有这种动机，源自太学生的科举出身有优于一般参加地方解试士人的待遇。

四、太学生的待遇与出身

太学生在学享受膳食供应，也享有部分税役特权，这些以后再分别来谈，这里先讲太学生在科举和仕宦方面的待遇。

宋代初年以来的国子监，除了从事出版与教学之外，也是一个发解的处所，而解额要比州郡宽松很多。这种情况，也存在于有独立校舍以后的太学，特别是到熙宁年间实施太学三舍法以后，政府不断压缩开封府和国子监的解额，而归之于太学。熙宁八年（1075）以前，太学的解额合并在国子监内，共一百六十人，开封府解额有三百三十五人。熙宁八年，两项解额合并。到了元丰二年（1079），又再分开，这时开封府的解额减为一百人，国子监解额归之于太学，增至五百人。次年完全以开封府解额归之于太学，而国子生解额则在太学分数之内取，不得超过四十人。按照规定，太学生只要在学听读一年，就可以在太学应举。以元丰二年规定太学生名额2,400人计算，平均每四名太学生就可以有一名取解，比州郡平均几十人甚至上百人才取解一人要优厚很多。这种情况到元祐年间并没有多大变化，元祐五年（1090）太学发解平均每五人有奇而取一人。

除了解额较宽之外，太学三舍法实施后，学生又有机会在科举上获得更进一步的优待。熙宁年间规定，内舍生成绩优异者免解，上舍生成绩优异者免礼部试，上舍生成绩最优者则直接任官。元丰年间改为上舍生下等免解，中等免礼部试，上等命以官。上舍上等又称为上舍出身或两优释褐，按："内舍生校定，分优、平二等，优等再赴舍试，又入优，则谓之两优释褐。"（《宋史》卷一五七《选举志 · 学校试》）元祐年间只是取消了上舍上等直接任官的规定，上舍生仍然可以享有免解或免礼部试的优待。宋哲宗亲政之后，恢复了元丰年间的办法，到宋徽宗时期停罢科举之后，太学成为入仕的主要途径。

根据宋徽宗崇宁五年（1106）的规定，每年春季，所有的太学生一同考试，总共取三百七十四人，其中四十七人为上等，立即推恩释褐，一百四十人为中等，可以参加殿试，其余一百八十七人为下等，补入内舍。由于殿试每三年举行一次，所以每三年间，可以有一百四十一人推恩释褐，四百二十人经过殿试之后任官。同时由于是所有学生混同考试，因此有可能刚由州学贡入太学，就取得上等的资格而任官，不需要在太学中就读。而在大观元年（1107）到宣和二年（1120）的几次殿试里，每次录取都达到六七百人，远超出崇宁五年规定每一年一百四十人的定额。

南宋太学生在科举与任官方面的待遇，大体上是恢复宋神宗时代的办法。亦即上舍上等可以立即任官，上舍中等可以免礼部试，上舍下等则可以免解。太学的解额远比州郡为宽，由于参加州郡解试的士人激增，达到数百人才能解一人的程度，而太学解额则每七人取两人，悬殊比北宋时期更大（《朱子语类》卷一〇九《朱子六 · 论取士》），士人因此热衷于参加太学补试，造成了混补考生的大增。朱熹对太学教育一向没有好感，在一次和学生谈话时说了这些话：

> 初间所以立待补之意，只为四方士人都来就试，行在壅隘，故为此法。然又须思量，所以致得四方士人苦死都要来赴太学试为甚么，这是个弊端，须从根本理会去。某与子直书曾

云："若怕人都来赴太学试，须思量士人所以都要来做甚么，皆是秀才，皆非有古人教养之实，而仕进之途如此其易，正试既优，又有舍选，恩数厚，较之诸州或五六百人解送一人，何其不平至于此。"(《朱子语类》卷一〇九《朱子六·论取士》)

朱熹的谈话，清楚地指出了太学与科举之间的关系。这项关系，即使太学制度几经更改，却基本上没有变化。

第五讲 | 官学的演变（下）

一、州县学校基础的奠定

宋代太学的社会意义在于改变了以往中央官学中官宦子弟的独占，提供了平民子弟比较大的入学机会。但是太学的名额究竟有限，要谈知识传布的普遍，从官学这一方面看，地方官学也许更值得注意。地方官学最主要是州、县学校，到了南宋又有官设书院的兴起。这些学校遍布于全国各个州、县，个别而言，每所学校的学生名额固然不能够和太学相比，但是集合而言，人数却颇为可观，而且设置深入地方，意义十分重大。

唐代州、县已经设有学校，但是学生名额不多，每所学校不过是几十名，实际设置的情形也不得而详。宋朝建立之后，虽然有些州县设有学校，但是数量不多。宋太祖、太宗两朝，有些地方官个别修建学校。宋朝开始推动地方兴学，要到宋真宗时期。但是宋真宗时代政府之所以推动地方兴学，却可能首先来自民间的要求。南宋方大琮（1183—1247）追述莆田方氏家族在北宋的史事道：

太平兴国三年（978），陈氏奉版籍以归，莆升为郡，士气百位［倍］，预选者有人，天下之视莆隐然若一大郡，吾长官子孙亦可以备磨砻振进，出为世用矣。独以庙学未立、无师承，为郡缺典。秘监之子仪以布衣间关万里，俯伏关［阙］廷，慷慨上书，名动京师。咸平改元（998），有诏立学，仪倾家赀以助，族人从之者翕然，河南氏［士］之气始吐。二年（999）仪与弟能、从子谨言始克举茂才京师，复拜疏于朝，请大其址。京人曰：此向之伏阙请立学者，而今复与其弟、侄俱来矣。三年（1000），学成，河南氏［士］之气始张，仪遂以是年与谨言联名擢太常第。豪杰之士，虽无学校犹兴，夫岂不能自奋收一第，而切切于立学如营私计，其爱邦人子弟深矣。（方大琮《忠惠铁庵方公文集》卷三七《方氏仕谱志》）

从这段记载，可以知道在宋真宗即位之后，也就是咸平元年，曾经下诏地方设立学校，这是目前所知宋代诏令地方设立学校较早的记载。而下诏之前（太宗应尚在位时），方氏族人曾北上京师，上书请求，下诏之后，方氏族人又提供兴建学校所需要的经济支持。照方大琮的看法，方氏族人所以积极地要求并配合政府，为莆田设学校，与协助地方子弟在科举考试中出人头地有关。教育的目的是为了科举考试，这正是以后宋代地方官学的重要特色之一。

咸平元年的诏令究竟只是针对莆田一地，还是普遍诏命全国，并不清楚。到咸平四年（1001），“诏郡县有学校聚徒讲诵之所，赐九经书一部”（王应麟《玉海》卷一一二《学校·庆历州县学》），这已经显示出朝廷对于各处郡、县学校的支持，而这种支持的出现，可以说和国子监在刻书事业的进展上互相呼应。到了景德三年（1006），下诏“天下诸郡咸修先圣之庙”，又诏“庙中起讲堂，聚学徒，择儒雅可为人师者以教焉”。这很明显是全国性地推动学校建设，从这项诏令也可以看出地方学校和孔庙的结合，这是承袭唐代的庙学制而来的。尽管景德三年的诏令是全国性的，在这以后也确实有一些州县学校应诏设立，但是效果似乎仍然有限。效果所以有限，可能和朝廷未能给予州县学校经济上的支持有关，州县学校较大幅度的发展，要等到宋仁宗时期。

宋仁宗时期地方学校大幅发展的情形，见《宋会要辑稿·崇儒二·郡县学》“宝元元年”条“诏许颍州立学，特从知州户部侍郎蔡齐（988—1039）之请也”下，有这样的简要叙述：

> 自明道（1032—1033）、景祐（1034—1037）间，累诏州郡立学，赐田给书，学校相继而兴。近制惟藩镇立学，颍为支郡，齐以为（请）而特许之，故有是命。又蔡齐请立学时，大郡始有学，而小郡犹未置也。庆历（四年，1044）诏诸路州府军监各令立学，学者二百人以上许更置县学，于是州郡不置学者鲜矣。

从这段叙述可以得知，从明道、景祐年间以后，朝廷推动地方兴学，不仅赐书，而且给田，也就是给予州县学校学田，以学田的租入作为维持学校的经费，这应该是宋仁宗时期地方官学能够大量设立的一个重要因素。所谓“近制惟藩镇立学”，见于景祐四年（1037）的诏令，藩镇指的是节度使州，实际上在这之前设立学校的州郡已不限于节度使州，这个诏令颁布之后没有多久，颍州非节度使州请求立学也获得批准。几年之后，范仲淹推动庆历兴学，就很少有州郡不设置学校，这一项法令已经是没有意义了。

宋仁宗时代地方学校的大量增设，和科举制度的改革要求是互相配合的，而这种要求也早在明道年间以前就已经存在。范仲淹在作于天圣五年（1027）的《上执政书》中，提出了科举考试“先策论，以观其大要，次诗赋，以观其全才，以大要定其去留，以全才升其等级”的主张，进一步强调：

> 当深思治本，渐隆古道，先于都督之郡，复其学校之制，

约《周官》之法，兴阙里之俗。辟文学掾以专其事，敦之以诗书礼乐，辨之以文行忠信，必有良器，蔚为邦材，况州县之用乎。(《范文正公集》卷八)

天圣八年(1030)，他在《上时相议制举书》中，再次强调“夫善国者，莫先育材，育材之方，莫先劝学，劝学之要，莫尚宗经。宗经则道大，道大则才大，才大则功大”。因此他建议制举考试时，应该“先之以六经，次之以正史，该之以方略，济之以时务”，使“天下贤俊翕然修经济之业，以教化为心，趋圣人之门，成王佐之器”(《范文正公集》卷九)。庆历三年(1043)，范仲淹执政，推动改革，将他的主张落实成为具体的政策，而振兴地方学校是放在“精贡举”一项中提出的：

今诸道学校，如得明师，尚可教人六经，传治国治人之道。而国家乃专以辞赋取进士，以墨义取诸科，士皆舍大方而趋小道，虽济济盈庭，求有才有识者，十无一二。

于是他建议：

诸路州郡有学校处，奏举通经有道之士，专于教授，务在兴行。其取士之科，即依贾昌朝等起请，进士先策论而后诗赋，诸科墨义之外，更通经旨，使人不专辞藻，必明理道，则天下讲学必兴，浮薄知劝，最为至要。(《范文正公集·政府奏议上·答手诏条陈十事》)

当时有类似想法的，并不止范仲淹一个人。大致说来，他们所要求的，是“教本于学校，士察于乡里”，经由地方学校的经学教育，一方面使士人习知治国之道，另一方面也可以经由比较长时间的观察，了解士人的实才与实行。学校教育振兴之后，配合上科举考试方式的改变，才能够取得政府所需要的人才。

二、地方学官考试与学生入学考试制度的建立

庆历改革虽然不旋踵而失败，但是地方官学的基础已经奠定，官学设置已经普及于全国各个州郡。宋神宗时代的熙宁变法，教育也是重点，虽然重心放在太学，可是对于州、县学校并非全无措施。除了课程方面的更动外，最主要是地方官学的教授开始由朝廷来任命，并且必须先经考试才能取得资格。在这以前，州县学校的教授主要是由地方官府选任，来源包括幕职州县官，和举人中有德行艺业者。熙宁四年（1071），朝廷根据王安石的建议，下诏“中书门下，五路举人最多州军，除河南府、青州见有举辟学官，余并增选为逐州教授”（《宋会要辑稿·崇儒二之五》）。所谓五路，指京东、陕西、河东、河北、京西北方五路。这是由朝廷选派州学教授的开始，不过只限于北方地区。在王安石的想法里，原来就是取士应该本之于学，所以朝廷选派州学教授，也开始于上述五路中“举人最多州军”。熙宁六年（1073）进一步诏令“诸路学并委中书门下选差京朝官、选人或举（人）充”（《宋会要辑稿·崇儒二之五》），把朝廷选派州学教授的办法推广应用到全国。不过根据当年的另一道诏令，这个办法也仍然只是在各路“举人最多州军实施”。到元丰元年（1078），全国仅派出专职的州学教授五十三人，元丰末年仍有六分之五左右的州学没有专职学官。这项制度延续到元祐年间以后，由朝廷派出的州学教授持续增加，到宋徽宗时期而达于普遍，南宋的情况并没有改变。

州学教授必须先经考试才任命，开始于熙宁四年（1071）。原本的办法是要看他们的“所业”，也就是平日的著作，现在进一步要考经义五道。以经义为考试内容，完全配合当时科举考试和学校课程的变化。元丰七年（1084），又与太学学官的选用一并考试，应考人必须是

科举或太学上舍出身，“上等为博士，下等为正、录，愿授教授者听”。州学教授以考试来任用的方法，自从宋神宗时代建立起来之后，除了宋哲宗元祐年间、宋徽宗蔡京执政时期以及南宋绍兴五年（1135）至十二年（1142），曾经几度停止实施之外，一直到南宋末年都在施行；同时南宋时考试的内容也配合着科举考试和学校课程的变化，加考诗赋。

宋哲宗元符二年（1099）以后，将三舍法推广到地方官学实施，并且在地方官学和太学之间实施升贡法，可以说是宋代州县学校的另一项重要发展。整个学校升贡系统在宋徽宗崇宁年间达于完整，并且在崇宁五年（1106）之后以学校升贡取代了科举考试，但是实施到宣和三年（1121）便停罢。崇宁元年（1102），政府开始在全国各地普遍办学校，除了州学原本已经普遍之外，规定每一个县都要办县学，同时也把一些州县学已附设的小学推广到所有州县。全国从县学到州学再到太学，构成连贯的学校等级系统，逐级升贡。

在熙宁年间（1068—1077）以前，州县学校入学并没有考试的规定，只要是本地人，在品德上没有大错，并且有曾经参加过省试的士人作保就可以入学。从熙宁年间起，州学入学开始有补试。到崇宁年间（1102—1106）实行学校升贡法后，连县学入学也必须先通过补试。县学不分三舍，仅实施类似三舍法的行、艺考核。进入县学就读的士人，根据崇宁元年的规定，只要满一年，经过行、艺审核合格，可以参加州学入学考试，崇宁五年又将就读期限缩短为三个月。州学实施三舍法，和太学一样分为外舍、内舍、上舍，也同样有月书季考、私试、公试，通过了这些考核便可以升舍。上舍生经过考核合格，按照各州规定的名额，送到开封参加太学的内舍生升上舍生考试，按照成绩，分别录取为太学上舍、内舍或外舍生。州学升太学的考试，原本每三年举行一次，从崇宁五年起，改为每年举行。至于以招收儿童为主的小学，则自政和四年（1114）开始实施三舍法，依照规定，上舍上等的优秀学生，可以经过考试之后，分别升入太学或州学。

宋徽宗时代的学校升贡制度，可以说是“教本于学校，士察于乡里”的完全实践。但是实施之后，在学的士人却不见得有更好的道德修养，由于学校已经取代科举成为利禄之途，入学成为士人竞相争取的目标，考试时弊端百出，超过科举考试。时人李新对地方学校的问题有这样的描述：

> 如挟书、代笔之禁，奉行者失于不严。州学季试已不能杜绝其弊，而县学补试岁升，假手尤甚。转透题目出外，终日块坐，抚弄笔砚，以待文字之来。其间翻录，至句语字画错谬。虽差官监门，例不敢搜索，稍加诘何，则必纷争诟詈，公肆抵突，传出送入，傍若无人。一隶名学籍，便以保庇门户。有系空名行食，身未尝一蹑学圃者；有假故逾限，已经除籍，再托人补试者。(《跨鳌集》卷十三《乞禁州县学滥进之弊札子》)

所谓“一名学籍，便以保庇门户”，指州县学生可以享有免除身丁钱和差役的待遇。这种特殊待遇造成了一些富家子弟出钱雇人代考，补试入学。可见尽管看似理想的制度已经实践，现实却与理想有很大的一段距离，学校并没有成为比科举更好的取士方法。

虽然宋徽宗时代学校升贡法的推行没有获得成功，但是对地方教育也并不是没有留下成果。第一，地方官学的设立在这时更加普遍，不仅每一个州，连每一个县都有政府所设的学校。第二，地方官学的在学人数在这时大概达到宋代历史的最高点，以往州郡学校在学者少则数十人，多则数百人，县学在学者少则十余人，多则百余人。而见于记载的这时学生人数在千人以上的州学、县学就有好几所，这种盛况到南宋时期已不复可见。根据记载，崇宁三年（1104）全国学生有210,000余员，大观二年（1108）有167,622员，这其中自然绝大部分都是地方官学的学生。这十几二十万地方官学的学生中，固然有许多是混资格的富家子弟，但是应该也有许多人确实在学校中接受了教育。第三，制度的影响也值得注意，州学、县学入学必须经过补试的办法，一直延续到南宋；不过县学学生先经校内审核而后参加州学入学考试的办法，在南宋应已不再实施。

三、南宋地方官学生员人数大增

南宋的地方官学并没有像一般所认为那样，已经走向衰落。尽管政府已经没有像宋徽宗时代那种全国性的大规模兴学政策，但是从文集、地方志等资料可以知道，州县学校仍然普遍存在于全国各地，许多地方官本于教化的责任，仍然积极地支持当地学校的发展，规模不断扩大，如果碰上不热心的地方官，则难免也有学校建筑岁久不修，或者学田租入为人所侵占的时候，而地方上的官宦、士人，却对学校的存在深感关心，经常出钱、出力协助官府进行修建。甚至平江府嘉定县在南宋嘉定十一年（1218）才分昆山县之境土设县，县学的初设，就得到地方士人很大的助力；到后来重修，又有许多士人参与其事。

南宋地方官学的学生人数，也许不逊于宋徽宗以前任何一个时期。以福州州学为例，福州州学创于唐代大历七年（772），宋代初年学制废坏，要到太平兴国年间（976—984）才建孔子庙，景祐四年（1037）于庙立学。熙宁三年（1070）以前，养士才十数人，不过早在嘉祐三年（1058）周希孟任州学教授时，来听读的士人已经达数百之众。元丰（1078—1085）初年，养士额增至数十人。元祐八年（1093），岁补生员500人。崇宁元年（1102）施行舍法之后，学生一度多至1,200人。舍法停罢之后，养士200人。绍兴九年（1139），养士额增为240人，当时实际在籍学生已有500人。而当时参加地方解试的8,000多考生中大约有将近一半的人，也就是约4,000人参加州学的春秋补试。乾道元年（1165），养士额增为300人。淳熙九年（1182）春秋补试终场已增加到各5,000人，录取500人，养士名额300人。从以上的数字可以看出，南宋福州州学无论养士额或在学人数，都要比北宋元丰以前来得多，至少也不比元祐年间逊色。但是更值得注意的发展，是参加入学补试人数达到四五千人之众，而录取的名额只有十分之一，竞争十分激烈。在北宋元祐五年（1090），即使是当地的解试，也只有3,000人参加，南宋福州士人竞争入州学的盛况，恐怕不是北宋时期所能想象。这一项发展，一方面反映了从北宋到南宋士人数量的激增，另一方面也说明了当时社会上对于学校教育的需要。地方人士所以愿意对学校修建提供助力，正和这种需要有密切关系。

然而社会上的这种需要，除了由于地方官学提供廪食之外，仍然和科举有关。虽然州县学校均有大成殿，祀奉先圣先师，并且举行释奠、释菜礼，又有祠堂祀奉先贤，部分地方官和教授也志在教化，以古圣先贤之道诲人，并且扩大教育对象。例如汤于（1172—1226）教授南剑州学和嘉兴府学时，“虽吏胥、市人子，有可教者，亦收置黉舍中”（真德秀《西山先生真文忠公文集》卷四二《汤武康墓志铭》）。但是对大多数师生来讲，如何准备科举考试才是教与学的主要目标。学校的课程、师资的资格，本来就是配合着科举考试，而学校所管钱粮的运用，又往往对通过解试的士人有特殊的鼓励，学生在科举上的成就也足以显示地方官的政绩。真德秀（1178—1235）在《铅山县修学记》中有这样一段叙述：

铅山学自淳熙中蒋侯亿修之，距今绍定初元（1228），适五十祀矣。向之修者益坏，士无所于业，县方疲于供亿，何暇议学校事，诵弦之音，至或旷岁弗闻。吴兴章侯来，环视太息，亟思所以复其旧者。居未几，政修财羡，乃度功而赋役焉。首辟肄业诸斋，更棂星门，缮藏书楼，升从祀于东西庙，祠先贤于某所，由内达外，莫不奂然矣。又惟廪士之储未裕，则括废寺若绝家田合若干亩，充榷入之取，征榷钱三万，佐其废。士之业于斯者，得以优游厎厉，益富厥艺。是岁，秋赋

登名倍他日，明年对大庭者凡六人。士讙然曰：我侯教育之效也。(《西山先生真文忠公文集》卷二五)

这位章姓地方官重振铅山县学，而最后的成果，则归结于“是岁，秋赋登名倍他日，明年对大庭者凡六人”，而士人也认为是“我侯教育之效也”，正反映出一般人以科举为教育目标的心态。

这种心态使地方学校教育难免有朱熹所指责的弊病：“士子习熟见闻，因仍浅陋，知有科举，而不知有学问。”(《朱文公文集》卷八十《信州州学大成殿记》)朱熹的一位学生也曾提出更极端的问题讨论：“今之学校，自麻沙时文册子之外，其他未尝过而问焉。”(《朱子语类》卷一〇九《朱子六·论取士》)虽然学校有经义的课程，却连经书都不用看，只要看用来准备考试的时文册子就算了。其实也就是学校教育对准备科举考试能够提供帮助，在南宋参加科举考试的人数激增，竞争愈来愈激烈的情况下，地方官学对于许多士人深具吸引力，才有了福州州学入学竞争激烈的现象。

四、官设书院的兴起

北宋政府开始积极推动州、县学校建设之前，民间已有一些称为书院的教学机构存在。以教学为目标的机构而称为书堂，在唐代就已经存在，北宋初年的书院，有的渊源也可以追溯到五代或更早。宋初的书院虽然主要是民间的教学活动，但是到宋太宗、真宗时期，若干书院也陆续得到朝廷的支持。南宋朱熹复兴白鹿洞书院，请吕祖谦作记，吕祖谦在记文中说：

某窃尝闻之诸公长者，国初，斯民新脱五季锋镝之阨，学者尚寡。海内向平，文风日起，儒先往往依山林、即闲旷以讲授，大师多至数十百人。嵩阳、岳麓、睢阳及是洞为尤著，天下所谓四书院者也。祖宗尊右儒术，分之官书，命之禄秩，锡之扁榜，所以宠绥之者甚备。（吕祖谦《东莱集》卷六《白鹿洞书院记》）

吕祖谦所说的“四书院”，南宋时人有其他不同的说法。至于他所说的“分之官书，命之禄秩，锡之扁榜”，则的确是史实，这说明了书院和政府之间早就有密切的关系存在。

由于这种关系，北宋前期已经有书院往官学的方向演变。例如吕祖谦所说的睢阳书院，也就是应天府书院。睢阳书院原本是五代、宋初戚同文讲学之所，宋真宗大中祥符二年（1009）应天府民曹诚出钱重建，聚集生徒讲习，由戚同文的孙子戚舜宾主持，范仲淹也曾在此就读。应天府将书院源起的事迹上奏朝廷，朝廷因此赐以应天府书院额，也就是吕祖谦所说的“锡之扁榜”。宋仁宗天圣三年（1025），朝廷接受应天府的请求，在原有解额之外，增加解额三人，特别给予应天府书院。随后晏殊（991—1055）出任南京（应天府）留守，大事兴学，而重心即是应天府书院，当时范仲淹正丁忧，受聘主持。明道二年（1033），朝廷为应天府书院置讲授官一员，两年之后，也就是景祐二年（1035），书院改为应天府学。

类似应天府书院演变为官学的例子并不多，不过也有其他书院得到地方官的赞助。例如渊源可以追溯到唐末、五代的岳麓书院，在宋太祖开宝九年（976，即太平兴国元年）重建，潭州知州朱洞和通判孙逢吉率领地方公众助成其事；其后书院荒圮，至咸平元年（998），潭州知州李允则着手恢复；大中祥符五年（1012），知州刘师道又从山长周式之请，扩大其规模。这时岳麓书院声誉渐起，在大中祥符八年（1015）获得朝廷的赐额。等到庆历兴学以后，官学教育成为政府政策的重心，书院的光彩，便为州县学校所掩盖。要到南宋承平时期，理学家逐渐活跃起来，不满意州县学校以科举为目标的教育，借书院来实践自己的教育理想，书院才又引人注目。

南宋中叶，理学家以书院为讲学之地，其中南康军白鹿洞书院和潭州岳麓书院的兴复，都和地方官府的支持有关。白鹿洞书院是宋孝宗淳熙六年（1179）朱熹出任南康军知军之后，致力兴复的。他以地方长官的力量，重建了校舍，并且聘请教师，招收学生，进行他理想中的教育。朱熹在任期间曾经请求皇帝赐书、赐额，但没有得到回音。要到淳熙八年（1181），他调职任浙东提举常平，蒙宋孝宗召见，再提出请求，才获得允许。朱熹以后的南康军知军继续给予白鹿洞书院支持，并且为书院设立学田。岳麓书院的兴复要比较早，乾道元年（1165）刘珙（1122—1178）任知潭州兼湖南安抚使时，嘱咐州学教授重建，并且聘请当时住在潭州的理学家张栻（1133—1180）来主讲。朱熹曾到潭州和张栻会面，岳麓书院的经营对他后来兴复白鹿洞书院应该有所影响。此后岳麓书院再度毁废，宋光宗绍熙五年（1194），朱熹出任知潭州兼湖南安抚使，再加以重建，朱熹并且亲自到书院讲学。

兴复之后的白鹿洞书院和岳麓书院，虽然提供了不同于州县学校的教学内容，却是由地方官主动建设、支持发展的，也就是以官府的力量，提供士人另一种教育选择和更多的入学机会。由于理学家的活动，"书院"这种教育机构的名声逐渐大了起来。一方面民间有许多私学性质的书院存在，不仅许多由家族或主持者所建的家塾、私塾与义学被命名为书院，连一些城市中清寒教书先生租赁而来的书馆也被称为书院。另一方面，度过了宋宁宗初期伪学之禁的打击之后，理学成为政府尊崇的对象，特别是到宋理宗时期，政府接受了理学家所谓的道统，大加提倡。于是从宋宁宗嘉定时期以后，地方官纷纷在自己的治所设立书院，到宋理宗时代而达于极盛。这些地方官自然有些真正是理学的信仰者，也有些只是追随时代的风气。宋元之际，周密（1232—1298）在一段批评道学的文字里这样说：

其为太守，为监司，必须建立书院，立诸贤之祠，或刊注

> 四书，衍辑语录，然后号为贤者，则可以钓声名，致朊仕。而士子场屋之文，必须引用以为文，则可以擢巍科，为名士。否则立身如温国，文章气节如坡仙，亦非本色也。于是天下竞趋之。（周密《癸辛杂识》续集下《道学》）

正是这种风气的说明。这种情况，使得南宋晚期，一州不只有一所州学，也往往同时有一所甚至多所的官设书院。像平江府城内，便同时有府学、长洲县学、吴县学及学道、和靖等书院。这种现象，可以说是官学另一种形式的扩张。

书院和政府之间的关系，也在这种趋势之下变得更加密切。南宋晚期，地方官设立书院之后，往往请求朝廷赐额，显示出中央政府对书院的支持。更进一步，在宋理宗时期，书院的山长也由朝廷派遣，景定二年（1261），规定山长必须由有出身的人出任。两年后，又规定山长被视同州学教授，可以说是完全纳入了政府的学官系统。而在这同时，科举考试也变成了书院教育的重要目标。景定年间（1260—1264）建康府官设的明道书院，“每月三课，上旬经疑，中旬史疑，下旬举业”，举业的课试方法，是“以孟、仲、季月分本经、论、策三场”（周应合《景定建康志》卷二九），配合了当时科举考试的内容。实际上，当时的书院讲授理学，和科举考试取士的趋向正相吻合。在时代风尚之下，理学家的著作也已经成为官学的教材。书院和州、县学校的教育内容已经没有太大的分别。其实理学家虽然不满教育以科举为目标，他们在教学上也并没有完全排斥学生从事科举之业，只是认为读书不能只是为了利禄，然而到了理学获得朝廷尊崇之后，正如周密所言，理学家的著作已经成为士人求取利禄的快捷方式。魏了翁（1178—1237）在宋理宗宝庆元年（1225）的一封奏疏里就已经这样说：

> 自嘉定以来，虽曰亟更曩辙，然老师宿儒零替殆尽，后生

晚学，散漫亡依。其有小慧纤能者，仅于经解、语录，诸生揣摩剽窃，以应时用。文词浮浅，名节隳顿。盖自其始学，父师之所开导，子弟之所课习，不过以哗众取宠，惟官资、宫室、妻妾是计尔。(《鹤山先生大全文集》卷十六《论敷求硕儒开阐正学》)

说明了士人读语录、经解，也只不过是用来猎取官资。稍晚欧阳守道（1209—？）也有类似的感叹：“先儒性命本原之说转入时文，而人之所以为人者，乃略无所向望，吾夫子所为谆谆以礼训人者，皆可不讲，而其虚诞无实，自谓有得，乃有孔门高第之所未得闻。”（欧阳守道《巽斋文集》卷二五《学礼精舍说》）宋度宗咸淳年间（1265—1274），白鹿洞书院也和许多州县学校一样，有了贡士庄田。这所朱熹由于不满科举利禄而一手兴复的书院，现在竟然也对学生参加科举考试提供经济上的鼓励，说明了官设书院的性质，已经有了很大的改变。

朱熹在白鹿洞书院的教学精神，具体见于他所撰的《白鹿洞书院学规》：“使之讲明义理，以修其身，然后推以及人，非徒欲其务记览、为词章以钓声名，取利禄而已。”（《朱文公文集》卷七四《白鹿洞书院学规》）归结来讲，就是强调践履与淑世。他的教学，就讲明义理而言，可以说十分成功，不少学生都受到他的影响，潜心学问，不慕仕进。也有以事功表现的学生，例如曹彦约（1157—1228）是南康军本地人，应在朱熹重建白鹿洞书院之后入学，以十八岁之龄再次应举而擢淳熙八年（1181）第，可见他在书院读书时并没有放弃举业。他因仕宦的表现，而有豪杰之士、朱门经济大略第一之誉。尽管他以事功表现，却能够有为有守，不失立身行己之本末，多年后又见朱熹于岳麓书院。

即使到了南宋晚期，官设书院的性质已有很大的改变，理学在某种程度上已成利禄之学，也不能就认为官设书院中的教育纯粹是为科举而存在。仍然有一些教师在其中谆谆教导学生人之所以为人，而且也并非没有收到效果。《白鹿洞书院学规》作为一种学规的典范，影响到南宋后期各种不同类型的学校，包括一些官设书院在内。吉州州城的白鹭洲书院为江万里（1198—1274）于淳祐元年（1241）知吉州时所创，可以容纳学生数百人。他创立这所书院，就是受到白鹿洞书院的影响。曾就读于此的刘辰翁（1232—1297），为书院中追祀江万里的祠堂写记文，肯定这所书院在阐扬义理与养成士人气象、志节方面的贡献：

> 然学校、科举，终有愧于道，孰能学校、科举外而求志，又孰能因学校、科举而成之。自鹭洲兴而后斯人宿于义理，自鹭洲兴而后言义理者畅，又不惟文字而已；而后学者知矫其质习，存其气象；又不惟气象而已，而后立身名节一以先生台谏为风采。（《须溪集》卷三《鹭洲书院江文忠公祠堂记》）

即使是因于有愧于道的学校、科举而成，教师经由言教、身教，仍然可以导引学生于学校、科举之外而求志。所以白鹭洲书院的教学即使不能完全与科举无关，仍然教出能够求践于道，不为举业所拘限的士人出来。当陈著（1214—1297）担任这所书院的山长时，仍然告诫学生“必先践履，必后科目；必先器识，必后文艺”（陈著《本堂集》卷九四《吉州白鹭洲书院讲义》）。这一类教师及这样的教学效果，在南宋晚期不仅见于白鹭洲书院，在其他一些官设书院中也可以看到。

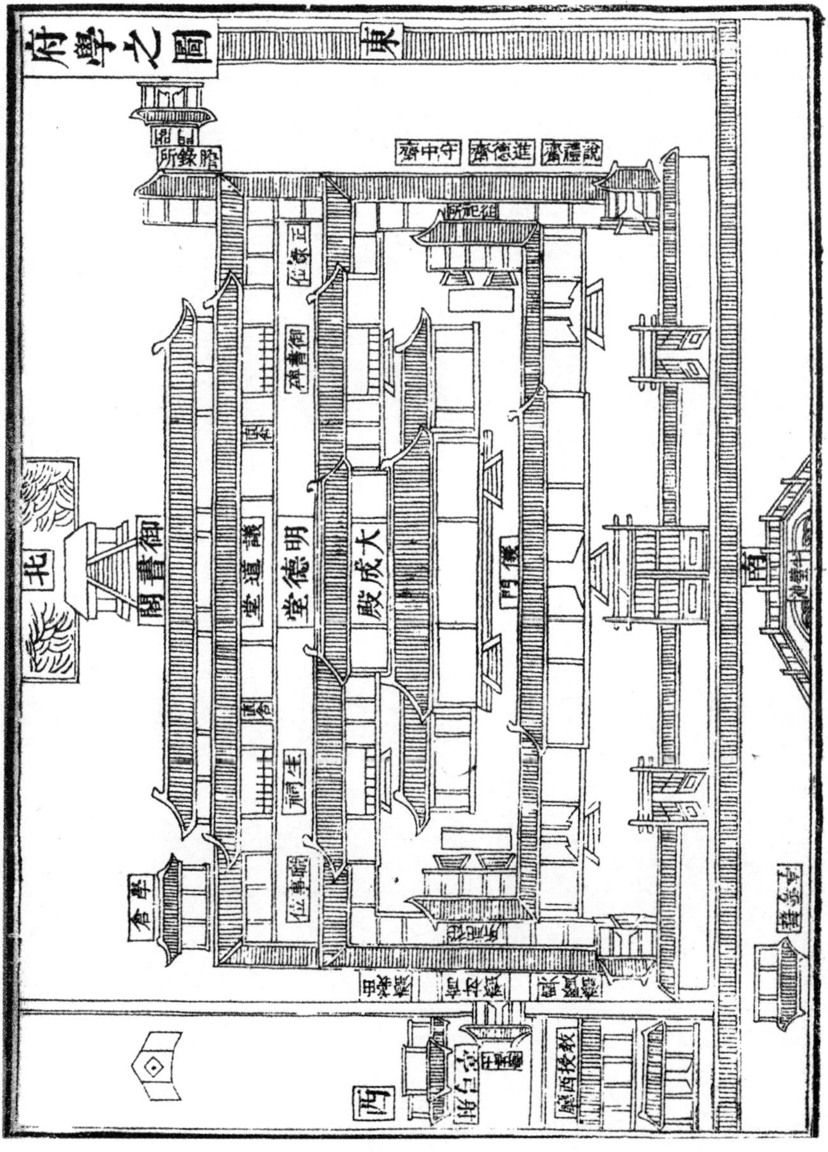

［宋］周应合纂，《景定建康志》卷五，南宋晚期建康府的《府学之图》。

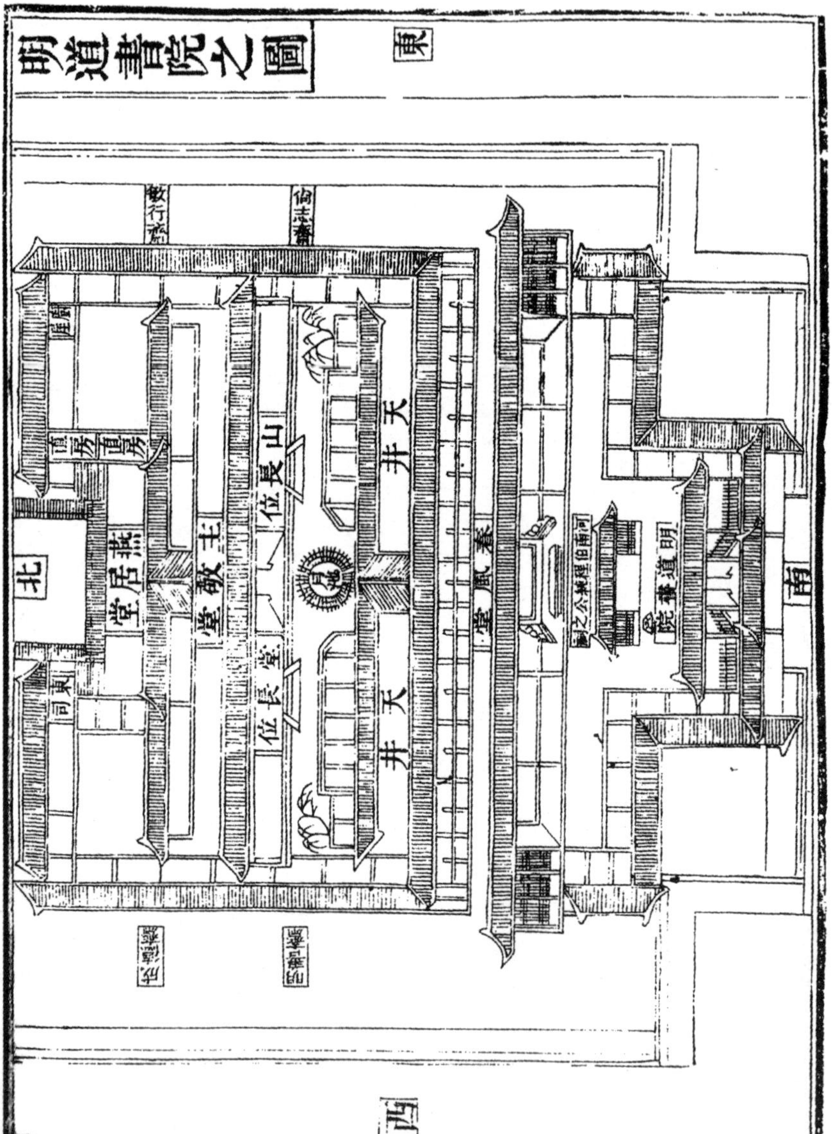

［宋］周应合纂，《景定建康志》卷五，南宋晚期建康府的《明道书院之图》。

第六讲 | 私学的兴盛

一、社会对教育需求日增

从北宋到南宋，社会对于教育的需求日益增加。其所以如此，一方面和宋代人口激增、商业日益发达有关，这两个因素，使得社会上需要识字的人大为增加；而另一方面，就更进一步的知识探求来讲，科举考试所造成的影响则是更加重要的因素。

宋代政府以考试来选拔人才，不限于门第，配合上雕版印刷的推广应用，书籍取得愈来愈容易，使得许多没有家世背景的人家为了出人头地，也有志于读书应考，以求仕进。北宋后期，李师中（1013—1078）说："古者有命然后为士，故士贵；今人自为士，故士贱。"（刘挚《忠肃集》卷十二《右司郎中李公墓志铭》）他的感叹，其实正反映出当时士人的平民化和普遍化。一般人只要有此心志，便可以"自为士"。在这样的环境下，许多人家纷纷致力于培养子弟读书，不仅富有的人家不惜花费，即使一些贫穷的家庭也竭尽所能，让子弟走上士人的道路。北宋晚期，已经有人讲出了"读书人人有分"（施德操《北窗炙輠录》卷上载谢良佐语）这样的话，这句话反映出当时人对于教育的一种理想。

北宋时期的情况已经如此，从北宋到南宋，人们对于科举考试更加热衷。士人虽然可以出身于平民，但是读书成为士人，通过考试入仕之后，身份、地位、权力就会超出一般人之上。一般家庭再富裕，也无法和他们相提并论。陈亮（1143—1194）在《郭德麟哀辞》中叙述了这样一段事实，并且有所感发：

> 往时东阳郭彦明徒手能致家资巨万，服役至数千人，又能使其姓名闻十数郡。此其智必有过人者，余不及识，而识其子德麟。德麟承家有父风，而淑其子弟则有光焉。德麟之子曰澄伯清者，历从一世士君子游。异时言诸郭事往往不同，至是而论始定矣。自德麟在时，固尝惴惴焉以前事为未满也。余独以为不然。国家以科举造士，束天下豪杰于规矩尺度之中，幸能把笔为文，则可屈折以自求达。至若乡闾之豪，虽智过万夫，曾不得自齿于程文熟烂之士。及其以智自营，则又为乡闾所雠疾，而每每有身挂宪网之忧，向之所谓士者，常足以扼其喉而制其死命，卒使造化之功有废置不用之处。此亦为国之一阙，而默察天地运动之机，则德麟之所从惴惴前事者，固足以见国家崇儒重道之极功，亦足以动识者为天下大势无穷之虑，非直德麟父子之足念也。（陈亮《龙川集》卷二七）

可以看出，郭彦明、郭德麟都是成功的富商，可是郭德麟触犯了法禁，受制于官员，陷于陈亮所说的困境，于是对于儿子郭澄便有了不同的期望，让他“历从一世士君子游”。即使没有通过科举考试，读书为士也能让一个人在地方上具有与众不同的身份、地位。除了个人的身份、地位之外，读书、入仕也可以为家庭带来荣耀，譬如说父母因此而获得封赠的官衔。

读书风气所以日盛，也不纯由现实的权势、声名利益所促成。“业儒”已经成为当时许多家庭共有的理想，是一个可以世代追求的目标。一些曾经从事举业而遭挫折的士人，改而经营产业，因而富饶，却仍然遗憾自己的心志没有实现，而把愿望寄托在儿子身上，督促儿子读书。不仅富裕的家庭有这样的想法，一些家境清寒的士人家庭，也希望子弟能够继续坚持延续家业。叶适（1150—1223）出身于一个穷困的士人家庭，父亲以授业童蒙为生，可是母亲再艰困也不让他改事他业，所以后来叶适怀念母亲说："故虽其穷如此，而犹得保为士人之家者，由夫人见之之明而所守者笃也。"（叶适《水心先生文集》卷二五《母杜氏墓志》）读书不仅是个人之事，而且承担着一个家庭的期望。所以有的父亲以"门户之重"（《攻媿集》卷一〇三《周伯济墓志铭》）来训饬儿子，也有母亲因为儿子通过解试而认为"可以少塞门户之责"（《龙川集》卷三十《凌夫人何氏墓志铭》）。

由于读书是为了实现家庭的目标，所以许多家长为了子弟的教育而费尽心思。经济状况比较好的家庭，可以花大量的金钱来聘请名师，购买书籍，并且让乡里子弟来共同求学，以利切磋。经济状况比较差的家庭，则要设法张罗教育费用，有些家庭竟然要由母亲挑起家计重担，以纺织持家，甚至典卖衣饰、嫁妆，来供给儿子读书、交友的支出。例如石斗文（1129—1189）幼孤家贫，"处僻陋，无师友"，他的母亲"独奇其子，躬纺绩，资遣游学"（孙应时《烛湖集》卷十一《编修石公行状》）；又如李春的母亲令其从师问学，"方居贫寒，不可忍，闻其无钱市书，以衣易之"（杨万里《诚斋集》卷一二七《李母曾氏墓志铭》）。也有些家庭为了让子弟能够享有比较好的教育环境，特意从乡间迁居到城市，因为城市的教育、文化环境非乡间所能比。家长对于子弟的读书是督促有加，例如明州商人边友诚（1114—1194），对儿子边恢（1160—1197）管教严格，童年时为了让他专心读书，"未尝令出入闾巷，延师家塾"，稍长之后，就学数里之外的城南，由于必须行经热闹的市街，"日使以肩舆往来，奇丽纷华，不役耳目"（袁燮《絜斋集》卷十六《边汝实行状》）。隆兴府有一位十六岁的少年汪胶，由祖父陪同，到建康府跟从名师蔡清宇读书，祖父"不复治他事"，对他"昼夜督课"（张孝祥《于湖集》卷二九《汪文举墓志铭》）。

社会的心态如此，再加上政府和社会的一些制度性的鼓励，所以士人的数量从北宋到南宋一直在增加，这可以从各地参加解试人数的激增看出来。以下是一些例子：

地　名	年　代	人　数
苏州	庆历（1041—1048）	200
	乾道四年（1168）	2,000
福州	元祐五年（1090）	3,000
	绍兴九年（1139）	7,000
	乾道元年（1165）	17,000
	淳熙二年（1175）	20,000
潮州	绍兴二十年（1150）	不及2,000
	淳熙元年（1174）	3,000
	嘉泰四年（1204）	4,000余
	绍定元年（1228）	6,600余
	南宋晚年	10,000以上

这种士人以数倍速度增加的情况，普遍见于各地。南宋时期，在一些文风昌盛的地区，参加解试人数有数千人甚至上万人已经是很常见的事。甚至在偏远的海南岛上的昌化军，绍兴后期参加解试的士人也可以达到三百余人，而这一个数字比起往年是将近十倍。士人数量的激增，意味着社会对教育需求的增加，从童稚的启蒙，到经典的深研，都需要有师长指引。而这一个需求，并非数量、名额都有限的中央与地方官学所能满足。从上一讲所谈南宋高宗、孝宗时期，福州州学补试有四五千人参加，而只能录取五百人，即可看出。而另一方面，士人数量的激增也提供了充沛的师资来源。科举及第的人数比起应考人数来讲十分有限，许多失意或无意于仕途的士人，选择了教书这一行业来谋生，在这样的情况之下，私学的兴盛是应有的现象。

二、启蒙教育

儿童的启蒙教育普遍见于城市和村落，受教育的目的不一定是为了将来进一步从事科举之业，许多贩夫走卒或农家，为了使子弟识字，也会送他们入学读书，北宋仁宗时，富弼就曾经提道：

> 又有负担之夫，微乎微者也。日求升合之粟，以活妻儿，尚日那一二钱，令厥子入学，谓之学课，亦欲奖励厥子读书识字，有所进益。(《续资治通鉴长编》卷一五〇“庆历四年六月戊午”)

南宋陆游（1125—1210）在一首题为《观村童戏溪上》的诗中有这样几句：

> 三冬暂就儒生学（原注：村人惟冬三月遣儿童入小学），千耦还从父老耕。识字粗堪供赋役，不须辛苦慕公卿。（陆游《剑南诗稿》卷一）

在另外一首题为《秋日郊居》的诗中则说：

> 儿童冬学闹比邻，据案愚儒却自珍，授罢村书闭门睡，终年不着面看人（原注：农家十月乃遣子入学，谓之冬学，所读《杂字》《百家姓》之类，谓之村书）。(《剑南诗稿》卷二五）

这种村学大概遍布各地，不仅见于陆游所居的绍兴府。他在乾道六年（1170）十月，乘船溯长江而上，经过湖北，将入四川，便见到“江边聚落亦有村夫子聚徒教授群童”，学童看到有船停泊，“皆挟书出观，亦有诵书不辍者”（陆游《渭南文集》卷四七《入蜀记》）。又如朱熹的弟子陈淳（1159—1223），也曾在漳州附近隆兴村的一所寺庙里教蒙童。

贩夫走卒或一般农家让子弟入学只是为了让他们识字，但是优秀的子弟也有可能脱颖而出，成为士人。例如曾中状元的南宋名臣汪应辰（1119—1176）就是出身于贫穷的弓手之家。又如杨万里为一位董姓妇人写墓志铭，她的丈夫刘蕴祖上从五代时期已经定居衢州西安县，世代务农，到刘蕴入小学读书时，“箪瓢不能自给”，可见家境清寒。由于别人的帮助，再加上自己长期的努力，通过解试，在家乡教学，他的儿子刘颖（1136—1213）进一步踏入仕途，做过淮西、江东的总领军马钱粮（见《诚斋集》卷一五一《太恭人董氏墓志铭》）。

至于士人家庭或者一些经济环境较好的地主、商人，让子弟接受启蒙教育应该就有比识字更进一步的目标。这些家庭有些可以由父兄或其他亲人启蒙，又由于有些士人家庭的妇女也读过一些书，所以有的家庭，连母亲都可以承担起初步的教育责任。不过大多数的家庭，恐怕还是请老师到家塾来任教，或是将子弟送到私塾里读书。前面提到的明州商人边友诚，就是为了儿子边恢延师家塾。南宋绍兴末年，郑刚中（1088—1154）因为得罪了秦桧，被贬到岭南的封州，写信告诫儿子要他兢兢度日，过三四个月后，“莫若团聚一小学，教蒙童以给朝暮”（郑刚中《北山集》卷三十《封州寄良嗣书》）。郑刚中所讲的不是官学中的小学，而是指开私塾。就私学而言，这种教蒙童的小学，除了私塾之外，自然也有家塾。在宋人文集里，经常可以看到一些贫困士人以教小学来维持生活。这种教学的规模可大可小，像叶适就说他的父亲只是“聚数童子以自给”（《水心先生文集》卷二五《母杜氏墓志》），而北宋苏轼则讲他“八岁入小学，以道士张易简为师，童子几百人”（《东坡全集》卷一〇二《志林·异事》）。

儿童开始接受启蒙教育的年龄并没有一定。赵与时（1175—1231）在《宾退录》卷四中讲，由于世俗有“男忌双、女忌只”的说法，所以当时男子初入学，多在五岁或七岁。陆九龄、陆九渊兄弟都是五岁入学，符合《宾退录》的说法。不过这一个忌讳，不见得大家都遵行。苏轼是八岁入小学。司马光在《书仪》卷四中则讲道：

> 六岁，教之数（谓一十百千万）与方名（谓东西南北），男子始习书字，女子始习女工之小者。七岁，男女不同席，不共食，始诵《孝经》《论语》，虽女子亦宜诵之。自七岁以下谓之孺子，早寝晏起，食无时。八岁，出入门户，及即席饮食，必后长者，始教之以谦让。男子诵《尚书》，女子不出中门。九岁，男子读《春秋》及诸史，始为之讲解，使晓义理。女子亦为之讲解《论语》《孝经》，及《列女传》《女戒》之类，略晓大意（原注：古之贤女，无不观图史以自鉴，如曹大家之徒，皆精通经术，论议明正。今人或教女子以作歌诗，执俗乐，殊非所宜也）。十岁，男子出就外傅，居宿于外，读《诗》《礼》，傅为之讲解，使知仁义礼智信。自是以往，可以读《孟》《荀》《扬子》，博观群书，凡所读书必先择其精要者而诵之（如《礼记》《学记》《大学》《中庸》《乐记》之类，他书仿此）。其异端非圣贤之书，傅宜禁之，勿使妄观以惑乱其志。观书皆通，始可学文辞。女子则教以婉娩听从及女工之大者（原注：女工谓蚕桑织绩裁缝及为饮膳，不惟正是妇人之职，兼欲使之知衣食所来之艰难，不敢恣为奢丽，至于纂组华巧之物，亦不必习也）。

这是一个官宦家庭对男、女儿童的教育方式，六岁就开始学数数、写字，七岁就开始读经书，男童到十岁以后，经书都读通了，才可以学文辞。女童在十岁以前也一样读书，十岁以后才和男童有比较大的分别。整个过程是识字以后很快就进入读经书的阶段。司马光讲六岁开始启蒙，可能是当时常见的一种情形，元代见于日用百科全书《居家必用事类全集》中的一篇题为王虚中撰的《训蒙法》，也说“小儿六岁入学”。不过当时也有更早开始读书的，例如南宋绍兴府有一位士人孙介，“四岁能离家入郡庠，随兄寿朋读书，日数百言。七岁学于乡先生胡定翁家”（《攻媿集》卷一〇七《承议郎孙君墓志铭》）。

儿童时期就开始读经书，应该是当时常见的一种教育方式。叶梦得（1077—1148）就曾回忆他幼年时的老师乐君，说“今吾尚略能记六经，皆乐君口授也”（叶梦得《避暑录话》卷下）。周紫芝（1082—1155）也记载了一位詹先生，“以六经教授小儿自业”（周紫芝《太仓稊米集》卷四九《湖阴女子》）。司马光讲他七岁才开始读比较容易懂的《论语》《孝经》，八岁以后再逐步读六经。可是由于宋代设有神童科，导致有些地方从五六岁就教小孩子读五经，而且是“昼夜苦之”（《避暑录话》卷上）。可见科举制度对童蒙教育的影响。

儿童读经书大概只是如叶梦得所说，使用“口授”的方式，识字、求知另有较为浅近的教材。前面引用陆游的诗歌中，就提到了《杂字》《百家姓》，另外南宋项安世（1129—1208）在《项氏家说》中讲：“古人教童子多用韵语，如今《蒙求》《千字文》《太公家教》《三字训》之类。”（卷七《用韵语》）《杂字》《蒙求》《千字文》《太公家教》等大概是唐代以来就流行的教材，《百家姓》一般被认为是北宋初年吴越的士人所写的，《三字训》则应是后来《三字经》的前身。宋人自己编写了很多童蒙教材。例如《蒙求》一书，原本是李瀚所作，楼钥（1137—1213）在《跋郑德舆历代蒙求》一文中就说：“亦有广编十七史或专用小说及本朝故事、《左传》、西汉或道家之书。”郑德舆的《历代蒙求》则是“备述历代由伏羲以至大宋，事不求对，句以四言，童子易于诵习，千古大概，如指诸掌”（《攻媿集》卷七六）。南宋时期，理学家也加入了编写童蒙教材的行列。朱熹自己就编写过这一类书籍，《小学》分立教、明伦、敬身、稽古、嘉言、善行六篇，全书始自引述《中庸》所载子思之言“天命之谓性，率性之谓道，修道之谓教”，而结束于列举包括北宋司马光、二程在内的历代人物嘉言善行，内容较深；《童蒙须知》分衣服冠履、语言步趋、洒扫涓洁、读书写文字、杂细事宜五篇，着重于生活起居行为准则、读书写字应有态度，比较浅显。前面提到的陈淳，也编写了《启蒙初诵》和《训蒙雅言》，《启蒙初诵》三字一句，《训蒙雅言》四字一句，所传达的是理学家的道德理想。这两篇文字，见于陈淳《北溪大全集》卷十六。至于后世流传很广的《三字经》，则是宋末元初的作品，其中广泛包含各方面的知识及儒家的道德观念。此外，当我们读到其中像"为学者，必有初，小学终，至四书"这几句时，不难了解这是理学家所揭示的读书过程；而读到其中像"若梁灏（963—1004），八十二，对大廷，魁多士"，以及"唐刘晏（716—780），方七岁，举神童，作正字"这些句子时，也不难体会到即使在理学家的思想指导下，童蒙教材也仍然显露出科举制度的影响。

三、举业与讲学

小学之后进一步的教育，主要是从事举业。以举业为目标的私学，大致上也可以分为家塾和私塾两大类。有些家塾的规模又可以扩大，除了自己家里的子弟之外，也接受族人或外人一起读书。这一类以举业为目标的家塾或私塾，又有很多其他称呼，例如书会、书社、书院、舍馆、乡校。在分布上虽然城、乡都有，但是恐怕以城市里比较密集，耐得翁《都城纪胜》的《三教外地》条讲到南宋晚期临安府的情形：

> 都城内外，自有文武两学，宗学、京学、县学之外，其余乡校、家塾、舍馆、书会，每一里巷须一二所，弦诵之声，往往相闻。遇大比之岁，间有登第、补中舍选者。

文武两学、宗学、京县、县学是官学，乡校、家塾、舍馆、书会则是私学。每一里巷就有一两所，可见这一类私学存在的普遍性。所谓

“补中舍选”，是指考入太学。

从事举业自然不一定要进入私塾或家塾。有些家庭可以由父兄或亲人教，像北宋晚期莆田人方祐，“子孙满前，督教不倦”，他的长子方恢“有声乡校，将贡不果，而能以长兄助其父课子弟于学”（《忠惠铁庵方公文集》卷三七《记后埭福平长者八祖遗事》）。还有许多士人是以自修的方式来准备考试，他们往往以教学为生，边教边读。尽管如此，大多数士人准备考试大概都会经历学校这一阶段。

富裕的家庭和家族，是支持私学发展的一股重要力量，这种情况从北宋初年就已经如此。例如南康军建昌县以义居闻名的洪氏，“以耕凿之勤，厚致资产”，是富裕的地主，为家族子弟建有雷塘书院，在宋太宗至道年间（995—997）获得朝廷的赐书，后来一位族人“举进士，得乙科”（杨亿《武夷新集》卷六《南康军建昌县义居洪氏雷塘书院记》），收到了教育的效果。同时在江东齐名的，还有江州陈氏的东佳学堂、洪州胡氏的华林学堂。以后随着经济的发展，地方上以农致富的家庭逐渐增多，这一类家塾式的私学也就愈见普遍。例如王庭珪（1080—1172）为北宋末年人刘彦弼（1091—1142）写墓志铭，讲到刘家世居吉州安福：

其俗贵重农桑，不趋末业。君自高、曾以来，家已富殖而好施，然为士者尚微。至大父时，始置屋延纳乡里宿儒，使子弟择术受业，由是东冈之刘彬彬然多儒其家矣。（王庭珪《卢溪文集》卷四四《故县尉刘公墓志铭》）

翻一翻宋人的文集，可以看到不少类似的记载。支持私学的富家，除了地主之外，也有一些具有官宦或士人的身份。刘宰记载南宋中期他的乡里镇江府金坛县的杨氏、张氏：

皆倾家赀以来当世士，凡士之有声场屋者，虽在数千里

> 外，必罗致馆下，使与诸子及乡之后进游。聚书之富，致客之盛，遇客之厚，悉时所罕见。盖不但家塾之教立，而誉髦斯士，犹足仿佛乎党庠术序之盛。

由于两家的家馆不仅教育自家子弟，也接受乡里士人入学，所以说是“仿佛乎党庠术序之盛”。以厚盛的待遇聘请“士之有声场屋者”来教学，显示了目的在培育子弟应举。而这两家家塾的创始：

> 杨氏自提舶君讳樗年，字茂良，始尝筑室，曰宝经，因号经堂先生；张氏自文学君讳损，字德久，始尝辟斋曰省斋，因号省斋先生。（《漫塘集》卷三二《故监行在北酒库张宣教墓志铭》）

“提舶”是提举市舶，这是官员；“文学”则应是曾中过特奏名，获授某州文学的虚衔。可以看出，杨、张两家是官宦、士人之家。至于商人对私学的支持也并非没有，只是较为少见。

不过也并非所有的私学都靠富家独立来支持，有些学校是由地方人士合力聘请教师，其中可能包括了经济能力高下不等的人家，这一类私学，应该列入私塾之类。梁克家《淳熙三山志》卷四十《土俗类・岁时》对福州的民间教育有一段不算简略的描述，其中说道：

> 凡乡里各有书社，岁前一二月父兄相与议求众所誉，学识高，行谊全，可以师表后进者某人，即一二有力者自号为纠首，以学生姓名若干人具关子敬以谒请曰：“敢屈某人先生来岁为子弟矜式，幸甚。”既肯可，乃以是日备礼延致，诸子弟迎谒再拜，惟恐后。远近闻之，挈箧就舍，多至数百人，少亦数十人。间有年四五十，不以老为耻。月率米、钱若干送为司

计，为掌膳，给赡饮食。

这段叙述很具体地说明了当地书社礼聘教师的方式，是由大家协议来进行的，书社的财务也由大家来分摊。受聘教师的条件不仅在于其学识，也在于其行谊。学生多的可以有几百人，少的也有几十人，年龄则长幼不一，有的大到四五十岁。这段叙述继续讲到书社里教学的方式：

先生升堂，揭立规矩，有轻重罚至屏斥凡五等，曰：不率者视此，诸生欲授何经？乃日就讲席，唱解敷说，旬遇九日覆问之，常以岁通一经，若三日、八日则习诗赋。若经义与论策，讲题命意有未达，点削涂改，俾自入绳墨。

可以看出学生不仅学知识，也必须遵守一定的规矩。教学是经义、诗赋兼教，并习作论、策，和科举考试的内容互相配合。教师除了讲解之外，也覆问学生，并且批改他们的作业。

从《淳熙三山志》所讲福州书社里经义、诗赋兼教，可以知道这应该是南宋初年以来的情形。这段记载最后又讲道：

三十年之后，生以趋试上庠，率游学四方，而先生亦各开明（“明”疑应作“门”）以待来者，事师之礼浸衰，教人之礼甚略，非旧俗也。

也就是到了南宋中叶，上面所讲由学生家长合力聘请教师到书社教书的情形已逐渐少见，私塾大部分变为由教师自己开馆，等待学生前来受教。这一种类型的私塾大概也不是南宋中期才出现的，譬如北宋晚期绍兴府余姚县就有一位胡伋，从太学还乡，“辟馆舍受乡党子弟之愿学者，躬自教授，或衣食之”（刘一止《苕溪集》卷五二《宋故太宜人莫氏墓志铭》)。到了南宋中期,可能由于士人数量激增,教书已经成为一种行业,有了竞争,自己开馆的情形也就多起来。

教师自己开馆,有人有自己的馆舍,也有人只是租房子,譬如在洪迈《夷坚支乙》里,可以读到潭州人梁辀和抚州崇仁人罗春伯,都是租房作书院或学馆。学生也是多寡不一,少的不过数人,多的可以到数百人。这些学生可能不止本地人。有些大城市里的名师,甚至有外地人前来从学,前面就提到隆兴府少年汪胶到建康府跟从名师蔡清宇读书的情形。教学的目标主要也是为了参加科举考试,叶适在《通直郎致仕总干黄公行状》中,讲述平江府一位乡先生黄云(1131—1194)的事迹:

> 吴中大书会稀少,至君学早成,后生慕从常百余人,勤苦诱掖,一变口耳之习。其荐第有名,多君门下,他师不敢望也。考官戏曰:吾为黄先生取士尔。(《水心先生文集》卷二六)

可见学生通过科举考试的人数多,也就显示教师教学的成功。在这一个目标之下,讲解、课试大概也有一定的程序,有些私塾甚至仿效州、县学的制度。

私学也并非都是纯粹为了科举考试而存在,除了还有许多仅以教蒙童识字为主要目标的村学外,又有不少私学是学者讲学的处所。学者私人讲学的情形,在北宋时已经存在。宋仁宗时石介、孙复就曾讲学于泰山,周敦颐(1017—1073)、二程等理学家也都在他们所至之地讲学。不过讲学风气的盛行,大概要到南宋中叶以后,而这种风气的盛行又和理学的逐渐兴盛有关。当时这类私人讲学的处所,或称精舍,或称书堂,或称斋馆,有些是随讲学者个人的行踪而成立,也有些是富贵之家邀请学者到家中来讲学,例如朱熹在建宁府就先后建有寒泉精舍、武夷精舍、竹林精舍,作为讲学之所,也曾应邀到莆田陈俊卿（1113—1186）家教陈家子弟。陈俊卿的儿子陈宓（1171—1230）年长之后，因为“盖嗜学，思文公而不得见”，将从前朱熹在家中讲学的堂馆命名为仰止堂，自己也讲学于其中（黄榦《勉斋先生黄文肃公集》卷十八“陈师复仰止堂记”）。又如陆九渊曾在家乡旧舍槐堂讲学，也曾在信州贵溪应天山建精舍讲学。而明州几位从事陆学的学者，如杨简曾讲学于史家的碧沚馆，沈焕讲学于史家的竹洲馆，袁燮（1144—1224）则讲学于城南的楼氏精舍。

尽管学者讲学以研究学问为主，而且他们对于科举考试也大多没有好感，可是他们却不一定完全排斥科举教育。陆九渊应朱熹之邀到白鹿洞书院讲“君子喻于义，小人喻于利”，便讲到“科举取士久矣，名儒巨公皆由此出，今之为士者固不能免于此”，重要的是心中先要有义利之辨：

> 由是而进于场屋，其文必皆道其平日之学，胸中之蕴，而不诡于圣人；由是而仕，必皆共其职，勤其事，心乎国，心乎民，而不为身计，其得不谓之君子乎。（陆九渊《象山先生全集》卷二三“白鹿洞书院讲义”）

所以学者讲学，也不免包含有举业方面的课程。北宋程颐（1033—1107）就说“一月之中，且以十日为举业”，其他日子致力于学问。而且在社会风气之下，不教举业，可能就吸引不到学生，学者空有满腹学问，却没有讲论切磋的对象，因此教授举业是吸引学生前来受教的一种方法。吕祖谦在写给朱熹的一封信里讲道：

> 但往在金华，兀然独学，无与讲论切磋者。闾巷士子舍举业则望风自绝，彼此无缘相接，故开举业一路以致其来，却就其间择质美者告语之，近亦多向此者矣。自去秋来，十日一课，姑存之而已，至于为学所当讲者，则不敢怠也。（《东莱别

集》卷七《与朱侍讲元晦》）

这一段话，清楚地说明了吕祖谦由纯事讲学转变到兼教举业的原因，他只能从学生中选择资质较好的，引导他们走向学问。他在婺州城内的丽泽堂能够“聚学者近三百人”之多（《东莱别集》卷九《与刘衡州[子澄]》），未尝不和他兼教举业有关。第三讲已谈过，吕祖谦甚至还出版了教人写时文的书籍。

吕祖谦讲自己教书，是“十日一课”，照他另外一封写给朋友刘子澄的信，是“时文十日一作”。除了每十天练习写一次时文，恐怕还有更多时间用在讲读有关举业的课程上。从陈俊卿为莆田学者林光朝（1114—1178）所写的《祠堂记》，可以了解指导学生修习举业，甚至也可以成为学者讲学的一个重心。林光朝是南宋前期在莆田振兴洛学的一位学者，陈俊卿在记中讲到他在家却“开门教授，四方之士，抠衣从学者岁率数百人，其取巍科、登显仕者甚众”。可见他的学生仍然是以举业为求学目标。但是在教授举业的过程中，林光朝另有他的特色，陈俊卿又讲：

先生之教人，以身为律，以道德为权舆，不专习词章为进取计也。其出入起居，语言问对，无非率礼蹈义，士者化之。（林光朝《艾轩集》卷十附录陈俊卿《祠堂记》）

他一方面躬行实践，以身作则；另一方面虽然教举业，却以道德为根本。尽管如此，从“不专习词章为进取计”这一句话，可以推想为进取计的词章之业仍然是教学的重心，只是“不专习”而已。

这种情况，使得讲学与举业交织在一起，讲学风气日益兴盛，只是使得私学的教学可以有一些不同的特色，科举之业却仍然是私学课程的主流，不过不能因此就认为教学的效果只局限于举业。不仅在南宋初年林光朝的教学用心与效果并非如此；即使到了南宋晚期，理学与举业的关系日深，一些私学的教师在其中讲明理学，也并非仅是因为习之有利于举业。

宋宁宗嘉定（1208—1224）以后，理学逐渐取得朝廷的支持，地方官纷纷设立书院，官设书院取代了私学，成为讲授理学的主要场所，然而在当时的环境下，理学对许多人来讲，已经成为进取之资，官设书院即使讲授理学，也仍然不能和举业完全脱离关系。对于理学在宋代科举、教育中的重要性究竟达到何种程度这个问题，尽管可以有不同的意见，但是到了南宋晚期，三者之间关系已经愈趋密切，无可置疑。

第四、五、六讲参考书目

一、专著

王建秋，《宋代太学与太学生》。台北：中国学术著作奖助委员会，1965。

寺田刚，《宋代教育史概说》。东京：博文社，1965。

李弘祺，《宋代教育散论》。台北：东升出版事业有限公司，1980。

李弘祺，《宋代官学教育与科举》。台北：联经出版事业公司，1994。

李弘祺，《学以为己：传统中国的教育》。香港：香港中文大学出版社，2012，第二、四、五章。

李才栋，《白鹿洞书院史略》。北京：教育科学出版社，1989。

李国钧主编，《中国书院史》。长沙：湖南教育出版社，1994，第一、二编。

周愚文，《宋代的州县学》。台北：台湾省编译馆，1996。

周愚文，《宋代儿童的生活与教育》。台北：师大书苑有限公司，1996。

苗春德，《宋代教育》。开封：河南大学出版社，1992。

袁征，《宋代教育——中国古代教育的历史性转折》。广州：广东高等教育出版社，1991。

陈东原，《中国教育史》。台北：台湾商务印书馆，1976，第十五、十六、十七、十八、二十章。

陈雯怡，《由官学到书院——从制度与理念的互动看宋代教育的演变》。台北：联经出版事业公司，2004。

Walton, Linda A. *Academies and Society in Southern Sung China*, Honolulu：University of Hawai'i Press, 1999.

二、论文

川上恭司，《宋代の都市と教育——州県學を中心に——》。收入梅原郁编，《中國近世の都市と文化》。京都：京都大学人文科学研究所，1984。

方诚峰，《统会之地——县学与宋末元初嘉定地方社会的秩序》，《新史学》第十六卷第三期，2005，台北。

包伟民，《中国9到13世纪社会识字率提高的几个问题》，收入氏著，《传统国家与社会（960—1279年）》。北京：商务印书馆，2009。

朱重圣，《宋代太学发展的五个重要阶段》，收入宋史座谈会编，《宋史研究集》第八辑。台北：中华丛书编审委员会，1976。

朱重圣，《宋代太学之取士及其组织》，收入宋史座谈会编，《宋史研究集》第十八辑。台北：中华丛书编审委员会，1988。

朱铭坚，《北宋中后期国子学的发展及其政治意义》，《台大历史学报》第五十四期，2014，台北。

宋晞，《宋代太学的取才与养士》，收入氏著，《宋史研究论丛》。台北："国防研究院"，1962。

李弘祺，《宋代地方学校职事考》，《史学评论》第八期，1984，台北。

李弘祺，《精舍与书院》，《汉学研究》第十卷第二期，1992，台北。

近藤一成，《宋初の國子監・太學について》，收入氏著，《宋代中国科举社会の研究》。东京：汲古书院，2009。

近藤一成，《蔡京の科举・学校政策》，收入氏著，《宋代中国科举社会の研究》。

郭宝林，《北宋的州县学》，《历史研究》1988年2期，北京。

郭宝林，《北宋的州县学生》，《中国史研究》1988年4期，北京。

郭声波，《宋朝地方官学机构考述》，《宋代文化研究》第四辑。成都：四川大学出版社，1994。

陈荣捷，《小学》，收入氏著，《朱子新探索》。台北：台湾学生书局，1988。

梁庚尧，《南宋教学行业兴盛的背景》，收入宋史座谈会编，《宋史研究集》第三十辑。台北：台湾省编译馆，2000。

梁庚尧，《宋元书院与科举》，收入宋史座谈会编，《宋史研究集》第三十三辑。台北：兰台出版社，2003。

叶鸿洒，《论宋代书院制度之产生及其影响》，收入宋史座谈会编，《宋史研究集》第九辑。台北：中华丛书编审委员会，1977。

叶鸿洒，《宋代书院教育之特色及其组织》，《淡江学报》第十五期，1977，台北。

张邦炜、朱瑞熙，《论宋代国子学向太学的转变》，收入邓广铭、郦家驹等主编，《宋史研究论文集——一九八二年年会编刊》。郑州：河南人民出版社，1984。

张维玲，《南宋的待补与待补太学生》，《中华文史论丛》2012年4期。上海：上海古籍出版社。

葛绍欧，《宋代四川地区的州县学》，收入宋史座谈会编，《宋史研究集》第十八辑。台北：台湾省编译馆，1988。

赵铁寒，《宋代的太学》，收入宋史座谈会编，《宋史研究集》第一辑。台北：中华丛书编审委员会，1958。

赵铁寒，《宋代的州学》，收入宋史座谈会编，《宋史研究集》第二辑。台北：中华丛书编审委员会，1964。

赵铁寒，《宋代的学校教育》，收入宋史座谈会编，《宋史研究集》第四辑。台北：中华丛书编审委员会，1969。

刘子健，《略论宋代地方官学和私学的消长》，收入氏著，《两宋史研究汇编》。台北：联经出版事业公司，1987。

谢和耐，《童蒙教育（11—17世纪）》，《法国汉学》第八辑。北京：中华书局，2003。

第七讲｜
政府与社会对士人的资助（上）

一、官学、官设书院的学廪

科举考试制度和知识传布普遍互相配合，使得宋代社会上寒微出身的士人有了比较多的机会出人头地。但是要想读书应举，必须要有经济力量支持，才能够专心致志。富裕的家庭在这一方面比较占优势，而清贫的士人如果有心读书，就必须能够忍受饥寒之苦。尽管如此，当时的政府和社会对于士人都有一些资助，使得士人即使家境清寒，他们所承受的经济压力或所面对的经济困难也得以减轻。这种情况，自然会吸引更多的贫士投身于读书应举。

以士人求学而言，进入中央的太学，地方的州学、县学，或是官设的书院，许多人都享有政府所给的学廪。由于官学学生享有学廪，所以官学收录学生称为“养士”。学廪主要取自学田的租入，上面所讲的这些学校，大多设有学田收租。以学田的租入作为官学经费的来源，较早见于五代时期南唐的庐山国学，也就是北宋白鹿洞书院的前身。北宋前期，朝廷对于兴学仍未积极，地方官学必须向朝廷请求，才会获得学田的赐予。自宋仁宗明道（1032—1033）、景祐（1034—1038）年间起，朝廷态度转变，推动教育建设，赐田给地方学校。州郡设置学校，均赐给学田五顷至十顷。地方学校既可以有此一养士经费来源，接下来就有庆历改革中的大力推动兴学。到熙宁变法期间，又诏令每州给田十顷为学粮，原本较多者仍然维持，不足者则增给。宋徽宗时，在蔡京主持之下，取消解试，实施学校升贡法，大事扩充州县学，学生人数在这时达到宋朝的顶点。为了支持学校的经营，朝廷拨赐各路常平户绝田土物业给学校，使得地方官学的学田数量也在这时达于高峰。但是政府的财政难以支持陡然扩大的全国地方官学系统，于是陆续收回部分田产；到州学升贡法停止实施，增拨的学产均被收回。南宋时期，官学的养士经费主要仍来自学田的租入。不过后来地方官学学田的来源却常常靠地方官自己设法筹措，甚至由学校自行购置，未必由朝廷拨赐，有时也来自地方富家的捐献。除了学田之外，官学也常有园地、山林、沙洲、房廊、市地等学产，出租以收取租金。再如刊印书籍出卖，拨用地方税收或盐、酒等专卖收入，也是筹措学廪常用的方法。

在朝廷开始赐田给地方官学之后，也赐田给国子监。庆历四年（1044）太学迁出国子监至新校舍，便获得政府拨给田土、房租，用来赡养生徒。宋神宗时实施太学三舍法，继续有所拨赐。元丰二年（1079）颁布学令，又增给州县田租、屋课息钱。南宋重设太学，则括取临安府民间冒占白地钱为养士之费。除田土、房屋、市地等出租的收入外，皇帝对太学又常有岁赐钱，为数颇多。元丰二年颁布学令，岁赐钱达25,000缗。次年又增赐国子监钱15,000缗，这时太学已经是国子监的主要部分。

官设书院也和太学、州县学一样，以学田、房廊、市地等产业的租入作为经费来源。白鹿洞书院的养士田，据后来的人讲，是宋孝宗时期朱熹在重建书院时捐出自己的俸禄所购置。到宋理宗前期，他的学生张洽（1161—1237）受聘出任这所书院的山长，曾致力于“凡养士之田干没于豪右者复之”（《宋史·张洽传》）。宋理宗晚期，江南东路提点刑狱蔡杭处理一件关于白鹿洞书院田产的案件，在判文中指出，“此产创置年深，田邻豪户，日朘月削，包占入己，不复可究”（《名公书判清明集》卷三《白鹿书院田》)，可知同样的弊病又再发生，书院前后两任山长致力经理，查明受包占以前原有的数额。宋理宗末年的建康府明道书院，产业的记载见于周应合《景定建康志》卷二九《儒学志·置书院》，田产由历任江南东路安抚司拨到4,900余亩，分别由建康府辖下的上元、江宁、句容、溧水、溧阳等县人户租佃，此外有房廊、白地散布在常州宜兴县及建康府城多处，多在商业区。这些田产、房屋、仓库、市地的租入，由建康府掌管，每月拨给明道书院用为赡士经费，支持了学职月俸和学职、生员日供的开销。

由于经费来源有其限度，所以学生所能享有的廪膳也有一定的数量和名额，并非每一个学生都能获得廪膳，而学生所获得的廪膳也不见得能完全维持他们的生活。以太学来说，庆历四年设立太学以后，只有内舍生是给日食的，外舍生则没有。后来田土、房租落入国子监手中，连内舍生能获得赡养的人数也大量减少。到熙宁年间，由于重视太学，太学生的待遇又再提高，不仅内舍生，从熙宁五年（1072）开始，连外舍生都可以领取食钱。熙宁元年（1068）内舍生每月只支钱300文作伙食费，不足的部分必须自备，而在熙宁五年，即使外舍生每月也可以领到食钱850文，内舍生和上舍生的待遇自然更高。到元丰三年（1080），外舍生的食钱又增加到1,100文。据元祐元年（1086）王岩叟（1043—1093）讲，累年以来，内舍生的餐钱比外舍生多八金，那么元丰年间内舍生、上舍生的餐钱应该是1,340文。这是北宋时期太学生待遇最高的时候。熙宁六年（1073）由于各地灾荒的影响，开封的米价上涨到每斗85文到105文，外舍生所领食钱平均每日可以买到2.7升到3.3升米，以当时每人每日食米一至二升的数量估计，解决一日伙食开支应该没有问题；元丰三年（1080）物价大致平稳，而食钱又再提高，生活更加宽裕，不过这也是北宋太学生待遇最好的时候。崇宁年间太学生人数大增，食钱只能维持元丰年间的水准，但是由于物价日益高涨，待遇实际上要比元丰年间来得差。

南宋时期太学生的待遇没有具体数字，但是在南宋晚期似乎颇为丰厚。吴自牧《梦粱录》卷十五“学校”条载:“朝家所给学廪，动以万计，日供饮膳，为礼甚丰。”南宋末年，贾似道（1213—1275）为了笼络太学生，又在咸淳八年（1272）加太学餐钱。大概讲来，南宋的太学生也应该如同北宋熙宁五年（1072）以后的太学生一样，每一个人都享有学廪。

地方学校的学廪，各地差异很大。学产较多的地方，可以提供较多的学廪，养士名额也就比较多。有些地方官学并非所有在学的学生都能享受学廪，例如绍兴九年（1139）的福州州学，系籍学生五百余人，养士的名额只有二百人。淳熙八年（1181）的郴州宜章县学，“士之廪于学者五十人，自食而学于其间者又数十人”（《象山先生全集》卷十九《宜章县学记》）。地方学校学廪的待遇，北宋末年杭州的余杭县学，每人可以有米二升，钱二十文；南宋绍熙五年（1194），朱熹在知潭州任内，曾经上疏建议岳麓书院比照州学则例，对四方游学之士每日支给一升四合米、钱六十文。这两项数字都可以满足一日的伙食开支。学生如果兼任学校职事，待遇可能会更好些。淳祐年间（1241—1252）建康府城的明道书院，对师生的日供中，“职事生员米二升五合，造食钱三百文”，此外宿斋的职事生员又“每夜支油钱二百文”，寒月送炭则职事生员“日各二斤”，“宿斋者全支，不宿斋者半支”（《景定建康志》卷二九《儒学志·置书院》）。南宋晚期由于通货膨胀，物价高涨，三百文的食钱不见得比南宋中期的六十文购买力高，但是二升五合的米超出一个读书人的食量很多，又有油钱和炭的补贴，除了伙食之外，其他生活开支也可以部分获得解决。

宋代地方学校的学产，就长期来说，是逐渐增加，因此养士的名额也逐渐增加。例如福州州学在景祐四年（1037）获赐田5顷，熙宁三年（1070）又给田10顷，政和年间（1111—1118）增至田1,003顷30亩、房廊314区。原因是当时实施州学升贡法，大量招收学生。宣和二年（1120）恢复科举取士，除原有赡学田产存留外，其余均拨归常平司收管。此后地方官不断增置学产，到淳熙年间（1174—

1189），共有田地及池塘约220顷、房廊屋84间、地基13所。养士人数也由熙宁三年以前的十数人逐步增加到乾道元年（1165）的三百人。

但是在学产长期增加的过程中，也有因为管理不善，而出现田产被侵占，或田租遭逃漏，或学粮遭盗用的情形，就如前述的白鹿洞书院养士田一样。又如苏州州学（平江府学）的学田，北宋元祐年间（1086—1094），已有学田遭承佃的佃户侵占，收不到田租的情形。当时王觌任知州，“凡学田之佃于人而隐没者，为之括而实之；屋之僦于市而已坏者，为之新而复之。养士之资，由此不匮”（朱长文《乐圃余》卷六《苏州学记》）。到南宋庆元二年（1196），府学教授倪千里有感于府学财务状况不足供学校开支之需，于是清查学产，发现有六百多亩土地下落不明。学校为了追查被侵占的田租，或下落不明的田产，许人告发，或是请地方官府协助追讨，却不一定都能够达成目的，有时佃户反而会和学校纠缠不清。在嘉定三年（1210）曝光的豪户陈焕兄弟侵占了他们所承佃平江府学田六百余亩的案件，历任府学教授处理都没有结果，到宝庆三年（1227）冬天汪泰亨出任平江府学教授之后，极力追讨，陈氏兄弟也不肯善罢甘休，两造经历了由地方到中央好几年的缠讼程序，平江府学从陈氏兄弟手中收回被侵占田产一事才定案。

租佃学田的佃户，有些是地方上的豪势之家，甚至是官户、宗室假借他人名义租佃，这些人往往包佃大片学田，再分成小块分佃给亲自耕作的佃户，向他们收租。像陈焕兄弟佃平江府学田达六百余亩，很明显就不是亲耕的佃户。这类包佃之家，宋人或称抱佃，最常发生欠租或侵占的问题；也就是这一类包佃之家，由于他们的豪势，所以敢于和学校纠缠不清。

学田的租课是学廪的重要来源，当欠租或侵占的问题发生，如果严重，会影响到学廪的供应。南宋的漳州州学就发生了这种情形。嘉定年间（1208—1224），陈淳讲漳州州学的学田，“村民佃租为数不多，其欠亦少”，欠租多的，是那些租佃学田达数百亩以至数千亩，住在城中的抱佃之家，他们“或以假儒，或以势族，或正官户，或宗室伪名”，买通主管的吏人，欠租不缴，导致学廪供给的匮乏。漳州州学的学粮，向以丰盛闻名，可是这时却由于种种弊端，发生了陈淳所说的变化。他指出在淳熙十一年（1184）、十二年（1185）间，“全年破供无旬休，节暇及堂试日，并皆造食，常绰然有余”，可是此后虽然有多位地方官拨田入学，却变成“一年二补，每补仅破一百日食”（陈淳《北溪大全集》卷四六《上傅寺丞论学粮》）。也就是说，每年三百六十五日中，有一百六十五日是无法供给学校师生伙食的。在这种情况之下，学生的福利自然受到很大的影响，要靠地方官的整顿措施，才能恢复正常的学廪供应。

无论如何，学廪的支给虽然或多或少，无法解决学生全部的生活问题，却也不失为一种补贴，可以减轻他们的经济负担，有助于他们专心向学，对于家境清寒的学生帮助尤其大。

二、民间的义学

政府对就读官学的士人有一定名额的学廪补助，民间的私学，也有些给予贫穷士人免费入学的机会，甚至协助他们解决食住的问题。这一类私学，一般称为义学。洪迈《容斋随笔》卷八《人物以义为名》:“与众共之曰义。”宋代有义学、义庄、义役，都有“与众共之”的意义。义学可以上溯到五代时期，北宋时逐渐增多，到南宋更加常见。支持义学的，自然主要是富裕人家，其中有些具官宦身份，有些则无。

五代、宋初虽然还没有义学之名，但是这一类性质的学校已经出现。在北方，范阳人窦禹钧在其宅南建一所书院，有四十间房，聚书数千卷，延揽教师，一方面教育窦家子弟，另一方面“凡四方孤寒之士，贫无供需者，公咸为出之，无问识不识，有志于学者，听其自至”（《范文正公集·别集》卷四《窦谏议录》），这就有了义学的性质。在南方，最有名的是江州德安县陈氏家族的东佳书堂。陈氏在南唐末年已是十三世同居的义门，长幼达七百口。此一家族自唐末以来已经订有家法，其中有族人入学的规定，儿童入院学，笔墨纸砚皆由宅库供应，年龄较长而赋性聪敏者则入东佳书堂，修学应举，书堂在宋初藏有书籍数千卷，有田二十顷供游学之资。但是这所书堂除了教育陈家子弟外，又“延四方学者，伏腊皆资焉，江南名士皆肄业于其家”（释文莹《湘山野录》卷上），也有义学的性质。到了宋真宗、仁宗之际，开始有义学、义塾、义斋等称呼，例如石待旦在家乡越州新昌县石溪创义学三区，号上、中、下书堂，又称义塾；黄问在兴化军莆田县住家之南为义学，同样在兴化军兴化县的方泳、方洞兄弟创义斋。黄氏所设者悬挂上林义斋的牌榜，方氏所设者则称寿峰义斋。此后有关义学的记载愈来愈多，这一项传统不断绵延扩大，而且确立下来。

这一项传统所以会继续存在，一方面由于官学虽然已经设立，但数目有其限度，而士人的数量在科举考试所造成的影响下不断增加，即使一些清寒的家庭也竭尽所能，让子弟走上读书的道路。地方官学既然不能充分满足民间的教育要求，经济能力较差的家庭，如果有聪颖子弟，又未必能供给他们教育费用，于是资助外来士人就读的民间义学，为清寒士人开了一条上进的道路。另一方面，一些较为富裕的家庭或家族，为教育自家子弟而设立义塾，或者有心扶植族人，或者希望有较多人共同研读，好让子弟有与人切磋的机会，也乐于将教育资源开放给疏远的族人或外人。这些人家境大概各有不同，其中也可能有清寒子弟，他们因此得到就学的机会。如果前来就读的士人，有朝一日仕宦显达，更可以借之以扩张自家的社会网络，甚至有助于自家子弟在仕途的发展。于是义学在科举考试所造成的社会需求下，确立成为一个传统，延续下来。

以教育对象来划分，义学可以有几种不同的类型。第一种是以家族子弟为教育对象。富家聚集书籍，延聘教师，设立家塾，如果不仅教育自家子弟，也让其他族人来共享教育资源，免除束修、购书的负担，便具有义学的性质。也有些义学，是特别为了贫穷族人而设立的。叶适为蔡瑞的《石庵藏书目》作序说：

> 蔡君念族人多贫，不尽能学，始买书置石庵，增其屋为便房，愿读者处焉，买田百亩助之食。呜呼，蔡君可谓能教矣。富者知损其赢，以益市书与田，而收恤其族人，则无富之过；贫者随聪明之小大，以书自业，而不苟恃衣食，则无贫之患。教成义立，而族多材贤，则玉石之祥，其遂酬乎。（《水心先生文集》卷十二）

蔡瑞特别为了贫穷族人的求学而收藏书籍，并且买田收租，对于前来读书的族人在食用上给予补助。文字中没有提到聘请教师，也有可能是蔡瑞自己教。叶适在序中说："以书自业，而不苟恃衣食，则无贫之患。"也就是说，蔡瑞的做法，有协助族人自立的作用。

这一种以族人为教育对象的义学，部分具有义庄的收入作为比较稳固长期的经济来源，义学可以说就是义庄的一个部分。义庄是北宋仁宗时范仲淹所创设的一项家族互助制度，以田产作经济基础，有明定的规矩，对族人作经常性的资助。范仲淹最初为义庄所订立的规矩，只是对族人提供衣食婚丧的补助，没有教育方面的条文。到熙宁六年（1073）范纯仁（1027—1101）续定的规矩中，才规定了：

> 诸位子弟内选曾得解或预贡有士行者二人，充诸位教授，月给糙米五石（原注：若遇米价每石及一贯以上，即每石支钱一贯文）。虽不曾得解预贡，而文行为众所知者，亦听选，仍诸位共议（原注：本位无子弟入学者，不得与议）。若生徒不及六人，止给三石，及八人，给四石，及十人，全给（原注：诸房量力出钱以助束修者听）。（《范文正公集》附录《义

庄规矩》）

“诸位”意即“诸房”。办法是由义庄出资，聘请知识、品德都较好的族人做教师，教家族子弟读书，家族子弟受教育因此免除了束修的负担。以后义庄这项制度在民间日渐推广，到南宋时期设立更多，也可以看到有些家族是义庄和义学同时设立的。

第二种类型则是，虽然是为了家族子弟而设立，却也允许外人一同来求学，甚至提供外来求学者住宿与食用。例如南宋晚期名臣乔行简（1156—1241）的父亲乔森，在家乡婺州以精于医术闻名，“有子不责以营生，惟勉之学。里巷旧无学者，乔氏独辟家塾，延师儒以为之倡，远来者馆谷之，弦诵日相闻”。所谓“远来者馆谷之”，也就是对外来求学的士人提供住宿、食用。而所以如此热心，则是由于“既不得求师四方，则合乡之秀士相励以学业”（《攻媿集》卷一〇三《孺人俞氏墓志铭》）。这种为了让子弟有切磋对象而允许外人一起读书的义学，有些也以田产作经济基础。例如朱熹在《玉山刘氏义学记》中，就说到刘允迪在信州玉山县所设的义学，“间尝割田立屋，聘知名之士以教族子弟，而乡人之愿学者亦许造焉”（《朱文公文集》卷八十）。

第三种类型是以外来的士人为主要的教育对象，这些外来士人，有些可能是乡里子弟，也有些可能从远地而来。前述的石待旦：

> 隐居石溪山水之间，首创义塾三区，以上中下为别，身自督教衣廪之。四方来学者甚众，类皆当世名士，登显宦者接武。（田管《万历新昌县志》卷十一《乡贤志·义行》）

石待旦所创的这所义塾规模很大，有等级之分，对来学的四方士人不但督教，而且衣廪。这所义塾较早的记载，见于南宋施宿《嘉泰会稽志》卷十八《拾遗》，较为简略，称之为“义学”，有“上、中、下书堂”。这也许是在宋初官学尚未大规模设立之前，民间对于教育需求的一个例证。又如陆九渊曾提到饶州许氏在桐岭所设的一所书院，“延师其间，以处乡之学者，又自廪若干人”。这所书院主要教育乡里士人，许家不仅提供师资，也提供学生若干名额的廪食。后来许氏父子又“辟庐舍，储器用，广会集之堂，增自廪之员”（《象山先生全集》卷二八《陆修职墓表》）。这类义学，同样有些是以田产作为经济基础。吕祖谦的学生潘景宪（1134—1190），在婺州山麓建可庵，储书万卷，“市良田百亩，以为讲习聚食之资”（韩元吉《南涧甲乙稿》卷十五《潘叔度可庵记》）。

上面三种类型的义学都提到以田产作为经济来源，比较早这样做的是北宋苏州范氏家族以义庄为基础而设立的义学。范氏家族不仅在以义庄支持义学及族人科举赴考的旅费上，提供了典范，成为以后许多家族模仿的对象，而且提供了以固定田产作为义学经济基础的观念。以后一些义学即使不与义庄结合，也仍然可以用固定的田产来支持。这样的做法，其实广见于北宋晚期以来学生来源不同的各类义学，使得义学在经营上可以比较稳定。这种经营方式，固然有可能取法自北宋中期以来地方官学的学田，但更明显是受到范氏义学的影响。用来支持义学的田产数量自然各有不同，达官显宦如范氏家族中与义庄并设的义学，义庄田产可以多达好几千亩，有许多义学建立在数百亩或数十亩的田产基础上，而南宋末年兴化军仙游县洪氏所设的义塾，则仅以田租十余斛供束修之费。

义学之所以能够在社会上推广，日渐多见，又有理想的力量在推动。义学结合了“义”与“学”两项理想，“学”有助于“教化”，“义”则关怀到大众。这两项理想，经由富家的财力结合在一起，具体呈现为义学，使得教化能够施及更广的人群，政府力量所不及之处因而获得弥补。因此，义学从出现以来，就一直受到政府或士大夫的肯定，为之宣扬。北宋初年，和江东陈氏东佳书堂齐名的江西华林（洪州奉新县胡家）、江东雷塘（南康军建昌县洪家）两所具有义学性质的书院，曾受到朝廷不同方式的褒扬。胡氏“累世聚居，至数百口。构学舍于华林山别墅，聚书万卷，大设厨廪，以延四方游学之士。……雍熙二年（985），诏旌其门间”；洪氏“六世义居，室无异爨，就所居雷湖北创书舍，招来学者”，至道年间（995—997），地方官上报其事于朝廷，获得表彰，“遣内侍裴愈赍御书百轴赐其家”（《宋史·孝义传》）。两家所受褒扬固然是针对其累世义居，但同时也涵盖了他们所设具有义学性质的书堂。北宋中期以后，表扬义学则多出自地方官员。由于政府的肯定与支持，这些义学在社会上容易成为典范，为他人所模仿。例如北宋中叶刘辉（1030—1065）回家乡信州铅山县为祖母守丧，买田数百亩赡给族人，县令易其地名为“义荣社”，刘辉又建馆舍，提供从其求学的四方士人居处，县令为其馆舍命名为“义荣斋”，“皆所以厚风俗也”（杨杰《无为集》卷十三《故刘之道状元墓志铭》）。到南宋初年，周钦若“慕其舅祖里儒刘辉之义”，追怀其买田聚书、教养族人的事迹，就说“邑令名其社曰义荣，是可法耳”（《南涧甲乙稿》卷十六《铅山周氏义居记》）。

义学也经由士大夫的文字宣扬，导引人们去效法。五代、宋初的东佳、华林、雷塘三所书院，都有文人为之撰文记载，或写诗颂扬。五代时期窦禹钧设书院教养贫士的活动，及他的其他善行，经范仲淹记载于《窦谏议录》一文后，在宋、元时期知者甚众，一些劝善书籍如李元纲《厚德录》、李昌龄《乐善录》等都有收录。范氏义庄、义学由于范仲淹、范纯仁父子的功业、声名，加以范氏义庄规矩曾多次刻板，广为人知，许多士大夫视之为恤宗聚族的理想。一些同时并设义庄、义学的家族，常说是取法范氏旧规。其他记载义学事迹的墓志铭、记文、序文，肯定此一做法，赋予推广教化、以富资贫的道德意义。流传之后，也难免会对人们的思想、行为发生影响。

义学作为一种理想，引致人们仿行，也不限于推广教化，以富资贫等具有道德涵义的理想。对许多人来说，理想中未尝不含有实益的成分。设立义学是许多善行的一种，可以累积阴德，当时或称“种德”，将会获得回报。而其中重要的一项，是有助于自己或子孙通过科举考试。不过科举及第这项实益，对许多家庭来讲，其实也是一种竭力以赴的理想，是一种可以世代追求的目标。范仲淹记载的窦禹钧事迹里，就记载了他建立书院等多种善行，多行善事使他获得亡祖、亡父的托梦，他们说："阴府以汝有阴德，延寿三纪，赐五子各荣显。"后来果然"五子八孙皆贵显于朝"。此一故事在宋代广泛流传，对当时人应该有所影响。家庭或家族在举业上的成就，作为一种理想，已成推动义学设立的力量。由于这种理想是一个世代追求的目标，所以在一些事例里，行善种德或经营义学也可以子承父志，相承不坠，先后几代致力于此。

义学的教学内容应该和一般私学一样，有明定的规程。例如南宋晚期潭州衡山县赵葵（1186—1266）家族的义学：

> 乃立义学，中祠忠肃（赵葵之父赵方），旁辟四斋，岁延二师，厚其饩廪。子弟六岁以上入小学，十二岁以上入大学。课试中前列者有旌，发荐、擢第、铨集、补入者有赆。学规如岳麓、石鼓，而所以禁切其佻闼、纯纠其逾礼败度者尤严。（刘克庄《后村先生大全集》卷九二《赵氏义学庄》）

对于家族子弟的教育，按照年龄有小学、大学的进程；学习过程中有考试，对成绩好的学生有鼓励，对于学生的品德也很重视；学规依仿岳麓、石鼓书院，可以看出这些书院在教育上的影响；而对于发荐、擢第、铨集、补入者有礼金的赠送，则说明教育的目的仍然是为了科举，这也是一般义学在教育上的共同目的。尽管有些义学也邀请理学家来讲学，甚至是理学家自己在主持，但是对大多数的学生来讲，举业仍然是他们生涯中的重要目标。上一讲提到陈亮所记的婺州人郭德麟，应即叶适所记的郭德，他为了儿子郭澄的教育，"为作好屋甘饩，招里中或他郡年与澄相长少者同处"，又聘请知悉理学之说者担任教师，而后来郭澄的同学中，有人"得科第去"（《水心先生文集》卷十三《郭府君墓志铭》），就是例证。

当义学的教学内容受讲学影响日深时，举业仍然维持不废，这是当时的社会环境所使然，应举一直是士人读书的重要目标。但是学者在义学中讲说理学，强调德行是人生的基础，传授如何去求取德行的知识，却已使得义学对于教育普及的贡献，不限于以经济的资助来促成更多人为应举而读书。对于理学家来讲，读书原本就有比应举更加根本的人生目标，更何况此一目标比应举更易达成，而路途也更宽广。陆九韶（1128—1205）就曾经指出，即使举业无成，或无意于举业，也不妨碍接受比启蒙更深一层的教育，而能有"通经知古今，修身为孝弟忠信之人"的收获，而且这种收获求之于己即可得，不必求之于人（陆九韶《陆氏家训·居家正本上》）。科举考试到了南宋，由于士人大量增加，解额增加有限，要想通过已愈加困难，而进士录取人数也不过和北宋中期以后相仿。陆九韶的看法在这样的环境下提出，别具意义。理学家在包括义学在内的学校中，强调德行的知识的践履，为绝大多数在举业上未必能有所成就的学生，提供了一条途径。有心向学的人确实可以从这样的教学中，获得举业训练之外的收获，同时这种收获可以应用到实际的生活中。前述婺州人郭德的儿子郭澄，就是一个例子，他虽然未能获得取解，但是他已能将所学表现在待人处世上，平日言行"未尝不以善其身、迪其族、衣被其乡闾为主"（《东莱集》卷十三《郭伯清墓志铭》）。在郭家义学求学的乡人，也有人于灾荒时与一些富家不同，不忍抬高米价以牟利，别人问他何以如此，他说这是在学校中所讲求的，可见其在行事上已受理学的影响，考虑的是德行而非个人的利益。

义学的意义在于设置者不限于官宦，同时教育的对象也不限于族人。前面一种情形说明教育机会已经不由拥有政治权势的人所垄断，后面一种情形则说明富家愿意把教育资源开放给其他经济能力较差的人共享。即使是官宦的族人，也会有贵贱、贫富之分，贫贱的族人因为义学的设立而获得教育的机会。这些情形，都说明了当时富有家庭以他们的经济能力，支持了教育日渐普遍的趋势。

第八讲 | 政府与社会对士人的资助（下）

一、赴考旅费的补助

对于许多家境较差的士人来讲，不仅求学费用是一项很大的负担，即使学业有成，要到都城参加礼部考试，或者参加太学补试，也需要一笔可观的旅费，这笔旅费对他们的生活构成很大的压力。南宋晚期，刘克庄（1187—1269）谈及这种经济压力，说："贫而远者难是行如登天。"（《后村先生大全集》卷八九《鄂州贡士田记》）约略同时的欧阳守道也讲，即使文章写得好，取得赴行都考礼部省试，或考太学补试的资格，"贫无资者常厄于就试之费"，并且估计行程与费用，"四方之士有不远千里试焉，近且俭者旅费不下三万，不能俭不论远者或倍或再倍也"（《巽斋文集》卷十六《送刘季清赴补序》）。所谓"三万"，应是指三万文。这种情形，迫使许多士人放弃应考的机会。为了解决士人在这一方面的经济困难，宋代的政府与社会也逐渐发展出来一些补助的办法。

早在宋太祖开宝二年（969），就诏令"西川、山南、荆湖等道，发遣举人往来并给券"，但是这只限于四川、荆湖，以后办法是否延续也不得而知。南宋时期对于四川得解举人赴行在省试，也发给驿券以示鼓励，但这只限于四川一地，其他地区的士人无法享受这种待遇。

朝廷之外，对于士人赴考旅费的补助，较早见于家族。范纯仁在熙宁元年（1068）续定的《范氏义庄规矩》中，除了有义学的条文外，又有补助参加礼部考试的条文："诸位子弟得大比试者，每人支钱一十贯文（原注：七十七陌，下皆准此），再贡者减半。并须实赴大比试乃给，即已给而无故不试者，追纳。""七十七陌"是指一贯不以一千文的足陌计，而以七百七十文的省陌计。以后义庄制度逐渐推广，南宋有些家族义庄也采用了类似的办法，例如前面提到的衡山赵氏义庄，又如南宋晚期莆田方氏义庄，对族中子弟"秋荐、入学者资送之"。

南宋时期，地方政府常设贡士庄或贡士库，以田租的收入或利息的收入作经费，补助到京城应考的考生；也有些地方政府，是以出租房屋的方法，以房租的收入作经费。所谓贡士库，是为筹措贡士经费而设置的解库或质库，接受民间以物质量借，收取利息，质借者有用为生活费用的，也有用为商业资金的。由于商业日益兴盛，这种营业当时在城市已经常见，官府也常用来作为筹措财源的一种方法。

这一类设施，较早见于淳熙十一年（1184）赵善誉提举荆湖北路常平茶盐公事，在境内十四郡买田，交由各郡教授掌管，所收田租每三年用来作为士人赴考的旅费津贴。以后各地逐渐也出现了这一类的设施。有些地方不仅州郡有贡士庄，州郡下各县也设有贡士庄，可见设置的普遍。在许多地方，贡士庄或贡士库是由官学来掌管的，补助有时也以官学的学生为优先，或是对官学学生的补助比较优厚。例如南宋晚期的几个例子，邵武军学教授方澄孙创贡士庄，"庄姑为学设"（《后村先生大全集》卷九十《邵武军军学贡士庄》）；吉州庐陵县知县项模为县学设贡士庄（登云庄），"尝有籍于吾学则加优"（《巽斋文集》卷十七《登云庄记》）；平江府学义廪兼具贡士庄的功能，对于府中五县士人赴考的补助，除了以是否在学来分之外，又以在学时间长短及是否当时在学来分，据《江苏金石志》卷十五所载《吴学义廪规约》，习业及一季以上者获得补助较多，习业不及一季者其次，旧在学及不曾习业者又其次，免举人不论身份都较少。除了平江府学这种具有多方面功能的义廪外，一般贡士庄的经费有其专用的来源，贡士庄的田产仅用于补助士人赴考旅费，不作日常学校开支或对士人其他方面的资助之用。

除了政府提供田产经费之外，民间也对贡士庄的设置提供助力。当地方政府设置时，地方人士有时会捐助田产或金钱，有时贡士庄的设置甚至完全出自民间的力量，由富家提供资金买田。例如成都房君在嘉定五年（1212）出钱买田，称为尚贤庄，积三年田租的收入，来补助到京师赴考的士人；又如衡州衡阳县的贡士庄倡议于宝祐六年（1258），聚集地方上人士捐献的经费买了二十五亩田有多，又有人们捐献的田产三十七亩有多，这是集合地方上的力量共同办成的。也有时虽然由政府办理，却也有地方人士的捐献，例如前述方澄孙创设邵武军的贡士庄，就得到寓贵杜杲（1173—1248）的两个儿子捐款赞助。这些情形，说明科举考试在当时是地方政府和社会所共同关心的事，政府官员和地方人士都希望本地士人能够有人在京师的考试中荣登金榜，这是地方的荣耀。

各处贡士庄、贡士库对于赴考士人补助的方式互有不同。以淳祐十二年（1252）寿昌军的贡士规约为例，有这样的规定：

> 照得解库息钱，以岁月计之，虽有定额，然课谷则有旱涝不同，难以预定。众议将钱谷随三年所收见在数，总为十分均送，开具如右。乡举发解人三分，太学、国子、漕试士人发解人一分。乡举免解人（原注：漕、监免者并同）一分。赴太学补试人（原注：乡、漕、国子及旧举人赴补并同）三分（原注：先以一分就本军分送赴补人为发路之费，冒请不去者追索。二分就京于试前三日会实到人于一所均送，牒到身不到不预，假名冒请就索，本郡人在朝者或在学者主之，或从知佥贻书朝士主之，或会于本郡承受之家均送）。新请举人赴补不预。过省人（原注：新旧举同）一分半；上舍赴殿者同。参学人

半分。升补内舍、补上舍（原注：与解、省、补试三年一次者先后不齐，难以预定分数。榜到日升内舍人送十七界京交五百贯，升上舍人送京交一千贯。释褐同特恩未出官人请举，照上舍人例分送，文学已上者非）。(《宝祐寿昌乘·贡士规约记》)

从上列规定，可以了解寿昌军的贡士庄是将当年经费平均分配给各类赴考的士人，此外太学入学、升舍或自上舍赴殿试也可以获得补助。也有些地方采取定额补助的方式，例如镇江府设于庆元三年（1197）的贡士庄是“新贡百千，恩免半之，过省百五十千，宗之（‘宗之’当是‘宗子’之误）、武举三千余”（俞希鲁《至顺镇江志》卷十一《学校志·学产·贡士庄》)。有些地方赴考士人，既有官学的补助，又有州郡的补助。例如上述寿昌军的贡士庄、贡士库是由军学教授掌管，规约中有这样的条文：“州郡劝驾自有例程，与军学规约并无干涉。”南宋晚期的建康府，对于贡士也既有本府津送，又有府学赆送。这种资助贡士旅费的措施，广见于南宋的江浙、两湖、福建、四川、岭南各地。

各地所能筹措到的贡士经费有多有少，贡士人数也多寡不一，距离行都的路程或远或近，所以这项补助对赴考士人来讲，纾解旅费负担的轻重程度也不一致。镇江府和行都临安同在浙西，又有运河相连，交通方便，庆元年间（1195—1200）币值、物价也还平稳，新贡士可以获得百千的补助，对照于前引欧阳守道所讲币值已贬、物价已高的南宋晚期，士人赴行都考试的旅费“近且俭者不下三万”，亦即三十千，可以说颇为丰厚，这应该是由于镇江府位于运河和长江的交口，是物资转运中心，加以位处农业先进地带，地方财政较为宽裕；靖州是湖北的偏僻州郡，距离临安较远，又比较贫瘠，贡士补助则仅能供新贡者半途之费，不足的部分就必须自行筹措。补助多者固然可以免于旅费不足之忧，即使补助较少，也还是可以多少减轻赴考士人一部分的经济负担。

除了贡士庄、贡士库的补助之外，赴考士人之间又有以合会筹措旅费的互助办法。这种办法，较早见于南宋绍熙（1190—1194）以前的临江军，是谢谔（1121—1194）所创行，后来推广到各地。《永乐大典》卷八六四七“衡州府”条引《衡州府图经记》：

> 贡士有义约，自艮斋先生谢谔始行之江西。衡距行都二千里而遥，士人之预计偕者尤艰于聚粮。绍熙年中，邦人廖谦乃取清江之成约行之，进士徐经实其事。自是累举不废，愿与者益众，士之贫者尤利焉，茶陵、安仁、耒阳、常宁各县有之。

谢谔是临江军新喻县人，绍熙五年（1194）卒，清江县是临江军的附郭。绍熙年间，谢谔所创合会式的义约已经为湖南衡州的士人所仿效，衡州属下各县都有这种组织。以后这类义约在其他地方陆续出现，有些地方入约者可以有几百人甚至近千人。所谓义约，是由入约的士人共同出钱，资助赴考的士人，入约的人都有获得资助的机会。这虽然是士人彼此之间的经济互助，但是有时也可以获得其他人士的经济支持。例如真德秀在第一次从建宁府前往临安参加省试时，由于缺乏旅费，所以徒步前往，到了临安已经精疲力竭，结果没有考取；第二次参加了地方上的过省会，获钱数万，再加上亲友的礼金，于是舍徒而车，终于及第。后来他官做到江东转运使以后，每举都捐助建宁府义约钱二十万，表示不忘本。各地参加这类义约的士人多寡不一，据真德秀的说法，在建宁府多达近千人，他又提到泉州也有这类义约，参加者只有三百人。这类义约除参与的士人共同聚资之外，有时也可以得到社会的资助，上述真德秀到后来每举都捐助建宁府义约，就是一例；文天祥（1236—1283）也记载了南宋晚期临江军新淦县的青云约、魁云约，有其他州郡义约所无的寓公助送办法。新淦的情形，已经不是如真德秀一样个人特意的捐助，而是明载约章的规条。南宋晚期，除了以地域为范围组成的义约外，又有应考同一科目的士人所组成的义约，例如“词赋义约”，以及同宗士人所组成的义约，例如“陈氏同宗义约”。

二、婚、丧及生活等济助

贫穷士人的日常生活以及婚、丧等急需，如果发生困难，也常可以获得政府或社会的济助。一些贫穷士人，常因为生活上的困难而求助于人，这种情形，从北宋就已经存在。范仲淹帮助孙复的故事，为人所熟知。范仲淹执掌应天府书院时，有孙秀才索游上谒，范仲淹赠以一千钱。第二年又来，范仲淹问他何以汲汲于道路，孙复戚然动色，说母老无以养，如果每日能得百钱，足以奉甘旨。范仲淹观察孙复说话的神态，认为他可以栽培，于是帮他补上一个每月可以有三千钱收入的学职，让他安心向学。南宋时期，这种贫士求人接济的风气更盛，同时也有一些富家，乐此不疲。例如嘉兴府有一位陶士达，“士以贫告踵相接，一无吝色”（《漫塘集》卷二八《故庆元府教授陶公墓志铭》）。明州一位富商边友诚，“贫士登门，延之坐，敬与之”（《絜斋集》卷二十《边友诚墓碣》）。建昌军南城县有一位吴颖叔，甚至“衣食之余，不自丰殖，结屋所居之旁，命曰义堂，朝餐暮粥，与四方之士来者共之”（《漫塘集》卷二二《吴氏义堂记》）。贫士求助的对象不只于富家，也包括官府。袁涛（1138—1219）对这种风气有所不满，曾经批评说：

> 每见世之儒其衣冠者，弗能忍穷，经营书问，干叩官府，其俗至陋，恬不知愧，为之太息。故虽清贫至骨，终不肯低首下气，有求于人。（《絜斋集》卷二十《从兄学录墓志铭》）

从袁涛的批评，正可以看出这种风气的兴盛。

也有一些地方官，主动地帮助贫困的官宦后人。例如周自强

（1120—1181）知广州兼广南东路经略安抚使，置田三十顷，以其租入济助仕宦于岭南而身故的官宦家属，购田经费来自他储存起来的俸禄之外的俗例收入，或称例卷，共得钱八千。刘克庄先后担任广东提举常平、转运使，也“捐例卷，置田二百亩，赒南官之不幸者”（《后村先生大全集》卷一九五《〔刘克庄〕墓志铭》）。所谓俗例收入或例卷，也称作“例”，对于地方官来讲，是处于可以受，可以不受之间，视官员个人的态度而定。有人接受下来了，有人坚决不受，也有人虽然不愿接受，但不愿表现得与众不同，于是积蓄下来，移作公用。例卷有各种不同的来源，最主要的来自赋税征收工作，有一些税收不必上供到中央，胥吏便会进献给官员；还有一些是胥吏、商人、亭户等的私人奉献。

前面引用袁燮为他堂兄袁涛写的墓志铭，袁涛批评当时贫穷士人求人接济的风气，讲到这些人在“干叩官府”之前，要“经营书问”，也就是找人写介绍信。不只是向官府干求是如此，向富有人家干求也是如此。这种介绍信通常以“序”的形式来写，在宋人文集中可以看到一些。例如在叶适的《水心先生文集》中有一篇《与平阳林升卿谋葬父序》，这位林升卿“好学有文”，可是“贫不能葬其父”，请求叶适为他写介绍信，用来求人济助葬父的费用。叶适告诉他，我自己母丧，还没有下葬，不忍心讲这些话，林升卿一再请求，说他的父亲葬他的祖父时，也是靠着一位乡先生林英伯写信求人帮忙，才得以墓葬。叶适有感他们家两代贫穷，终于还是写了这篇序文，虽然写了，但文中提到自己母丧尚未下葬的事情，实际上是寓含讽劝。

也不仅是为了婚丧等生活费用而向人干求，也有为了找富家接济赴考旅费而请人写信的情形。欧阳守道的《巽斋文集》中，就有一篇应刘季清之请而写的《送刘季清赴补序》。这位士人要从江西的吉州赴临安参加太学的入学补试，想找人接济旅费。欧阳守道在文中先讲贫士赴京应考在经济上所遭逢的困厄，然后话锋一转指出，士人有亲在堂待养，移甘旨之资为自己的旅费，心中会有如何的感受？接着他又讲述自己过去因无旅费而宁可不赴补、不调官的经历，以及不鼓励经济能力不足的亲党赴考的态度。他又讲自己从来不主动求人接济旅费，“夫皇皇焉号于人求其己助而不忸怩，其归为觅官而已”。不过欧阳守道最后还是说，“刘君季清年少而文老，身贫而志锐，勇往者也，无可为有者也。书序言以赠行，季清其告夫乐成子之志者”。这篇序文，实际上也是寓含着讽劝，而且比叶适的《与平阳林升卿谋葬父序》更为明显而强烈。可是也可以看出，正因为社会上有一些富家愿意对贫士提供婚丧费用、赴考旅费等方面的资助，所以像林升卿、刘季清这一类士人，才会厚着脸皮托人写介绍信。

周自强和刘克庄在岭南买田产，以田租收入来帮助身故于岭南的官宦后人，可见这一类济助已经可以有比较稳定的经济来源。但是在他们两人离任之后，情况如何发展，却不得而知。不过也有例子可以说明，对于贫穷士人生活的济助，南宋时有些地方已经有了制度性的措施，能够长期维持。乾道四年（1168），史浩（1106—1194）知绍兴府时，用自己的薪俸来购置良田，以田租来济助当地士大夫的贫穷后人，济助的项目限于丧葬婚嫁，田产和济助事宜都交由府学掌管，命名为义庄。这一种类型的义庄，济助对象和范仲淹所创的家族义庄不同，但是在名称上和观念上都应该受到范氏义庄的影响。史浩是明州人，当时明州士大夫家族中也有设置义庄的，史浩和其他士大夫对于此一制度应不陌生。

稍后在绍熙元年（1190），史浩的明州同乡汪大猷（1120—1200）、沈焕，在家乡起而仿行。他们结合史浩的力量，共同号召乡人，捐助田产，地方政府也予以协助，拨给户绝田，成立了一所同样性质的义庄。一开始时有田五顷多，每年可以得谷六百斛，米三分之二。推举官位、年龄较高而有才力者主持，挑选仕宦而家居者主管出纳及义庄之事。可知先后主持过这所义庄的，有汪大猷、楼钥（1137—1213），明州仕宦家族高家、袁家的子弟，则都承担过管理的工作。沈焕曾经提到明州“义风素着，相赒相恤，不待甚富者能之”。

而所以要设立义庄，则是由于“求者日众，后难继也”（罗浚《宝庆四明志》卷十一《乡人义田》）。义庄有田产作基础，以田租的收入来从事救济，解决了难以为继的问题。从沈焕的话，可以了解到明州的士大夫一向有好善乐施的风气，即使是不甚富有的人家也能够如此，可是求助的人愈来愈多，义庄的设立，使得当地原有的贫穷救济传统制度化，解决了难以为继的问题。

所以“求者日众，后难继也”，有一部分原因来自这些从事贫穷救济的士大夫，他们的收入并非只是用来照料一家数口，而是背负整个家族的负担。以汪、楼两家为例，这两家均是有名的明州官族，也都参与了明州向来的乡里救济和后来的义庄事务。汪大猷的情形是“聚族浸众，辟先庐房宇百余楹，皆身任之。内外百口，独当家务，出私财以佐用者二十余年”。他的收入，都用来作为兄弟各房的公费，又用来照顾贫困的妹妹，两个外孙成为孤儿，也予以收养。对官府赋税的输办，一力承担，毫无拖欠，不使之成为兄弟的负荷。负担既重，所以他尽管仕宦显达，仍然“产业素薄，仅足自给，纳禄之后，用亦浸窘”（《攻媿集》卷八八《汪大猷行状》）。而在创设义庄时，他仍然首先捐了二十亩田作为提倡，这是因为汪家在明州官族中一向有领导地位。楼钥曾讲到他的父亲“清贫终身”，而他自己从小跟着父亲在外舅汪家长大。在他的父亲、哥哥相继去世之后，适逢大灾荒，“阖门百口”的内外事务，他“多方经营，仅无阙事”。后来虽然通显，可是在食祠禄家居的期间，“日虞不给，夫人撙节用度，纤微必计，始有余米”，到罢黜祠禄之后，生活得以赖余米维持，等到再获祠禄，“而米适尽矣”（《絜斋集》卷十一《楼钥行状》）。家族的负担既重，他们仍然要拨出部分钱财来济助别人，并且热心参与事务，这一方面固然是本于道德责任感的驱使，另一方面也可能是维持这些家族在当地社会地位的一种方式。能够解决别人的经济困难，才会更受到地方士人的尊敬，在当地有更高的声望。这种声望，在性质上和因财富、官位而得到的声望大不相同，而且不仅存在于生前，也会流传到后世，写入行状或墓志铭，为人们所追念；推动义田创设的史浩、汪大猷、沈焕三人，后来并且还被供入初创于嘉定十年（1217）的义田庄三贤祠，受到祀奉，这所祠堂一直到元朝至正二年（1342）应仍未废，维系了当地人们对义田创设经过与意义的记忆。

沈焕所讲明州“义风素著”的传统，确是实情。后来曾经主持义庄的楼钥，他的祖父楼异在北宋末年返乡郡出任知州时，已经热心于此。其后汪大猷的父亲汪思温（1077—1157）、史浩、汪大猷，其他贤达人士及楼钥的伯叔父辈，也曾经主持过乡里的救济工作，结合当地的人士致力于周济贫穷。不仅一些从北宋以来世居明州的人士如此，南宋初年从北方避难南来的士大夫，也很快就融入当地的社会，投入了地方上的救济活动，甚至有人担负领导人的角色。他们之中固然有些财力雄厚，但是也有些的确如沈焕所说，并非很富有的家庭。他们不仅个别从事，而且结合众人之力，推举领导人出来主持，共同进行救济活动。这种共同的救济活动所以能进行，凭借的是当地士大夫家族长期以来经由师生、交游、同年、仕宦、婚姻等途径，彼此之间建立了密切的关系，这种关系没有及身而止，而是延续了好几代。在这样的背景下，明州由民间力量成立的义庄得以出现，成立之后有好几十年的时间，仍然是由这些士大夫家族而非官府来主持。

义庄的设立在绍熙元年（1190）。赈济的对象以贫穷官宦的后人为主，后来也帮助贫穷的士人，而非所有的贫民。所以会有这样的限制，一方面自然是出自推动这一项活动的明州士大夫对于本身所属阶层的关心；另一方面恐怕也是受到财力的限制，无法对地方上所有贫民作经常性的救济。

义庄成立之后的赈济对象与申请方式，见于罗浚《宝庆四明志》卷十一《乡人义田》：

仕族亲丧之不能举者给三十缗，孤女之不能嫁者给五十缗。其亲属若邻里以闻于郡，郡核实，俾主者行之，非二者弗与，先后缓急，间从权宜，而郡守与主者皆不得私焉。

可见在赈济过程中虽然有地方官府参与，负责接受申请与核实，但是主持者仍然是当地的士大夫。而且在嘉定六年（1213）至八年（1215）程覃担任郡守的期间，改为直接向主持者申请。一直到宝庆二年（1226）为止，义田的数量仍在扩充，由当地士大夫家族合作管理的方式也没有改变的迹象。但是这种管理方式并没有长期延续下去，在淳祐十一年（1251）以前，这所义庄已交由府学来管理，确切的时间则不知道在什么时候。这年建康府知府吴渊（1190—1257）设立建康府学义庄，他的动机来自“昨见四明府学有义庄一所，每年收到租课，凡簪缨之后及见在学行供破食职事生员，遇有吉凶，于内支给赡助，心甚慕之”（《景定建康志》卷二八《儒学志一·立义庄》）。可知补助的对象也已扩大到在府学任职的生员，这应该是移转于府学之后的改变。至于移转于府学的真正原因，从资料中已无法得知，很可能是在经营、管理上出了问题，而导致官府插手。这所义庄一直维持到元代至正二年（1342）仍然存在，时间已有一百五十二年，不可谓不久。

这一种作用的义庄，不仅见于绍兴府和明州（庆元府），在其他地方也可以看到。平江府学在绍熙四年（1193），由倪千里（字起万）出任府学教授，他上任之后，清理平江府学的财产，使得原来不足的养士经费变得绰有余裕。在养士的学廪问题解决之后，他和同僚们商量，创设了吴学义廪。又得到官府拨田帮助，每年可以收田租三百五十石米。义廪收入用于学校范文正公祠堂的祭祀经费，并且教养他的后代三人，除此之外，

有入太学与荐名登科第者，助其费有差，文、武士、宗子皆预焉。正、至会拜、春秋释奠，其与行礼者，凡费于此乎取。又将斥其余以助士贫而亲不能葬与婴孩之遗弃者。（钱谷

《吴都文粹续集》卷三戴溪《吴学义廪记》)

这一所义廪具有多方面的作用，田租收入用于学校的祭祀经费、府学举行各项礼仪时招待来宾的经费、贡士经费、士人登第的奖励之费、士人入太学及升舍的奖励之费、济助贫穷士人亲属的经费。这所义廪一直到绍定六年（1233）仍然存在，大约已有四十年之久。在《江苏金石志》卷十五有绍定年间的《吴学义廪规约》，除了后面的一部分因辨认不清而没有录文外，可以看出田产陆续有增加，以及补助士人旅费、奖励士人登第和考入太学的详细办法。

和吴学义廪同样兼具有补助贡士旅费和济助贫穷士人生活的，还有前述南宋末年才创立的建康府学义庄。淳祐十一年（1251），建康府知府吴渊出钱买田，设立了建康府学义庄。《景定建康志》卷二八《儒学志一·立义庄》记载：

建康府士子，贫窭者多，或遇吉凶，多阙支用，尤可悯念。今用钱五十万贯，回买到制司后湖田七千二百七十八亩三角二十八步，岁收四千三百余石市斗，米、麦相半，发下本学，置簿桩管。如委的簪缨之后，及见在学行供职事生员，或有吉凶，请具状经学保明申上，给米八石，麦七石，米每石折钱三十六贯，麦每石折钱二十五贯。

所谓“簪缨之后”，是指官宦的后人。资助对象本来限于土著，后来也及于外地来的游学士人。同时除了吉凶之事外，对于“到殿、入学、赴任人，委是贫窭者”，也照吉事例，给予补助。所以补助的对象又不限于士人或官宦后裔，也及于经济能力较差的官宦。

除了吴学义廪和建康府学义庄有比较详细的资料外，嘉定年间（1208—1224），叶师中任临江军学教授时，“尝积廪饩余数十百缗，买田为义廪，凡仕进及贤裔贫者助之”（管大勋《隆庆临江府志》卷十一《名宦列传》)。临江军义廪补助的范围比较狭窄，仅限于“仕进及贤裔贫者”，而不及于赴考贫士的旅费及其他费用，应是受到经费的限制。

这一种类型的义庄，在史料中并不多见，普遍性到底如何，仍有待考虑。同时济助对象原本限于贫穷的官宦后人，后来扩大，也只是加上在官学中担任职事的士人，在对象上有很大的限制，并非任何贫穷的士人都可以申请济助。

第七、八讲参考书目

一、专著

王建秋，《宋代太学与太学生》。台北：中国学术著作奖助委员会，1965，第五章。

李弘祺，《宋代官学教育与科举》。台北：联经出版事业公司，1993，第五章第五节。

李如钧，《学校、法律、地方社会——宋元的学产纠纷与争讼》。台北：台湾大学历史学研究所博士论文，2012，第二、三、四章。

周愚文，《宋代的州县学》。台北：台湾省编译馆，1996，第六章，附录六之一、六之二。

二、论文

梁庚尧，《南宋城居官户与士人的经济来源》，收入氏著，《宋代社会经济史论集》。台北：允晨文化实业股份有限公司，1997。

梁庚尧，《家族合作、社会声望与地方公益——宋元四明乡曲义田的源起与演变》，收入“中央研究院”历史语言研究所编，《中国近世家族与社会学术研讨会论文集》。台北：“中央研究院”历史语言研究所，1998。

梁庚尧，《宋代的义学》，《台大历史学报》第二十四期，1999，台北。

黄宽重，《千丝万缕——楼氏家族的婚姻圈与乡曲义庄的推动》，收入氏著，

《宋代的家族与社会》。台北：东大图书公司，2006。

福泽与九郎，《宋元時代州縣學產考》，《福岡學藝大學紀要》第八号、第九号，1958、1959，福冈。

杨联升，《科举时代的赴考旅费问题》，《清华学报》新第二卷第二期，1961，新竹。

熊慧岚，《宋代苏州州学的财务经营与权益维护——兼论州学功能与教授权责的扩增》，《台大历史学报》第四十五期，2010，台北。

Davids, Richard L. "Custodians of Education and Endowment at the State Schools of Southern Sung," *Journal of Sung-Yuan Studies* 25, 1995, Albany.

第九讲 | 社会流动及其局限

一、旧门第消失与新士人兴起

科举制度配合印刷术的推广应用与教育机会的普遍增加，促成了唐、宋之间社会形态的转变。这一个转变表现在宋代社会上，便是统治阶层社会纵向流动的加速。以往政权由少数世家大族长期垄断的情形不再存在，科举出身的士人取而代之成为政治的核心，而他们往往是骤盛忽衰，不容易再形成以往门第那种可以延续好几百年的政治力量。和科举制度影响及社会纵向流动这一个课题同样重要而且相互关联的，还有科举制度对家族组织的影响。构成中古门第的世家大族，外则借地望、谱系来维系，内则凭礼法、经学而传家，并且以九品中正制度来延续其政治地位；宋代新兴士人的家族组织，则与科举制度的影响不能脱离关系。关于这一点，已有学者以专文提出深具启发性的看法；本书虽然也触及科举制度对家族组织影响的某些方面，如第七讲所论及的义学，但是未能专就这一个问题作整体性的讨论。

早在民国二十九年（1940），钱穆在《国史大纲》第四十一章《社会自由讲学之再兴起》中，已经指出唐代中叶以后，中国有两项很大的变迁，一项是南北经济文化的转移，另一项是社会上贵族门第的逐渐衰落。并且进一步认为门第衰落之后，社会上的新形象主要有三点：

一是学术文化传播更广泛，二是政治权解放更普遍，三是社会阶级更消融。而在政治权解放更普遍这一点中，他讲“以前参预政治活动的，大体上为几个门第氏族所传袭，现在渐渐转换得更快，超迁得更速，真真的白衣公卿，成为常事”。1950年，钱穆在《中国社会演变》一文中，将唐代以后具有上述特色的社会，命名为“科举的社会”，并且说:“这一种社会，从唐代已开始，到宋代始定型。这一种社会的中心力量完全寄托在科举制度上。”这篇文章，后来收入钱穆的一本小书《国史新论》中。

在钱穆写《中国社会演变》一文的三年前，学术界开始以统计的方式来探讨宋代社会的上下阶层之间的纵向流动。这一个研究方向首先出现于美国，美国宋史研究的奠基人柯睿格（E. A. Kracke, Jr.）在1947年发表的“Family Vs. Merit in Chinese Civil Service Examinations under the Empire”一文中，运用南宋《绍兴十八年同年小录》和《宝祐四年登科录》两份进士录取名单，统计这两榜进士中所谓“新血”的比例。然后在1950年，日本学者周藤吉之在《宋代官僚制と大土地所有》一书中，也用同样的资料，作了更加广泛的统计。钱穆的学生孙国栋在1959年，于香港发表《唐宋之际社会门第之消融》一文，运用《新唐书》《旧唐书》及《宋史》列传人物的家世资料，比较中唐以后和北宋时期人物出身背景的差异。1971年，台湾政治大学政治研究所研究生陈义彦，将他硕士论文的一部分写成《以布衣入仕情形分析北宋布衣阶层的社会流动》一文发表，统计《宋史》列传中北宋人物的出身背景。1977年，他的硕士论文《北宋统治阶层社会流动之研究》出版。他们的研究成果，大体上都印证了钱穆在《国史大纲》中的看法。在美国的中国史学界，同样是科举时代的社会流动研究，除了宋代之外，还有何炳棣对于明清时期的研究，他在1950年代运用这一个时期的进士登科名录、举人与贡生的名簿同年齿录及生员题名录，分析近四万名人物的三代祖先，也认为从明到清平民向上流动的机会虽然渐减，但是就整个明清时期来讲，仍然有相当程度的流动性。他的专著*The Ladder* *of Success in Imperial China: Aspects of Social Mobility, 1368–1911*（《明清社会史论》），出版于1962年。一直要到1980年代，这样的看法才受到美国学者郝若贝（Robert M. Hartwell）和他的学生韩明士（Robert P. Hymes）的挑战。

上述有关唐宋社会流动的研究指出，尽管在盛唐时期，科举考试制度已经成为政府取仕的重要途径，但是在中晚唐，门第势力在政治上仍然占有重要的地位。据孙国栋的统计，《旧唐书》所载从唐肃宗到唐代末年之间的人物，大约有将近十分之七出自名族和公卿子弟，出身于寒素者不及七分之一，如果以宰辅的家世作比较，两者的比例更加悬殊（80% ∶ 7%）；经过唐末五代的大乱，唐代的官宦大族受到很大的摧残，从此脱离了政治的核心，到北宋时期，政治上活跃的已是另外一群新兴的士人。《宋史》列传中的一千多位北宋人物，源出于唐代大族的只有十姓三十二人，这些人物的家世，在唐末五代或者已经式微，与寒贱无异，或者流移外地，失其故业。而宋代政治人物的家世背景，在构成上已和唐代大不相同。据陈义彦的统计，《宋史》列传中的北宋人物，出身于高官家庭的不过四分之一左右，而出身于布衣的则超过二分之一，而且随着时间的演进，时代愈晚，布衣出身的比例也愈高；以宰辅的出身来作统计，情况也大体相似。而布衣官员入仕的途径，在北宋初期以科举出身的约占三分之一，在北宋中期已超过四分之三，到北宋晚期更超过五分之四。科举制度所造成的影响，十分明显。柯睿格指出，南宋绍兴十八年（1148）和宝祐四年（1256）两榜登科录中的进士，祖宗三代都不曾仕宦的进士，也都要超过一半以上。

上述的统计，说明到了宋代，世家大族已经无法再像唐代以前一样垄断仕途，仕宦之家再也不容易世代保持仕宦的身份，除非子孙能够世代不断地在科举考试中表现优异；而布衣入仕的途径则宽广了很多，他们只要能在科举考试中表现才能，就有机会进入仕途，甚至擢升高官。这也就是说，宋代统治阶层的流动性，要比唐代高了很多。

不过所谓社会流动的加速，是和唐代比较而言，单就宋代本身来讲，社会流动仍然有其局限。第一，宋代入仕之途中仍然存在着恩荫的制度，高官子弟、亲属甚至门客可以恩荫入仕。第二，随着人口的增加与士人阶层的扩大，科举考试竞争愈来愈激烈，即使进士登第最多的一次将近一千人，就考生比例来看，机会也是相当小的，要想在考试中出众，必须花很长的时间作准备，不事营生。在这种情况下，富贵之家的子弟比较占优势。第三，上述有关统计，都是以父亲、祖父、曾祖等嫡系祖先的仕宦情形作依据，然而嫡系祖先未曾仕宦，未必没有其他血亲或姻亲仕宦，这些血亲或姻亲的经历如果能对一个人的前程发生影响，那么上述所谓布衣出身的意义便要大打折扣。这也就是郝若贝在"Demographic, Politcal, and Social Transformations of China, 750–1550"一文中，韩明士在研究宋代江西抚州的专书 *Statesmen and Gentlemen: the Elite of Fu-Chou, Chiang-Hsi, in Northern and Southern Sung* 中，提出有异于柯睿格、何炳棣说法的重要理由；韩明士甚至从家族背景与婚姻关系，去分析包括具官员、士人身份者及不具此等身份者在内的地方精英，认为宋代没有社会纵向流动可言。上面所提及的三项因素，后面还会再讨论。

尽管有这些局限，科举考试在宋代确实提供了一个公开竞争的场域，宋代的社会也确实和唐代不同。当时人对社会特色的变化，有敏锐的感受。郑樵《通志·氏族略序》说：

> 自隋唐而上，官有簿状，家有谱系。官之选举，必由于簿状；家之婚姻，必由于谱系。……此近古之制，以绳天下，使贵有常尊，贱有等威者也。所以人尚谱系之学，家藏谱系之书，自五季以来，取士不问家世，婚姻不问阀阅，故其书散佚，而其学不传。

取士不问家世，正是宋代科举考试制度所显现的特色，家世背景不能影响考官的评审。和这项特色同时存在的现象，是仕宦家族想要长期保持兴盛并不容易。袁采《袁氏世范》卷一《子弟贪缪勿使仕宦》：

士大夫试历数乡曲，三十年前宦族，今能自存者，仅有几家。

同书卷中《世事更变皆天理》：

世事多更变，乃天理如此，今世人往往见目前稍稍乐盛，以为此生无足虑，不旋踵而破坏者多矣。

盛衰无常，正是宋代纵向社会流动加速的写照。

出身于布衣的官宦，主要来自哪一类家庭？根据陈义彦运用《宋史》列传所作的统计，最多的是士人家庭。由于“业儒”已经成为当时社会的一种理想，所以确实有许多家庭世代以士人为业，他们可能有祖先在经营产业富裕之后，开始重视子孙的教育；也可能有祖先曾经入仕，而子孙在科场失利，却仍然力求进取；也有些出身贫寒的士人家庭，虽然生活艰苦却依旧要保持士人的身份。其中许多士人家庭，可能同时拥有一些田产，田租的收入是支持他们读书的经济来源。南宋初年，胡寅（1098—1156）曾说建宁府“读且耕者十家而五六”（胡寅《斐然集》卷二一《建州重修学记》）。不过除了士农兼业的家庭外，工商之家转而为士的情形也逐渐多见。北宋晚期，苏辙（1039—1112）就讲：“凡今农工商贾之家，未有不舍其旧而为士者也。”（苏辙《栾城集》卷二一《上皇帝书》）南宋晚期，欧阳守道更说：“古之士由农出，农之气习淳良，后之士杂出于工商异类矣，又降而下有出于吏胥游末矣。”（《巽斋文集》卷五《回包宏斋书》）北宋末年的宰相李邦彦（？—1130），父亲便是银工；南宋宁宗时的宰相京镗（1138—1200），则出身于经营盐铺的家庭。这一类的例子也许不多见，却也正是“取士不问家世”的最好说明。

二、荫补、财富与亲缘的影响

（一）荫补

荫补也称为恩荫或奏荐，凡是宗亲国戚，文武官员的子孙、亲属甚至门客，都有机会获授官职。这一项制度在汉、唐都有，宋代也继续沿用。恩荫授官的时机，比较常见的有在皇帝生日的时候，称为圣节荫补；有在三年一次的郊祀或明堂大礼的时候，称为大礼荫补或郊祀荫补，这是最主要的一种；有在中高级文武官员致仕的时候，称为致仕荫补；后妃、宗室、中高级文武官员去世之前，也可以遗表向朝廷奏荐，称为遗表荫补；下级官员也享有这项权利，中下级官员如果因为作战、捕盗而死亡，同样可以奏荐，称为死事荫补。荫补的对象包括兄弟、子孙、异姓亲属，高官甚至可以荫补门客、医人。每人荫补的人数也没有一定，多的可以到一二十人，譬如宋真宗时代的宰相王旦死后，“录其子、弟、侄、外孙、门人、故吏，授官者十数人”（《续资治通鉴长编》卷九十“天禧元年九月己酉”）。宋初名将曹彬死后，亲族、门客、亲校有二十余人获得授官。

荫补得官由于家世背景，和经由科举考试凭借能力竞争得官有所不同。宋代官员中，以荫补得官的人数占了相当的比例，当时人也不断批评荫补的冗滥。宋仁宗庆历年间，范仲淹在他上呈给皇帝的改革建议中，“抑侥幸”一项就说：

> 自真宗皇帝以太平之乐，与臣下共庆，恩意渐广，大两省至知杂御史以上，每遇南郊，并圣节，各奏子充京官，少卿监奏一子充试衔，其正郎带职员外郎，并诸路提点刑狱以上差遣者，每遇南郊，奏一子充斋郎。其大两省等官，既得奏子充京官，明异于庶僚，大示区别，复更每岁奏荐，积成冗官。假有

> 任学士以上官，经二十年者，则一家兄弟子孙出京官二十人，仍接次升朝，此滥进之极也。(《范文正公集·政府奏议》上《答手诏条陈十事》)

从庆历年间以后，政府虽然不断对荫补制度有种种的限制，使荫补得官不再像以前那样容易，但是这一项制度的影响仍大。北宋皇祐二年（1050），当时人说每三年以荫及其他横恩而得官者不下千余人；南宋隆兴元年（1163），当时人也说三年一郊，以父兄而任官者达数千人。

李心传《建炎以来朝野杂记》乙集卷十四《嘉定四选总数条》载有宋宁宗嘉定六年（1213）官员数，官员总数共28,864员，其中尚书左选辖京朝官2,392员，包括有出身者975员，以各种名目荫补者1,383员，以其他身份补官者34员；侍郎左选辖选人17,006员，包括有出身者4,325员，恩科5,065员，童子科60员，奏荐6,366员，宗子该恩者560员，以其他身份候选者613员。尚书右选与侍郎右选所辖为武臣，暂时不加以统计。尚书左选所辖京朝官中，有出身者仅占40.8%，而出身荫补者则高达57.8%；侍郎左选所辖选人中，有出身、出身恩科、童子科者合占55.6%，而出于奏荐、宗子该恩者高达40.7%；京朝官、选人两项合计，出自科举者占53.7%，出自荫补、奏荐者占42.8%。在文臣中，荫补所占比例已经如此之高，而在武臣中，荫补所占的比例可能还要更高，荫补的影响的确不能忽视。

但是据陈义彦有关《宋史》列传北宋人物入仕途径的统计，以荫补入仕者只占总人数的16.6%，其中约十分之七出身高官家庭，约四分之一出身中官家庭，两者合计已超过95%。而黄宽重在《南宋两浙路社会流动的考察》一文中，利用南宋、元初的文集、金石、方志、进士题名录、馆阁录等资料，搜集到南宋两浙路5,644人的资料，其中已仕者4,406人，出身于进士者占76.7%，而以荫补入仕者则仅占3.8%，这两项统计给人的印象，都和《建炎以来朝野杂记》的资料有很大的差距。

这种差距可能的解释是，由荫补入仕的人虽然数量很多，但是其中表现出色，有机会擢升到中、高层官员而能加载正史列传或其他史料中的，却为数有限。也就是说，他们在才华、表现与升迁机会上，均远不如出身于科举的官员，荫补制度虽然保障了他们入仕的机会，却不保障他们升迁的机会。事实上，不仅不予以保障，而且予以诸多限制，例如对于无出身人（包括荫补在内）规定不得任台职，也不授以馆职。文臣京官的升迁，科举出身者是隔级迁转，而荫补者只能逐级迁转。选人除京官，有出身者也较无出身者官阶为高。相对而言，制度的规定显然使得官员无论家庭背景，由科举入仕者要较由荫补入仕者在升迁上为有利，来自平民阶层的官员，他们只能以科举出身，不因家庭背景而在制度上减少了往上发展的竞争机会。在这种情况之下，要想在宦途有所发展，官宦子弟仍然必须参与科举考试的竞争，事实上也的确有不少官宦子弟如此，或者参加州郡解试，或者在荫补后再参加锁厅试。据陈义彦的统计，《宋史》列传中北宋人物出身于高官家庭的，约有十分之三是以科举入仕，近45%是以荫补入仕；出身于中官家庭的，则约有二分之一是以科举入仕，将近十分之三是以荫补入仕。可见即使是高官子弟，也有不少不凭特权踏入仕途；而中层官员子弟以科举进身的比例，已超过了荫补。中层官员子弟能荫补的官位低，导致他们在升迁上要比获得荫补的高官子弟更为困难，或许也是载入《宋史》列传的中官子弟有较多是以科举出身的原因。

（二）财富

家庭的经济能力对于士人参加科举考试的成败，也有很大的影响。富有的家庭比较能够支持子弟接受较好的教育，也比较能够让他们心无旁骛，专心准备考试；甚至比较方便在考试中运用金钱来舞弊，譬如雇人代笔或买通办理考试事务的人员。在这样的情况之下，富家子弟在科举考试中显然比较占优势。

一般认为，官户，也就是品官之家，是社会上最富裕的阶层，原因在于他们在某种程度之内，享有免除差役及科敷的特权（见第十一讲)，税、役负担既轻，财富累积自然容易。富与贵结合在一起，即使官宦子弟不享受荫补的特权，他们参加科举考试，及第的机会也会大得多，因而阻塞了其他人上进之途。

问题也许不能一概而论，官宦子弟在科举考试中的优势固然存在，但是富贵有时候不见得就是一项优势，善于运用财富固然可以支持子弟读书应举，不善于运用也会造成子弟习于游乐放荡，甚至破坏家业。《袁氏世范》卷二《兴废有定理》：

> 起家之人见所作事无不如意，以为智术巧妙如此，不知其命分偶然，志气洋洋，贪多图得。又自以为独能久远，不可破坏，岂不为造物者所窃笑。盖其破坏之人或已生于其家，曰子曰孙，朝夕环立于其侧者，皆他日为父祖破坏生事之人，恨其父祖目不及见耳。前辈有建第宅，宴工匠于东庑曰：此造宅之人。宴子弟于西庑曰：此卖宅之人。后果如其言。

宋人所谓“起家”，常指入仕而言。袁采（1140—1190）观察到士大夫开创仕宦之业，却不旋踵因子孙不肖而破坏。何以官宦子孙常多不肖？他在同书卷一《子弟常宜关防》条有一段观察：

> 子孙有过，为父祖者多不自知，贵官尤甚。盖子孙有过，多掩蔽父祖之耳目。外人知之，窃笑而已，不使其父祖知之。至于乡曲贵宦，人之进见有时，称道盛德之不暇，岂敢言其子孙之非。况又自以子孙为贤，而以人言为诬，故子孙有弥天之过，而父祖不知也。间有家训稍严，而母氏犹有庇其子之恶，不使其父知之。

他认为是由于贵宦之家对于子孙失之于放纵溺爱，别人对他们也只是奉承，而不敢有所规劝。

这样教养出来的官宦子弟，自然不可能凭能力在科举考试中与别人竞争。北宋晚年，毕仲游（1047—1121）指出以荫补入仕的公卿子弟大多庸劣，正是这种情况的反映：

> 而公卿大夫所任之子弟，虽有贤者，而骄骜愚懵，未知字书之如何而从政者亦甚众。虽其父兄不自言，以情占之，岂能不以为愧而且幸哉。（毕仲游《西台集》卷四《官冗议》）

就是因为他们本性庸劣，无法在科举考试中与人竞争，所以才需要依靠荫补入仕。而这种情况也说明，官宦家庭拥有财富，却不一定能够培养出优秀的子弟。

况且官宦家庭未必都称得上富有，经济环境较差，甚至贫困的，也为数不少。而富裕的家庭，又不限于官宦，业农、业商也同样可以致富。许多地主、商人，在家计丰足之后，往往开始注意子弟的教育，培养子弟入仕，前面讲私学的兴盛时，就提到了一些例子。也有一些富家是农儒兼业，经过好几代的努力，才有人通过考试，踏入仕途。这种情形，固然说明了财富的影响力，但是就他们的家庭背景来讲，对官宦阶层却不能不说是注入了新的成分。

这些富有家庭自然也有庸劣子弟，他们没有荫补的特权，可是渴望求得科名，于是有考试舞弊的情形。咸淳六年（1270）黄震在绍兴府发布了一篇《又晓谕假手代笔榜》，其中说道：

> 士、农、工、商，各有一业，元不相干。为士者多贫，虽至仕宦，尚苦困乏。惟为农、工、商贾而富者最为可庆，最当知足。盖人若不曾读书，虽田连阡陌，家赀巨万，亦只与耕种负贩者同是一等齐民，而乃得高堂大厦，华衣美食，百人作劳，一身安享。不惟一等齐民不能及之，虽贵而为士，至于仕宦，禄赐有限，忧责无穷，亦岂能及之？富室若不知足，又当

何人知足？近来风俗不美，富室间不安分，更欲挥金捐财，假手代笔，攘窃士人科第，盗取朝廷官爵，败乱官箴，赚误百姓。(《黄氏日抄》卷七八)

从黄震的榜文看，这些雇人代笔的富家主要是从事农、工、商贾之业的家庭，而非官宦之家，他们以金钱的力量使士人愿意代他们作答，从而通过考试，获得官位。这种情形，同样说明了财富的影响力，所采用的手段虽然不正当，但是同样不得不认为是对官宦阶层注入了新的成分。

财富的影响力已如上述，但是科举考试究竟有一套严密的制度，单凭财富并不能发生作用，舍舞弊的途径而不论，还必须配合上教育、子弟的才华与努力，以及机运（朝廷政策与考官因素）。在这种情况之下，富家并不能够垄断科举考试的录取名额，贫穷的士人也有很多的机会，黄震在榜文中说："为士者多贫，虽至仕宦，尚苦困乏。"正说明了这种状况。南宋文人洪迈在《夷坚志》里讲了一个陈尧咨的故事，陈尧咨由于家贫，不愿花钱从浦城县到建宁府城去参加解试，心里很犹豫，于是到邻近的护学祠中留宿求梦，当晚梦见一个独脚鬼，跳跃前进，且行且歌，说："有官便有妻，有妻便有钱，有钱便有田。"陈尧咨醒来，决意到府城应考，结果果然通过解试，并且一举登科。这个故事所显示的贫士仕宦之后的经济境遇，虽然和黄震所讲不同，但是两项资料都说明了一些士人在及第之前，经济情况并不是很好。他们家境艰困却仍然不顾一切地投身于科举竞争，显然是因为科举考试在竞争上尽管激烈，可是对于贫士来讲，仍然充满了无穷的机会与希望。事实上，宋代官宦出身于贫士家庭的不乏其人，其中有些甚至考中了状元。这种情形，说明了财富的影响力固然很大，但是并没有决定性的作用。

（三）亲缘

除了父亲、祖父、曾祖父等嫡系亲属外，其他如兄弟、伯叔、母舅等血亲或姻亲，对于入仕的机会也会发生影响。以荫补来说，不仅父祖可以提供荫补的机会，其他亲属也可以提供荫补的机会，但是关系如果比较疏远，官阶也就会有差别。例如知枢密院事至同知枢密院事，可以荫子为承奉郎、孙及期亲为承务郎，都属于京官低阶，而大功以下及异姓亲只能荫为登仕郎，则只是选人低阶了。在经济或教育上，其他亲属也可以提供助力，但是这种助力究竟也有其限度，和支持自己家庭的子弟读书应举不可能没有差别。而且前面讨论到荫补与财富影响力的限度也仍然存在，不论其他亲属提供如何的帮助，父祖是否重视教育，本人的才能、努力与机运，仍然是不可忽略的重要因素，亲属的助力只能配合这些因素发生作用。

宋代福州登科士人的家族关系，提供了在科举考试中亲属影响力只是助缘的一个地区性群体案例。统计《淳熙三山志》所载登科名录中的家族关系资料，可以看出，从北宋太平兴国五年（980）榜到南宋绍定五年（1232）榜，约二百五十年间，福州包括进士、诸科、文举特奏名、武举、武举特奏名、太学释褐、八行在内的3,400多名登科者中，约有三分之一的登科者具有家族登科背景（家族中包括直系亲属、旁系亲属及兄弟关系在内，具有两个以上的登科者），也就是仍有约三分之二的机会可供家族中尚未有人登科的士人去竞争。至于竞争那具有家族登科背景的三分之一名额的，则有三百多个家族，并非少数家族在垄断。这三百多个家族，大多数的登科人数都只在两至五人之间，而又以两人、三人为常见，六人以上的并不多，其中陆氏和潘氏家族有多达二十余人登科，可以说是十分罕见。但是以潘氏家族为例，在北宋时开始有族人登科，到了南宋，至少有分居在长乐和闽县的五个支系在科第上有所表现，前后断续包含八个世代。这五个支系，其中有些关系已经疏远，甚至无法追溯远祖的关系；关系比较亲近的几个支系，到南宋末年也已超出五服之外，把各个支系所有登科者视为整体的表现来衡量，是否适宜，有待考虑。进一步看，那些有较多族人登科的家族，同一个家族的各个支派，不同的辈分，甚至同一家中的父子兄弟，在举业上的成功或挫折也会有很大的不同，在应举中屡经挫折的情形并不乏见。就算是科第名族如潘氏，情况也是一样。而且那些没有家族科第背景的士人为登第而长期奋斗的历程，同样见于具有家族科第背景的士人的身上，往往困苦力学，屡遭挫折，然后登科。这种情况下，实在很难认为亲属关系可以对士人登科发挥什么直接的作用，不论家族背景为何，参加科举考试的士人都必须面对竞争。竞争强烈推动了福州教育的扩张，也促使家族中的长辈重视子弟或族人的教育。从许多例子看，家族的助力，无论是士人己身这一边，或母亲、妻子这一边，其实都发挥在教育上。然而即使重视教育也未必就能使子弟或族人顺利登科，士人在举业中屡经挫折、长期奋斗、有成有败，所说明的是个人在才智、努力与机运上的差异所发生的作用。

再看看福州以外的一些个别例子。明州官宦楼、汪两家有密切的婚姻关系，楼钥的父亲楼璩（？—1182）娶了汪大猷的姊姊，汪大猷的妻子则是楼钥堂伯父的女儿。楼璩在南宋初年由于家境清寒，曾经与家人寄居于汪大猷家中。袁燮记载楼钥少年时生活、读书的情形：

> 家素清贫，重以建炎之祸，先庐故物，一簪不留。兖公（按：楼璩赠兖国公）依外舅少师汪公以居，辛苦植立，不坠先绪。宦游既久，生理尚窄，朴素如寒士，诸子无复豪习。公从师里校，至无盖以障雨，敝衣粝食，仅免寒饥，以此益自磨厉。(《絜斋集》卷十一《资政殿大学士赠少师楼公行状》)

楼璩曾任军器监丞、知州，虽是官宦，经济情况却不很好。他寄居在姻亲汪大猷家，从他们父子生活的情形来看，汪家给他们的经济帮助显然有其限度。不过即使在这样艰困的环境中，楼钥仍然“从师里校”，显示家庭对教育的重视。楼钥的伯父楼璹（1090—1162）仕宦至知扬州兼淮东安抚，曾经买腴田五百亩设立义庄，家境应该不至于太坏，但是楼钥讲他的父亲楼璩“清贫终身”，显然伯父对他们家似乎也没有提供太多经济上的帮助。楼钥的入仕，是经由科举。他二十岁侍亲游宦还乡，仍然师事当时的名师郑锷，他描述当时的情形说："时亦粗成赋篇，及见先生机杼，望洋向若而叹，一意摹仿。"（《攻媿集》卷五三《郑屯田赋集序》）这段话一方面显示他对郑锷的钦佩，另一方面也不难看出他对自己文才的自负，可是却肯虚心求进。他在隆兴元年（1163）的礼部试中，果然"主司伟其辞艺，欲以冠多士"，只因"所答策偶犯庙讳"，而置于末等之首。（袁燮《资政殿大学士赠少师楼公行状》）他的及第，应该和他自己的才华、努力有关，父亲、舅舅或伯父的余荫都无法掩盖掉这一项因素。

楼钥是官宦子弟，他的舅舅、伯父也都是有相当地位的官宦，楼家的家族组织并不松散，而甥舅之间的关系尤其密切，但是楼钥在举业上的成功似乎不能归功于伯父或舅舅的提携，在经济上所得的帮助也没有使他的家庭转而富裕，唯一可以讲的是这样的一个背景使得家里重视对子弟的教育。但是官宦人家即使重视子弟教育，也不能保证子弟在举业上成功。周辉《清波杂志》卷五《家塾》有这样一段记载：

> 顷一巨公招客训子，积日业不进，踧踖欲退。巨公觉之，置酒，泛引自昔名流，后嗣类不振，且曰："名者，古今美器，造物者深吝之。前人取之多，后人岂应复得。"士人解悟，其迹遂安。

即使巨公自己也不期望儿子在学业上有成就，以"自昔名流，后嗣多不振"，"前人取之多，后人岂应复得"来安慰家庭教师，其他的血亲或姻亲纵然是官宦，又岂能运用他们的身份而有所影响？

至于出身于平民家庭的士人，和官宦家庭通婚的情形固然有，但是也有许多婚姻的对象仍然是平民，而非官宦。陆九渊的祖上未尝有人出仕，他的哥哥陆九龄虽然比他早三年进士及第，但也没有立即赴任，而是还乡侍奉母亲。陆九渊二十九岁结婚，岳父吴渐（1124—

1183）出身于一个商人家庭。吴渐违背父亲要他治生的意旨而专心读书，屡举不第。陆九渊三十三岁得解，三十四岁进士及第。吴渐非官宦的身份，并不妨碍陆九渊举业的成功。王十朋（1112—1171）的祖上也没有人仕宦，他在二十七岁结婚。他的岳父贾如讷同样出身于一个士、农兼业的家庭，在王十朋成婚之前已经去世；贾如讷的弟弟贾如规则在贾如讷去世之前中特奏名，可是一任县尉之后便还乡不仕。王十朋一直到绍兴二十七年（1157)，才进士及第，高中状元，当时已经四十六岁。他的岳家也不能说是官宦家庭，却不妨碍王十朋成为状元。

况且也有不少士人成婚，是在进士及第以后。前面讲到陈尧咨的故事，独脚鬼唱说“有官便有妻”就是最好的说明。当时流行榜下择婚的风气，权贵人家要到进士发榜之后才从其中挑选女婿，即使有些在榜前先择，也是看中这个青年人有才华，及第有望。在这种情况下，这些士人进士及第之后在宦途上的发展，固然不能说完全没有受到他们官宦亲家的提携，但是他们的登第谈不上和他们的官宦亲家有什么关系，而是靠自己的才智、努力和机遇。

文天祥有一首《上冢吟》诗，诗前有序，提到一个士人登科之后，因名家择婿而弃糟糠之妻再娶的例子：

> 湘人有登科者，初授武冈尉，单车赴官守。名家正择婿，尉本有室，隐其实而取焉。官满，随妇翁入京，自是舍桑梓，去坟墓，终身不归，后官至侍从。其糟糠妻居母家不复嫁，岁时为夫家上冢，妇礼不废。

诗中有这样两句：“君贫初赴官，有家不得将。”（《文山先生全集》卷三）可见这一个抛弃糟糠之妻的士人，出身贫寒，借婚姻而攀援富贵之家是在他登科之后。名家择之为婿，所显示的正是自北宋以来即已盛行的“婚姻不问阀阅”风气，而他所以会被选中，应是由于被认为具有在将来进一步发展的潜力。此人品德不足取，以后在仕宦上的发展也有可能得助于岳家的援引，但是他的登科，如果要说和婚姻因素有关的话，那也只是他的糟糠之妻必定曾经为他悉心照料家事，使他得以专心读书，准备考试。

以上荫补、财富、亲缘三项，一方面指出平民子弟或清寒士人在科举考试竞争中所受到的限制，另一方面也在考虑限制究竟达到什么程度，旨在说明限制尽管存在，但是平民子弟和清寒士人仍然能以他们的才能和努力参与竞争，而有他们的机会。从另一个角度看，限制的存在却是不容否认的，所以前述学者对于《宋史》列传中北宋政治人物的家世背景统计，依旧有不及二分之一的人物出身于官宦家庭，出身于高官家庭的也有四分之一左右，正是这种情况的反映。这是科举社会的另一个面相，所谓社会性质的改变，只是就与唐代以前的社会比较而言，家世与婚姻关系在宋代的社会中并非丝毫不值得重视，士人入仕之后在宦途上的发展，尤其是如此。也可以说，这是与社会纵向流动加速并存的两面。可是当我们观察到社会普遍重视教育，即使是官宦子弟也放弃荫补，从科举进身，或是在荫补之后再考科举，而具有家世背景的考生和没有家世背景的考生，在应考的过程中都一样要经历困苦力学、屡遭挫折的过程，然后登科，甚至仍然落第，就可以了解，社会的性质在某种程度上确实是已经有了改变。

第九讲参考书目

一、专著

何炳棣著，徐泓译注，《明清社会史论》。台北：联经出版事业公司，2013。

周藤吉之，《宋代官僚制と大土地所有》，《社会構成史体系》第二部“東洋社会構成の発展”（8）。东京：日本评论社，1950。

陈义彦,《北宋统治阶层社会流动之研究》。台北:嘉新水泥公司文化基金会,1977。

游彪,《宋代荫补制度研究》。北京:中国社会科学出版社,2001。

钱穆,《国史大纲》修订三版。台北:台湾商务印书馆,1995,第四十一章。

Hymes, Robert P. *Statesmen and Gentlemen: the Elite of Fu-Chou, Chiang-Hsi, in Northern and Southern Sung*, Cambridge: Cambridge University Press, 1986.

二、论文

李弘祺,《宋代社会与家庭:评三本最近出版的宋史著作》,收入宋史座谈会编,《宋史研究集》第二十二辑。台北:台湾省编译馆,1992。

李弘祺,《中国科举制度与家族结构的改变》,收入氏著,《卷里营营:历史、教育与文化演讲集》。台北:允晨文化实业股份有限公司,2012。

孙国栋,《唐宋之际社会门第之消融》,收入氏著,《唐宋史论丛》。香港:龙门书店,1980。

陈义彦,《以布衣入仕情形分析北宋布衣阶层的社会流动》,《思与言》第九卷第四期,1971,台北。

梁庚尧,《宋代福州士人与举业》,《东吴历史学报》第十一期,2004,台北。

张希清,《论宋代恩荫之滥》,收入邓广铭、漆侠主编,《中日宋史研讨会中方论文选编》。保定:河北大学出版社,1991。

张邦炜,《试论宋代"婚姻不问阀阅"》,收入氏著,《宋代婚姻家族史论》。北京:人民出版社,2003。

张邦炜,《宋代的"榜下择婿"之风》,收入氏著,《宋代婚姻家族史论》。

黄宽重,《南宋两浙路社会流动的考察》,收入氏著,《宋史丛论》。台北:新文丰出版公司,1993。

钱穆,《中国社会演变》,收入氏著,《国史新论》。台北:钱穆,1969。

Kracke Jr., E. A. 著,刘纫尼译,《中国考试制度里的区域、家族与个人》,

收入段昌国、刘纫尼、张永堂译，《中国思想与制度论集》。台北：联经出版事业公司，1976。

Kracke Jr., E. A. “Family Vs. Merit in Chinese Civil Service Examinations under the Empire,” *Harvard Journal of Asiatic Studies*, Vol. 10, No. 2（Sept., 1947）.

Hartwell, Robert M. “Demographic, Political, and Social Transformations of China, 750–1550,” *Harvard Journal of Asiatic Studies*, Vol. 42, No. 2（Dec., 1982）.

第十讲 | 士人的生活与出路

一、士人的家庭经济

士人读书、应举，需要有经济力量支持，因此他们的家庭经济状况值得注意。家境比较好的士人，如果有心读书应举，可以比较没有后顾之忧，将所有精神放在课业之上。家境比较差的士人，尽管在竞争的条件上居于劣势，却也并非毫无机会。从许多实例可以看出，部分及第的进士家庭经济情况并不是很好，在机会的吸引之下，许多贫士投入了科举竞争。所以士人的家庭经济状况，实际上是贫富不齐的，并非只有富家子弟才读书为士。

前面已经讲到过，从北宋以来，一些家庭常是经过好几代经营田产，富裕之后，培育子弟读书。家庭教育经费靠田租的收入来供应，应该是当时士人家庭很常见的情形。即使不是富裕之家，也常多少有一些田产。当然在数量上，其间的差距可以很大，有些家庭可以多到好几千亩，有些家庭只有几十亩。为了要经营田产，自然不可能家里每一个男子都投身于准备考试，必须有人负责家务。由父亲来经营田产，让子弟读书是一种方式。如果一个家庭有几个兄弟，也常由其中一两人承担家事，让其他人专心准备考试。陈亮在《吕夫人夏氏墓志铭》中讲到婺州永康县一个姓吕的家庭：

夫人初归吕氏，家道未为甚裕，吕君不遗余力，经理其家，至有田近数千亩，遂甲于永康。夫人节啬于内，课女工甚悉，以辅成吕君之志，又赞吕君教其前母之子约，必使自见于士林。……其后既许约居外以事生产，亦许浩自读书于外，独与少子源俱曰："汝历事未多，读书未广，自力家事以代父之劳，所得亦既多矣。"（《龙川集》卷三十）

吕家"有田近数千亩"，相当富裕，最初是父亲从事经营，让长子吕约读书，后来吕约大概读书没有表现，于是"居外以事生产"，可能是从事商业，而家中田产的经营则由幼子吕源分担，让另一个儿子吕浩能够"读书于外"。

从吕约"居外以事生产"的例子，可以推想经商所得的利润，也是支持士人读书应举的一个经济来源。宋代一方面商业愈来愈发达，另一方面士人阶层也不断在扩大，许多商人的子弟也投入了读书为士的行列。事实上商人和田主两者有时也并非截然可分，有些富家可能同时经营田产和商业，上述永康吕家就是一个例子。士人出身于经商的家庭，他们的家境同样可以有很大的差别，有的家里是富商，也有的家里不过开一家小茶肆。就如地主家庭一样，商人家庭也不可能让家中所有男子都投身于读书应举，必须有人承担起家务。《夷坚支志》里讲到鄂州一个富商的家庭：

鄂州富商武邦宁启大肆，货缣帛，交易豪盛，为一郡之甲。其次子康民读书为士人，使长子干蛊。（洪迈《夷坚支志·庚》卷五"武女异疾"条）

武邦宁是一个从事丝织品买卖的商人，富甲鄂州，他让长子协助他办理商务，而让次子康民读书。

像这样的一种人力分配运用，并不限于上述永康吕家、鄂州武家这一类富裕的家庭为然，经济情况较差的家庭更需要有人主持家计，才能够有稳定的收入维系家庭经济，让其他男子可以专心去读书应举。王十朋家有田两顷，可是要养活“百指”，也就是十个人，并不算富有。他的弟弟王昌龄本来也从事举业，一试不利之后，还家养亲，主持农务，让两个哥哥专心读书。陆九渊讲“吾家素无田，蔬圃不盈十亩，而食指以千数，仰药疗以生”（《象山先生全集》卷二八《陆修职墓表》），陆家是一个数世同居的大家族，所以会有百口之众。陆家从先世以来以经营药店维持家计，药店规模可能并不太小，但是要养活的家口众多，开支很大，应该称不上是富商之家。陆九渊也讲“家素贫”，总管药店的二哥陆九叙（1123—1187）“当穷约时”，其子女“衣服敝败特甚”，其自身的“衣服器用，亦往往如此”。可是他经营药店得法，“一家之衣食百用，尽出于此”，其他从事举业的兄弟，“有四方游，虽至窘急，裹囊无不立具”（同上《宋故陆公墓志》）。

士人也有许多出自官宦或者教书先生的家庭，俸禄和束修的收入是支持他们读书应举的来源之一。官宦的俸入因为官品、职位而有高低之分，又因为个人操守的不同而俸外收入有丰吝之别。所以同样是官宦，家境也会有很大的差异。有些官宦积蓄了较多的俸入，用之于购买田产或者让家人经商，尤其以购置田产者为多。所以他们的家庭又有田租和商业利润的收入，支持子弟读书应举。官宦家庭这两个方面的收入，自然也会因为个别的情形而有差异。譬如明州的袁家，从北宋中叶以来，袁毂、袁灼两代都做到中层以上的官员，积蓄了一些钱财，就购买了几千亩的田产。而南宋初年的潘良贵（1094—1150），仕宦至中书舍人，却“郭外无尺寸之田”（《朱文公文集》卷七六《金华潘公文集序》）。

即使是官宦家庭，如果发生变故，经济来源中断，家境也就随之改变。范仲淹和欧阳修的事例，为众所熟知。范仲淹的父亲原仕吴越，随吴越国主钱俶归宋，仕宋为武宁军节度书记，在范仲淹两岁时去世，母亲由于贫困无依，改适淄州长山朱氏，范仲淹也改姓朱。他长成后，朱家对他和其他朱家兄弟的经济支持已有不同。范仲淹读书长白山醴泉寺僧舍，每日煮一个器皿的粥，分为四块，早晚各取两块，切齑数茎，稍加盐而食，如此者三年。他因朱氏兄弟浪费不节，几次劝阻不听，反答以所用是朱家的钱，不关他的事，疑骇而询知身世，因此感愤，决定自立门户，离开朱家，至应天府睢阳学舍求学。在睢阳学舍往往饘粥不继，日昃始食，刻苦自励五年而登进士第，两年之后才恢复范姓。欧阳修四岁时，父亲在泰州军事判官任上去世，当时叔父任随州推官，母亲携欧阳修前往投依，自此家于随州。因家中贫穷，母亲以荻画地，教欧阳修写字。十岁时，家中依旧贫困，只能向人借书来抄写诵读。随州城南有大姓李氏，家中多藏书，李氏子尧辅颇为好学，欧阳修与其友善，因此常到李家，在其家旧书中找到《韩昌黎先生文集》六卷，求取带回家，虽未能悉究其义，但读而爱之。此后，欧阳修仍然在母亲自力于衣食、以长以教之下，长为成人，进而致力举业，登进士第。

至于教书先生，有人在官学中任教，有人任教家塾或私塾，他们的收入大多有限，有些甚至可以说是家境贫穷。地方官学的教授是政府官员，教授以下各种学职，则多延请地方上学行优良的士人担任，有时也由在学的学生兼职。南宋中期，潭州州学的直学、经谕月薪两缗，斋长、斋谕月薪一缗，即使这是一个物价低廉的时期，实在也不能算多。教学于民间的士人收受束修，他们的收入自然远比任职于官学者来得多。束修收入多寡因人而异。有些为富家所特意延请的名士可能有较丰厚的待遇，大多数一般的教书先生，尤其是以教授童蒙为业者，收入就可能比较微薄，生活也比较艰困。但是教学得以有一份束修收入，很多家境贫困的士人投身此业，以助家计。

叶梦得追忆童年时口授给他六经的塾师乐君生活的情形，“家贫甚，不自经理，有一妻二儿一跛婢，聚徒城西草庐三间，以其二处诸生，而妻、子居其一”，有一天，“过午未饭，妻使跛婢告米竭”，幸好不久之后，叶梦得的父亲“适送米三斗”（《避暑录话》卷下）。叶梦得是南、北宋之间的人，他受教于乐君应该是北宋晚期的事。这位以教授童蒙为业的乐君，应该是开私塾，他自住与用来教学的三间草庐，记载中没有说明是自有的还是租来的，如果是租来的，他就有租金的负担，如果是自有的，既称“草庐”，显然十分简陋。叶梦得说乐君“贫甚”，乐君家中也确实有粮米无以为继的时候。虽然恰好叶梦得的父亲送米三斗来，但是以当时一般每人日食一升计，三斗也只够他和一妻二儿一跛婢五人食用六天。可以讨论的是，何以他的家境如此，还会雇用一个婢女？推想这应该是为了帮忙做一些较为粗重的工作，或是处理较多的杂务。这些工作或杂务，非士人身份且要从事教学或照顾二儿的乐君夫妇两人所能完全承担。例如清扫整理学童使用的两间草庐，也可能要供应学童所需的饮用水，甚至为家中外出购买柴薪、食料及其他用品等。雇有一跛婢并不表示乐君就不如叶梦得所说的“贫甚”，由于家庭开支因此增加，反而可以视为导致他家境艰困的原因之一。这就有如一个田产不多的自耕小农，在农忙时由于田中农务人力的需要而雇工，可是必须典当衣物才能支付受雇者的工资，不能因为他用了雇工而认为他的家计宽裕。

以官宦或教书为业的家庭，不论家境的好坏，对于子弟的教育可能都比较积极。前面已经提到过，“业儒”已经成为宋代许多家庭共有的理想，是一个可以世代追求的目标。当时所谓“儒”，据南宋袁采的说法，是：

> 其才质之美，能习进士业者，上可以取科第，致富贵；次可以开门教授，以受束修之奉。其不能习进士业者，上可以事笔札，代笺简之役；次可以习点读，为童蒙之师。(《袁氏世范》卷二《处己篇·子弟当习儒业》)

官宦与教学，都构成儒业的重要部分。自己既然已经置身其中，就希望子弟能够继续守住，并且能有更进一步的发展，所以即使家庭经济能力较差，也要全力支持子弟读书，不希望他们改业。

叶适的家庭是一个具体的例子。叶适的曾祖父叶公济曾经是太学生，后来因为经济困难而迁至处州龙泉，再迁至温州，至叶适的父亲叶光祖定居为温州永嘉人。叶适在《母杜氏墓志》中讲述父母亲的艰困生活，以及母亲对他的期望：

> 始，叶氏自处州龙泉徙于瑞安，贫匮三世矣，当此时，夫人归叶氏也。夫人既归，而岁大水，飘没数百里，室庐什器偕尽，自是连困厄，无常居，随僦辄迁，凡迁二十一所。所至或出门无行路，或栋宇不完，夫人居之，未尝变色，曰："此吾所以从其夫也。"于是家君聚数童子以自给，多不继。夫人无生事可治，然犹营理其微细者，至乃拾滞麻遗纻缉之，仅成端匹。人或笑夫人之如此，夫人曰："此吾职也，不可废。其所不得为者，命也。"穷居如是二十余年，皆人耳目所未尝见闻者，至如《国风》所称之妇人，不足道也。亲戚共劝夫人曰："是不可忍矣，何不改业由他道，衣食幸易致。"夫人曰："然不可以羞吾舅姑之世也。"夫人尝戒适等曰："吾无师以教汝也，汝善为之，无累我也。"又曰："废兴成败，天也。若义不能立，徒以积困之故受怜于人，此为人之缪耳，汝勉之，善不可失也。"故虽其穷如此，而犹得保为士人之家者，由夫人见之之明而所守者笃也。（《水心先生文集》卷二五）

从墓志铭中可以看出叶适的父亲是一个以教童蒙为业的塾师，租屋居住，没有固定的居所，生活常常发生问题，而叶适的母亲生活在这样艰苦的环境之下，仍然能够坚定地支持丈夫不改业，鼓励儿子努力读书，所以叶适说"故虽其穷如此，而犹得保为士人之家者，由夫人见之之明而所守者笃也"。

叶适在墓志铭中又提到他的母亲，在"无生事可治"的情况下，仍然“拾滞麻遗纻缉之，仅成端匹”，可以推想妇女也能够为士人的家庭经济带来贡献。事实上，当时的确有许多家境比较差的士人家庭，是依靠妇女纺织来支持丈夫或儿子读书的，特别是有些妇女在丈夫死了之后，家中没有男子承担家计，为了让儿子专心向学，她们往往一肩挑起家庭经济的重担，纺织的收入就成为一项重要的经济来源。这些妇女能够有生事可治，家境或许要比叶适的母亲面对的情况好些，说不定家中还有几十亩薄田，可以出租给佃户，有田租的收入。

即使一个士人家庭能够有几十亩田地，经济情况也不能算好。宋代一户农家如果自耕二三十亩的田地，就归入贫乏下户的行列。士人不可能亲自耕种，必须将田地出租，收成和佃户对分，作为田地的主人，又必须承担二税。而且他们还有一般农民所没有的花费，譬如购书、延聘老师，科举考试时赴考也必须有一笔旅费。在这样的情况之下，他们的收入不见得比拥有同样面积田地的农民来得多，开支却来得大，他们的家境也就未必比一般所谓贫乏下户来得好。所以在宋人文集之中，可以看到一些家庭为了子弟教育而举债的情形，甚至连拥有田产的人家也不免如此。由于经济压力很大，家境较差的士人，若无法忍受，就会改从他业，有如前引叶适在《母杜氏墓志》所述，亲戚劝他的母亲说："是不可忍矣，何不改业由他道，衣食幸易致。"但是也有人会由于世代“业儒”理想的支撑而坚持下去，就如叶适的家庭。

至于上文用来和士人经济情况比较，一些略有几十亩的自耕农民，他们的家境虽然不见得比拥有相等田亩的士人来得差，但是如果要他们培养子弟读书应考，他们可能就会考虑到这件事情所带来的长时间金钱花费和身心折磨，还有家中农务劳力的需要；况且由于家庭背景的关系，他们也未必强烈地希望子弟“业儒”。他们可能也会送子弟去读书，却非为了应考科举。就如第六讲引录的陆游《观村童戏溪上》诗所咏："三冬暂就儒生学（原注：村人惟冬三月遣儿童入小学），千耦还从父老耕。识字粗堪供赋役，不须辛苦慕公卿。"然而也偶或有秀异子弟出于其中，经奋斗而成为士人之家，而且后嗣继续往科第之途努力。杨万里记衢州西安县妇人董氏的生平：

> 夫人生而家已贫，归刘氏又贫。……刘自五季居西安之潘村，世服田亩。奉直公始入小学，箪瓢不能自给，先进多怜而教之，或与之训童蒙而受业焉。自是斅学于外，惟岁时归觐其亲，家事一不暇问，盖二十余年。遂以贤能荐于乡，上书天子，又免乡荐。学成行尊，为乡国善士，后辈多师从之。奉直公所以能忘内顾之忧，得一意于学，既以美其身，又以淑其子，皆夫人之助也。……少卿君甫冠，遂以进士起家，夫人享其养盖三十有六年，累封至太恭人。（《诚斋集》卷一三一《太恭人董氏墓志铭》）

董氏是赠奉直大夫刘蕴之妻，司农少卿总领淮西、江东军马钱粮刘颖之母，奉直大夫为刘蕴因其子刘颖仕宦显达而获赠的官衔。刘蕴祖上世代务农，从他入学读书后那种艰困情形来看，其父应非富有的地主，亦非中产农家，所耕作的田亩可能不多。刘蕴在乡里长辈帮助下得以继续其学业，也有人让他教授蒙童来取代他自己受业的束修之费。其后他赴外地求学，进一步通过解试，获荐送往参加省试，应是经省试而未能奏名，以上书皇帝获免解的身份，然后返乡以教学为业。其子刘颖仍从事举业，终能在二十岁时登第，当母亲董氏去世时，他已任至以朝廷司农少卿的官位出任淮西、江东军马钱粮总领。刘蕴显然是在贫困生活中展开其求学生涯，后来返乡教学，经济情况应有所改善，但也未必很好，其子刘颖应非在宽裕环境中长成、求学。据杨万里为董氏所写墓志铭所述，刘颖登第后，出任建康府溧阳县主簿，迎奉双亲供养，只能“仰斗食以自给”，这是由于低层官员俸禄原本就不多，而当刘蕴不再教书，也就没有其他经济来源；到刘颖出任淮西、江东军马钱粮，再奉母亲到建康府，这时由于官位已高，生活情况才“视旧十百倍”。这篇墓志铭，为宋代出身于贫困农家的士人提供了一个难得的例证。

经济情况较差的士人家庭，在宋代似乎为数不少。黄震在《晓谕假手代笔榜》中说："为士者多贫，虽至仕宦，尚苦困乏。"（《黄氏日抄》卷七八）比黄震稍早的欧阳守道甚至说那些赴京师应礼部试、太学补试的四方之士，"十七八无常产，居家养亲，不给旦夕"（《巽斋文集》卷十二《送刘季清赴补序》），也就是大多数士人连田产都没有。从他们的观察可以了解，至少在欧阳守道、黄震所处的南宋晚期，参与科举竞争的士人，大多没有比较好的家境。

二、求学与应考生涯

为了通过科举考试，士人展开了漫长的求学与应考生涯，度过这段生涯不仅要有家庭的支持，自己更必须有坚强的意志。这段生涯从接受童蒙教育开始，结束于何时却没有一定，有人在年轻时一举就可以过关，也有人到年纪很大时才上榜，当然更多的人在一试再试失败之后放弃。根据统计，在绍兴十八年（1148）的题名中，五十岁以上的占全榜名单将近八分之一，在宝祐四年（1256）的登科录中，五十岁以上的占全榜名单超过十分之一，而四十岁以上的在两榜都占将近五分之二，宝祐四年榜年龄最大的一位已经六十四岁。为了准备考试，这些人耗费掉一生大部分的时间。周辉《清波杂志》卷七记载见于北宋末年的《陶朱集》中的一个故事，闽人韩南到晚年才以恩科登第，有人来议亲，他示以一首绝句："读尽文书一百担，老来方得一青衫。媒人却问余年纪，四十年前三十三。""老来方得一青衫"的"青衫"，是指登第之后，换上官员所穿的绿袍。当他登第，他的生命也已将走到尽头。这个老来登科士人自嘲的故事，从北宋末年到宋、元之际有好几种不同的记载，说法各不相同，讲得也许有点夸张，却显示出对于某些士人在举业途上奋战到晚年仍不放弃的现象，人们印象深刻。

在准备考试的漫长时间里，许多士人反复地读着应考所必须读的经典，练习写作诗赋和时文。有些人也许从其中学到了做人做事的道理，揣摩出写作的技巧，除了用来考试之外，对他们的为人处事、学养身心也有所裨益。但是对另外的一些士人来讲，这些学习也可能纯粹只是为了考试，与他们其他方面的生活无所关联。若是如此，这些反复的学习就不免成为一件乏味的事。准备考试不仅耗费了许多人漫长的时间，而且在这段时间里还必须竭尽他们的精力。在很多记载里，都讲到士人读书读到深夜。例如吕祖谦在《金华戚如圭母周氏墓志铭》中，讲到戚如圭的母亲周氏：

> 蚕事起，自课甚苦。诸子晨省，夫人已仆仆筐箔间；夜分诵习，怠且寝，壁后络织犹未绝也。(《东莱集》卷十一)

戚如圭兄弟读书早起晚睡，读到夜分，但是他们的母亲为了家计，起得更早而睡得更晚。

在准备考试的读书生活里，士人所面对的也不会只有书本。为了获得比较好的教育条件，许多士人会离开家乡，到城市里来。官学都设在城市，书会、书社等私学可能在城市里也比较密集。城市里也可能有比较好的师资，有利于准备科举考试，前面提到的平江府名师黄云、明州名师郑锷，都是在城市里教学。明州奉化人李鹗（1156—1215，字雄飞）的父亲，为了儿子的学业，而从奉化迁居到明州州城中。袁燮在《李雄飞墓志铭》中记载此事：

> 乾道中，吾友杨子嘉授徒里中，雄飞师事之。余时时往访子嘉，因识雄飞，见其气貌之深厚，学业之精专，而知其不自菲薄也。既又从太学录沈公、今将作监杨公学，虽余之浅陋，亦受业焉。……曾祖晟、祖崇、父鼎、母王氏，三世俱不显，而乃翁隆于教子，其徙城中，便二子之从师也。雄飞发愤读

书，亦欲仰副亲意。(《絜斋集》卷二十《李雄飞墓志铭》)

李鹗祖上三代都没有科名，他的父亲对两个儿子显然有殷切的期盼。迁居到明州州城中来后，李鹗除了师事杨子嘉外，又先后从沈焕、杨简、袁燮等著名学者求学，这的确是乡村所不可能有的机会。尤其是都城的太学，不仅在师资方面较佳，也有比地方为好的取解待遇，更是许多士人所向往的处所。也有许多士人原本就家居于城市，甚至已经有好几代，在教育环境上更是得地利之便。

士人到城市来，看到许多以往在乡间所未曾见过的事物，眼界会变得比较开阔，同时也有更多的交游机会，结识一些气味相投的朋友，甚至成为终身的至交。明州人沈焕、杨简、舒璘、袁燮，便是在太学中相结识，成为学问上的同道，以后并称为“明州四先生”，传承陆学。除了以学问、道义相交往外，太学中还有联谊性的活动，譬如说各路茶会，来自同一路份的学生轮日在讲堂集会，询问乡里消息。这种聚会也有助于他们开拓人际网络。在繁华的城市里，有些士人也难免呼朋引伴，沉溺于游乐活动，耗费金钱。南宋嘉定年间的太学，“亭榭帘幙，竞为靡丽，每一会饮，黄白错落”(罗大经《鹤林玉露》卷二《无官御史》)，如果不是富家子弟，哪里有能力过这种学生生活？像上面所说的各种交游活动，应该不仅见于都城的太学，可能也见于地方城市的官私学校。

上面讲到嘉定年间一些太学生“每一会饮，黄白错落”这一类的奢侈浪费，自然不是大多数准备应考的士人的日常行为。相反地，许多士人的经济情况都不太好，他们一边读书，准备考试，一边还要想办法来维持生活。特别是很多士人一考再考，仍然不肯放弃，年纪已大，甚至结婚生子，有家庭的负担。即使有些年龄较轻，仍未成家的士人，如果家境欠佳，他们也不便向家中要求经济支持，甚至可能还要负起奉养双亲的责任。而且长期的准备考试会耗费很多金钱，也使得人没有时间来经营像田产、商业这一类的生计，导致家境变得更坏。

在一些墓志铭中可以见到像“累举不利，资用良窘”（《絜斋集》卷二一《太儒人范氏墓志铭》）这一类的话。在这样的情况下，很多士人就要寻找一种可以兼顾读书的生计。

士人一面读书，一面谋生的方法可能有很多种。商业的发达提供了一些工作机会，譬如黄榦（1152—1221）的父亲黄瑀（1109—1168）在进士及第以前，是“家贫，鬻于市，而挟书随之”（《朱文公文集》卷九三《朝散黄公墓志铭》），以受雇为人卖酒来补足家计，而在营生时抽空读书；但是最常见的则是教书，事实上这也是最好的方法。士人以教学为生，不论教哪一个阶段的学生，由于不脱离书本，都守住了儒者的本业，而且可以有束修的收入。束修收入多寡不定，一般讲来比较微薄，尽管如此，很多士人家庭还是靠着束修收入，而让一家人可以生活下去；进一步还可以有余暇自修，追求学问的进步，准备科举考试。他们能够靠教书来谋生，自然也因为社会上有这种需要，士人如果有场屋声名，则更是争相延聘的对象。有人在乡里收学生或教家塾，也有人应聘到外地，如果做了官宦之家的家庭教师，也有可能要跟着人家的游宦而东奔西跑。袁燮记载他的堂叔父袁方（1143—1209）的生平，便是一个士人以教学为业而以应举为目标的典型例子：

> 服膺经训，尤精于诗。以乡荐举送，试礼部，不得志，刻励奋发，益取三百五篇，研覃奥旨。乡人为子弟择贤师者，争馆致之。东涉大海，雪浪浩渺，南逾粤岭，风木凄吼，飘然往来其间，安于所遇，颜状自若。敝庐才蔽风雨，薄田不足于食，婚嫁频仍，生理日窘。战艺又辄左次，人所难堪，亦不惨戚焉。（《絜斋集》卷十六《叔父迪功郎监潭州南岳庙行状》）

袁方通过解试，省试却落第，于是以教学为生。他所以成为乡人争相馆致的对象，一方面可能由于他的学识和教学能力，另一方面也可能和他曾经通过解试有关，这也就是所谓的有场屋声名。袁方任教的地点除了在鄞县本乡之外，他还渡海到明州所属的离岛（昌国、定海等县地），并且曾南赴广南。尽管他有束修的收入，又有薄田，但生活并不很好。在这样奔波艰困的环境里，他仍然一直在准备考试，只是每次都失败。墓志铭里又讲，一直到他五十七岁那年，才以特奏名得官，出来做官没有多久便因病回家休养，到六十七岁那年去世。他成年后的一生，可以说是为了达成科举及第的目标，而在准备考试中度过，而在准备考试的漫长生涯里，他用来维持自己和家人生活的方法，就是教书。

类似袁方这样的例子，在宋人的记载中并不罕见。例如前面提到的平江府名师黄云，后来也是以特奏名得官；明州名师郑锷，后来则是进士及第；再如陈亮，他也自述曾经“贫日甚，欲托于讲授以为资身之策”（《龙川集》卷二八《钱叔因墓志铭》），后来果然投入了教书的行列，最后则是中了状元。社会的重视科举，推动了教学行业的兴盛，而教学行业的兴盛又提供给长期准备科举考试的士人一条谋生之道，支持住士人在举业上的奋斗。而许多士人生命中的一段或长或短的时期，也就在教人准备考试和自己准备考试中度过，甚至成为他们生涯中最主要的一部分。

三、不仕士人的生活与出路

并不是所有的士人都愿意坚持举业的目标到年老，大多数人恐怕都在考过一两次之后，觉得自己没有通过考试的希望，或者因为要负担家计的缘故，而放弃了经由科举入仕的目标。这许多的不仕士人，不再置身于科举竞争中，他们过着怎样的生活？寻找哪些方面的出路？他们的生活是否就此和科举绝缘？

家里如果有一些田产的士人，他们放弃考试之后，可以回去经营田产，前面讲到王十朋的弟弟王昌龄就是一个例子。尽管已经放弃举业，有些士人已经培养出读书的兴趣，他们仍然会利用闲暇读书，甚至研究学问，从事著述。像王昌龄就是“于耕稼之余，手不废卷”。前面提到明州袁家袁灼的儿子袁垧、孙子袁文（1119—1190）（袁燮的父亲），也都没有出仕，由于祖上有比较多的田产遗留，他们可以过着比较优游的生活，袁垧以“观书、赋诗、鼓琴自娱”（《絜斋集》卷十七《先祖墓表》），袁文则是“务学益勤”（《絜斋集》卷十七《先公墓表》），著有《名贤碎事》和《瓮闲谈》，又研究小学、声韵，并且对古器、图画、先贤遗墨深感兴趣。但是也由于他们父子两代不事生产，袁家的家境转坏，经济能力不再像以前那样好。

宋代商业日渐发达，也提供给士人一条出路，不少士人在放弃举业之后经商。有些士人原本出于商人家庭，他们回去经商就有如务农家庭的子弟回去经营田产。譬如袁燮妻子的叔父边友诚：

> 三世俱不显，及公习儒学，游场屋，则又屡不得志。屏居深念求所以自表见，虽生理未裕，经画勤勤，而雅志为善，不用世人诡谲牟利之术，财日裕，德亦日充。（《絜斋集》卷二十《边友诚墓碣》）

边友诚的幼弟也是一样：

> 在举场二十年，既不得志，而生理阙然，谋所以致丰裕者，不为世俗龙断之术，始若难就，苦心刻意，恶衣菲食，期必裕乃已，久之果裕，又久而益裕。（《絜斋集》卷二十《边用和墓志铭》）

他们两人都是多次应考失利，然后改而经商，并且发财。当然不是所有改业经商的士人都可以致富。经商要比经营田产忙碌很多，恐怕也比较不容易继续维持阅读诗书的习惯，但也并非完全不可能。在刘宰的文集里，就有一篇《谢殷生惠诗》的文章，这一位寄诗给刘宰的殷生，是一位开彩帛铺的商人。

商业的发达还提供给士人其他的出路，让他们得以维持生活。譬如从事伎艺之业。宋代的娱乐表演，称为伎艺，种类很多，其中有一些是要有点学识才能做的，如说话，也就是讲小说、讲故事。除了登场表演之外，为说话编话本，为戏剧编剧本，更需要具备较多的学识。北宋元祐年间（1086—1094）的教坊伶人丁石，便是乡贡进士出身，和当时宰相刘挚同乡，同年发贡，刘挚名列第一，而丁石第四。可以想见，民间的伎艺人也会有类似丁石的出身。南宋末年，王焕戏文盛行于都城，则是太学中人黄可道所编的。士人又有人以教唆、包揽诉讼为生，陈淳就讲到在漳州这一类讼师"或是贡士，或是国学生，或进士困于场屋者，或势家子弟宗族，或宗室之不羁者，或断罢公吏，或破落门户等人"（《北溪大全集》卷四七《上傅寺丞论民间利病六条》）。诉讼需要有法律方面的知识，能够和官府打交道，士人比较具备这方面的条件。《名公书判清明集》卷十二"把持"类和卷十三"哗徒"类所收有关讼师的判文中，就指出这类人物有的是"真士人"，有的是"职在学校"；也有的虽然不见得确为士人，却是"假儒衣冠"，或"冒名郡庠，冒玷乡举"，以士人的身份在活动。可以推见，经政府核准，经营诉讼状代写、应举文件公证与契约查验真伪等法律业务的书铺，其经营者大概也多有士人的身份，因为他们必须具备某种程度的知识。伎艺行业由于商业都市的发展而兴盛，诉讼则是因为商业发达引致各种交易频繁而增多。士人的知识能力恰巧可以配合这些工作的需要，因此成为他们的出路之一。

此外，也有一些士人凭借他们的能力去卖卜，也就是帮人算命，在行都临安，卖卜的生意似乎很好；甚或帮人看风水，不过看风水有时要在野外奔波，比卖卜辛苦得多，改从此业的士人也许会少于卖卜；再有就是受雇当书手，帮人抄写文书。卖卜、看风水或当书手分别成为士人的出路之一，一方面固然是当时的商业环境有利于他们以此谋生，另一方面也和科举之业有或多或少的关联。不少卖卜者常以为人预卜科举前程而闻名，风水先生同样常要指点房屋、墓地如何坐落才有助于举业。从事这两项行业，如果能在这方面有所表现，将会吸引许多顾客上门。官府、私家，都会有雇用书手的需要，例如宋代科举考试有誊录的制度，每当各级考试举行，闱场之中就有相当数量的书手受雇；也有一些不得志的士人，在民间富家中以佣书为生，这种佣书的工作，可能就不仅是抄写而已，还要代笔写信。

如果一个士人已经不打算在举业上继续努力，但不想只是守住田产，又不愿意改行经商、表演伎艺、卖卜、看风水或当书手，更不情愿去包揽诉讼或受人雇募，而他又对医书有兴趣的话，他也可以习医、行医，以他原有的知识修养对医术可能有更深的领悟。据宋人笔记的记载，范仲淹早年仍为士人时，曾有过将来如果不得为宰相，愿为良医的心愿。这种视行医可以实现利泽生民之志的想法，也见于宋代一些其他士人。在实际生活中，北宋时已经可以看到一些原本从事举业的士人改而习医的例子，他们并且著有医书。如著有《虞庶注难经》的虞庶，著有《旅舍备要方》《小儿斑疹备急方论》的董汲。到了南宋，这一类因科场失意而改业从医的士人，见于记载者渐多。"儒医"一词，较早见于北宋政和三年（1113）的诏令，用来指那些在地方官学中就读，素通医术的学生；当时朝廷在中央设置医学，用意即在培养儒医，使习儒术者能通医术。到了南宋，儒医一词的使用范围扩大到一般的民间医者，也包括了那些弃举业而习医术者在内。

除了一些比较悠闲的田主可以继续研究学问，医者也可以在医与儒之间游走之外，上述的这些出路，基本上已经脱离了儒业。一个士人如果已经无意举业，而又想坚守儒业，那么他可以有两条出路。一条是去做官宦人家的宾客，代事文墨。这需要获得官宦的赏识，才有机会获得延聘。这一条出路虽然可以在记载中找到一些事例，可是仍然所知甚少。

另外一条比较宽广的出路，则是继续教书。民间既广设私学，地方官学和官设书院也有一些学职人员的职缺。在熙宁四年（1071）以前，州学教授并未限定要有官员的身份或是科举出身，所以举人中有德行艺业者也可以出任。熙宁四年以后虽然办法有了改变，但是州学在教授以下还有一些学职，如协助教学的学谕、掌管学规的学正和学录、掌管学籍和钱粮的直学、掌管纠正学生违规行为的纠弹、掌管出纳的司计等。这些职务，有些由本学学生兼任，也有些是延请本地士人任职。县学的学职人员，则有主掌学校的学长，又有学谕、直学、教谕、司计、斋长、斋谕等。担任这些职务的人员，政府均未要求必须具有官员身份或科举出身，一直到景定三年（1262）才由官派主学取代学长主掌学校，而主学则必须是第三等以下特奏名而应授予职务者；其他职务，斋长、斋谕通常是由本学学生担任，学谕、教谕、直学应该也是可以延请地方士人任职。官设书院除主掌书院的山长外，还有副山长、堂长、讲书、堂正、学录等，堂长、讲书为学生授课，堂正、学录负责维持秩序。山长的身份原本没有特殊的规定，从宝庆三年（1227）开始，才选派官员担任监南岳庙所管书院（即潭州南岳书院）的山长，而且必须有科举出身或太学毕业的身份，到景定三年更推广至全国的官设书院；其他职务，应该是一直可以延请地方士人出任。不过无论是地方官学还是书院，和私学相比，数量毕竟有限，能够容纳士人任职的机会自然也无法和私学相比。

有些士人，兼有任教私学和官学的经历，原本在民间教学，后来转到地方官学或官设书院中担任学职。如南宋中期明州的高元之，起先教导明州名师郑锷之子，声名渐起，后来获得州学教授傅伯成的赏识，入州学任教，可是他五次获得荐送考省试，却都落榜。又如南宋晚期台州的林正心，起先著书授徒，曾三次获得荐送考省试及太学补试，也都铩羽而归，后来参与官设上蔡书堂的筹设，书堂成立之后，受聘担任堂正。

担任教学工作或在学校中任职，可以继续发挥自己以往之所学，社会上对师资也有大量的需求，收入也许不怎么好，却可以有自尊地维持生活，并获得相当程度的尊敬。宋代称教书先生为乡先生，这是一种尊敬的称呼，宋末王应麟（1223—1296）讲“古之有道德者，教于乡里，谓之乡先生”（王应麟《四明文献集》卷一《先贤祠堂记》）。社会对他们的尊敬，不仅在于他们以知识教人，也在于他们能以德行示范。从德行的立场出发，南宋学者甚至认为教学优于仕宦。前面讲到的李鹗，每试不利，从事教学，袁燮为自己这一个学生写墓志铭，说他“隐约闾巷，而取重当世，是必有优于宦达者矣”，而所以优于宦达，则认为是由于“良贵在躬，人爵不足多羡”。袁燮从孟子天爵、人爵之辨出发，指出李鹗的本性有值得尊崇之处，正是强调德性的价值。这样的一种观念，足以导引许多士人从工作的性质来肯定自我，因为就儒学来讲，德行是政事、语言、文学的基础。这也使得他们不计较束修的微薄，乐于以教学工作终其一生。

即使不从工作的自尊来看，教学工作也可以让这些士人把自己未能实现的心愿寄托在晚辈的身上。如果自己教出来的学生中了高科，不免有“得天下之英才而教育之”的喜悦，也可以获得别人对自己学识的肯定。同时在一个以儒为业的家庭里，由于耳濡目染，再加上长辈的熏陶，子孙继续业儒的可能性很大。宋代的著名官宦，有许多出身于贫困的教书家庭，前面提到的叶适，就是一例。由于科举出身是门户之事，所以子孙中举也就是父祖心愿的实现。前面讲到的教书先生袁方在考场屡战屡败，每每说：

> 吾不能自奋其身，独不能教子乎？夫学，殖也，长之养之，今虽未获，独不在桑榆时乎？（《絜斋集》卷十六《叔父迪功郎监潭州南岳庙行状》）

于是严于家教，又为儿子选择良师，几个儿子都肯努力求学，而次子终于及第。袁方自己虽然后来以特奏名得官，但是他的话，恐怕也是那些已经放弃举业的教书先生们共同的心声。淳祐七年（1247），漳州龙岩县学学长因其出身于县学之子登第，为此请求当时的知县撰写记文，举出了种种与县学、地方有关的兆应说法，岂不正是由于己身一直未能达成的愿望终于由子实现，因而表达出心中掩藏不住的兴奋？

其实又何止从事教学行业的不仕士人在生活上无法和科举脱离关系，不仕士人往其他的出路发展，也难免和科举继续有所关联。他们自己不再从事举业，但是他们不会不关心自己的兄弟和儿孙在举业上的发展，甚至他们也和袁方一样，把自己未能实现的心愿，寄托在儿辈的身上。前面提到的王昌龄，回家经营田产，用意就在支持两个哥哥读书应举。袁埛自己不仕宦，却因为父亲袁灼观察两个孙子袁文、袁章“异于他孙，长必能以儒学奋发”（《絜斋集》卷十七《先公墓表》），而“每事舒缓，独于教子甚急，隆于师范，礼敬甚备”（《絜斋集》卷十七《先祖墓表》）。边友诚则是“家事无巨细躬其劳”，让儿子边恢专心向学，等到边恢入了太学，他高兴地说：“吾门户有望。”（《絜斋集》卷二十《边友诚墓碣》）边友诚的幼弟也是“教子甚笃”，为儿孙选择良师，虽然说“不专为进取计”（《絜斋集》卷二十《边用和墓志铭》），只是“不专为”而已，并非就完全不要进取。这一类的事迹，常见于宋人的记载里。医者自己达成登第的心愿，或是其子弟预荐、登第，也屡见于当时的记载。这显示出，如何让家庭的儒业建立起来，不要在自己的身上失坠，是许多不仕士人共同关心的事。

第十讲参考书目

一、专著

袁征，《宋代教育——中国古代教育的历史性转折》。广州：广州广东高等教育出版社，1991，第三章。

陈元朋，《两宋的“尚医士人”与“儒医”——兼论其在金元的流变》。台北：台湾大学出版委员会，1997，第二章、第三章。

陈雯怡，《由官学到书院——从制度与理念的互动看宋代教育的演变》。台北：联经出版事业公司，2004，第五章第一节。

刘祥光，《宋代日常生活中的卜算与鬼怪》。台北：政大出版社，2013，第一章、第二章、第三章。

二、论文

李弘祺，《宋代地方学校职事考》，《史学评论》第八期，1984，台北。

梁庚尧，《宋代伎艺人的社会地位》，收入氏著，《宋代社会经济史论集》。台北：允晨文化实业股份有限公司，1997。

梁庚尧，《南宋官户与士人的城居》，收入氏著，《宋代社会经济史论集》。

梁庚尧，《南宋城居官户与士人的经济来源》，收入氏著，《宋代社会经济史论集》。

梁庚尧，《南宋的贫士与贫宦》，收入氏著，《宋代社会经济史论集》。

梁庚尧，《南宋教学行业兴盛的背景》，收入宋史座谈会编，《宋史研究集》第三十辑。台北：台湾省编译馆，2000。

邹重华，《"乡先生"——一个被忽略的宋代私学教育角色》，收入邹重华、粟品孝主编，《宋代四川家族与学术论集》。成都：四川大学出版社，2005。

廖咸惠，《体验"小道"——宋代士人生活中的术士与术数》，《新史学》第二十卷第四期，2009，台北。

刘馨珺，《南宋狱讼判决文书中的"健讼之徒"》，收入宋史座谈会编，《宋史研究集》第三十一辑。台北：台湾省编译馆，2002。

第十一讲 | 官户、士人的特权及其限制

一、官户、士人的身份

社会上许多家庭所以热衷于培育子弟读书应举，自然也有现实利益的因素。士人可以出身于平民，但是读书成为士人，通过考试入仕之后，家庭就成为官户，拥有一般人所没有的一些特权。即使没有通过考试，也仍然维持有士人的身份，士人本人同样可以拥有一些特权，只是无法和官户相比。这些特权，配合官户、士人所拥有的知识或权势，使得他们与众不同，成为社会上一个特殊的群体。在讨论官户、士人的特权以前，也许先要了解，在宋代的法令中，或者在政府的看法里，究竟怎样的人家才算是官户？怎样的人才算是士人？

宋代所称的官户，和唐代的官户有所不同。唐代的官户是官府所领的贱民，但是地位比奴婢高，和民间的部曲相当。金朝同样有官户的称呼，指的是官府的奴婢，也和宋代官户的意义不同。宋代的官户，一般讲来，是指品官之家，也就是做官的人家。官户这样一个意义的用法，应该在宋仁宗以前就已经存在。在南宋的法令汇编《庆元条法事类》里，对官户、品官之家都有明文解释。在卷四八《赋役门·支移折变》中，解释官户说："谓品官，其亡殁者有荫同。"卷八十《杂门·诸色犯奸》解释品官之家说："谓品官父祖子孙及与同居者（品官

母妻之乳母同居者准此)。”所谓有荫，是指父、祖亡殁之后，子孙承荫，即使子孙本人没有官品，也是官户。但是否所有有官阶的人，都可以算是官户或品官之家，享受官户所能够拥有的特权呢？至晚从元丰年间（1078—1085）以来，法令中便有规定，如果不是由科举或荫补出身，而是由其他途径如进纳、军功、捕盗等途径补官的，都必须升到某种官阶，才能够视同官户。《庆元条法事类》卷四八《赋役门·科敷》对品官之家有一段更详细的解释：

身亡者，有荫之家。若系宗室及内命妇亲授官，而转至升朝；及进纳或保甲授官，或第壹等户以妻之家阵亡，遗表恩泽授官，并祗应有劳，进颂可采；及特旨与非泛补官，因军功捕盗而转至升朝，非军功捕盗而转至大夫，医官转至翰林医痊以上，仍曾经入额人者同。

也就是这些以特殊途径补官的官员，有些必须升到升朝官，有些甚至升到升朝官中的大夫官阶以上，才能算是官户。升朝官是武阶，也就是他们要到武阶正八品甚至正七品以上，才能算是官户。这是武阶，如果是文资，限制更严，根据淳熙十三年（1186）的命令，非泛补官和七色补官人（参考李心传《建炎以来朝野杂记》卷十四《七色补官奏荐法》《乾道、淳熙裁损任子法》），必须曾经实供侍从职事，才能享受官户限田免役的特权，否则即使寄禄官品很高，也不能算数。另外，封赠官的子孙不能以封赠官承荫享受官户免役特权。

宋代法令对怎样是官户有很明确的规定，至于怎样才算是士人，则采取比较宽松的态度。曾经入过地方或中央官学读书，或者曾经参加过解试、省试而未录取的，固然是士人；只要官府认为此人文理粗通，也可以算是士人。《名公书判清明集》卷十一《人品门·士人类·引试》载有蔡久轩的一篇判词，讲到有一个恐吓民家、骗取钱财的乡下豪横胡大发，被捉到官府，自称是士人，习诗赋。地方官当场出了一个题目，要他写一首诗。写好之后，地方官认为粗通，于是就减轻他的刑罚；又因为其他的士人联名求情，连刑罚也免了，送往州学听读半年。尽管士人的认定比较宽松，但是在士人之中又有各种不同的身份，有些特权并不是每一个士人都能享受到的，要看身份而定。譬如说州县学生、太学生、得解举人、免解人，都是有别于一般士人的身份。特奏名进士如只是授予文学、助教等虚衔，而没有入官，或者只是权摄职务，都不能算是官户，也许只能当作是一种具有特殊身份的士人。有些名称，像省元、进士、解元等称呼，在当时只是用来作为对一般士人的尊称，并不一定被称呼者真正取得了这一些荣誉。例如黄震在《词诉约束》中就要求："吏人不得单呼士人姓名，须称某人省元。"（《黄氏日抄》卷七八）

二、税、役的减免

官户、士人在税、役两方面都可以享有部分减免的优待，但不是所有的税、役都可以获得这种待遇。以二税来说，无论官户、士人都不能减免，不仅不能减免，政府为了防止一些并非贫弱的官户逃漏二税，将他们列名于形势户中，特别加强对他们的催税。所谓形势户，据《庆元条法事类》卷四七《赋役门·税租簿》的解释："谓见充州县及按察官司吏人、书手、保正、耆户长之类，并品官之家非贫弱者。"对于这些人家，在税租簿上"每名朱书形势字以别之"。这一个办法，从宋太祖的时代就已经存在，诸州府都置有形势版簿，由通判专责掌管。从"形势"一词，可以看出这些人家在地方官府的眼中，形象并不是很好，意味着他们凭借势力，上抗官府，下欺百姓，逃漏赋税，特别是官户，有时就是以"形势官户"连称。不过这一种情形，也很清楚地说明他们和一般民户一样，只要有田产，就必须负担二税。

官户、士人可以减免的税、役，主要包括身丁钱、差役和科配（科敷），以官户和士人相比，自然官户享有比士人更加优厚的待遇；

而在士人之中，也只有具备特殊身份的人才能享受优待。身丁钱是以人丁为对象的一种征课，不分主户、客户，凡是二十岁到六十岁的男丁都要负担。身丁钱的征收主要见于南方各路，北方比较少见到，并不是全国普遍存在的一种税收，可能是沿袭自五代时期南方各国的苛敛，因此各路的征收方式并不一致。根据绍兴七年（1137）户部提到的法令，“品官之家或女户、单丁、老幼疾病及归明人子孙，各免身丁”（《宋会要辑稿·食货十四之二七·免役下》“绍兴七年闰十月十四日”）。即使是不合于官户资格的品官，也可以免除，绍兴八年（1138）户部曾经表达这样的意见：“宗室亲等未至升朝，保甲授官等因军功、捕盗未至升朝，非军功捕盗未至大夫，虽是品官，止合免丁，不合作官户。”（《宋会要辑稿·食货十四之二七至二八·免役下》“绍兴八年九月二十六日”）至于士人，则根据绍兴十五年（1145）所立的法令：“诸未入官人，校尉，京府诸州助教，得解及应免解人，并见系太学生，并免丁、役。”（《宋会要辑稿·食货六六之二·身丁钱》“绍兴十五年二月十二日”）其中前面几种人的免丁、役，早在绍兴三年（1133）所立的法令中已是如此，太学生免丁、役则是在绍兴十五年才添入的。关于士人的这两项资料，见于《宋会要·身丁钱》，这里所谓的丁，应该是指身丁钱而言；至于役，则是差役可以募人代替，而非免除负担。

上述品官之家免身丁的法令可能自北宋就已经存在，某些士人可免丁役的法令则是南宋初年才制定的。不过士人享有免除身丁钱的特权，实际上北宋末年已有这种情形。宋徽宗崇宁四年（1105）规定州学、县学生所享有的税役优待，“诸州县学生试补入学，经试终场，及自外舍升内舍者免身丁，内舍仍免役借，升上舍即依官户法”（章如愚《群书考索》后集卷二八《士门·学法类［三舍附］》）。大观元年（1107）颁布八行取士法，士人以八行贡入太学者，“上舍上等其家依官户法，中下等免户下支移、折变、借〔借〕、身丁，内舍免支移、身丁”（《宋会要辑稿·选举十二之三三·八行科》）。所谓支移，是指二税必须运到官府指定的其他州郡交纳，折变则是将税物改成其他物品交纳，借措或措借则是官府向民间借取物资。北宋末年的这些规定，可能随着八行取士法和州学升贡法实施的失败而废止，到南宋初年，才又制定新的法令。

差役也就是职役，内容是民户为官府做一些基层的行政工作，像催税、维持治安、保管或运送官府物品、编造各种簿册等，多半是义务性，没有报酬的。官户免除差役，大概从北宋初年以来已经如此。由于官户不服差役，这加重了一般民户的负担，主要是他们轮差的时间间距缩短，比较快会轮到。因此在宋仁宗时期，政府已经想对官户免服差役的规定加以限制。政府的办法，是规定官户在规定面积之内的田产才可以免除差役，超过这一个限度之外的部分，便必须和民户比较资产的高下来轮差。乾兴元年（1022）下令，公卿以下免除差役的田产不得超过三十顷。但是没有多久之后，由于任事者认为有所不便，这个办法就废除了。到了宋神宗时实施新法，熙宁四年（1071）颁布的免役法是其中一个重要项目，针对以往役法的弊病，改差役为募役，由民户缴钱给官府，官府募人充役，不仅原来有差役负担的民户要出免役钱，包括官户在内，一些原来不用负担差役的民户，现在也必须要出助役钱，只是比免役钱减半负担，至于限田免役的规定，在当时并没有使用。

免役法实施到元丰年间（1078—1085），已有名募实差的情形。政府收了役钱，不用来雇人，却以保正长、甲头来做差役的工作。元祐年间（1086—1094）废除了免役法，绍圣年间（1094—1098）又再恢复。复行免役到宋徽宗时期，办法又再变质，以保甲兼理差役之职到这时完全确定。也就是在宋徽宗的时代，制定了限田免除差科的办法，以后一直沿用到南宋，只是在内容上有所变化。这个办法，除了对官户免除差役的特权有所限制之外，对他们免除科配（科敷）的特权也有所规定。所谓科配或科敷，是官府强制性的摊派，向民间购买米粮、绢帛或其他物品，官府支付的价钱往往低于市价，到后来甚至有完全不给钱的情形，形同一种变相的征税。在宋徽宗的时代以前，官户是没有免除科配的特权的。因此宋徽宗时代制定官户限田免差科的办法，就差役方面来讲，是对特权的限制，也是特权在某种程度之内的恢复；就科配来讲，则是给予官户一种新的特权，只要他们的田产没有超过政府所规定的限度，就可以享有。宋仁宗时代推行限田免役失败，宋徽宗时代推行限田免差科却能够成功，原因也许就在这里。

根据宋徽宗政和年间（1111—1118）的规定，限田免差科的办法是：

> 品官之家乡村田产得免差科：一品一百顷，二品九十顷，下至八品二十顷，九品十顷，其格外数，悉同编户。（《宋会要辑稿·食货六之一·限田杂录》"绍兴十七年正月十五日"）

十顷相当于一千亩的田地，一百顷相当于一万亩的田地，大致来讲，这是一个相当宽大的限制。这一个办法实施到南宋初年，显现出一些问题，最迫切的就是当时军事情况紧急，政府大量以科配的方式来筹措军需，可是官户却可以在一个相当宽松的限度内免除科配，因而加重了一般民户的科配负担。其次，由于免除差科的田产限额相当宽大，许多民户为了逃避赋役，将田产寄名于官户之下，加重了土地集中于官户的趋势。再就是一些富有人家利用各种方法补官，或者假冒官户，而官府没有严格加以查核，使得他们可以逃避赋役。

面对这样的情况，南宋政府对于官户限田免差科的规定不断加以调整，大致上是朝不断削减官户特权的方向演变：

第一，官户限田免除科配的特权，在南宋初年一度停止，绍兴二年（1132）的法令规定：

> 应官户除依格合得顷亩免差役外，其他科配不以限田多少，并同编户一例均敷，候将来却依旧制行。（《庆元条法事

类》卷四八《赋役门·科敷》）

官户免除科配的特权似乎在绍兴十七年（1147）以前一度恢复，绍兴十七年又因臣僚的建议而暂时停止。到淳熙年间（1174—1189）的限田新格才又“明言品官之家乡村田产免差科”（《宋会要辑稿·食货六之七·限田杂录》“淳熙十年十一月十二日”）。但是在嘉泰元年（1201）臣僚的上言里，却提到“及官户节次降指挥并同编户均敷科配”（《庆元条法事类》卷四八《赋役门·科敷》），似乎淳熙限田新格并未持续实施。

第二，免除差役的田产限度遭受削减，仅剩余政和年间（1111—1118）规定的一半，也就是一品官是五十顷，递减到九品官是五顷。这可能是乾道八年（1172）或稍前才有的新规定，见于下引《名公书判清明集》所载范应铃《限田论官品》判状引据这年六月二十六日的敕文，在乾道四年（1168）类似的诏令中尚未见到。

第三，对于子孙承荫的限田顷亩，规定愈来愈严格。绍兴二十九年（1159）规定如果以父、祖生前官立户，每一子孙的限田额是父、祖限田额的一半，譬如一品官的子孙，每人可以有五十顷的限田额。但是很快就发现这一个规定有问题，如果这位一品官有十个儿子，每人所限田五十顷，总数就达到五百顷。所以在乾道四年重新规定所有子孙合起来的限田额，不能超过父祖官品限田额的一半。例如父亲或祖父是一品官，依规定可以有一百顷限田免役的特权，死亡之后，子孙用父、祖生前曾任官立户，特权减半，以五十顷为限，“若子孙分析，不以户数多寡，欲共计不许过元格减半五十顷之数，其余格外所置数目并同编户”（《宋会要辑稿·食货六之五·限田杂录》“乾道四年九月十二日”）。这一个由所有子孙不论户数多寡共享父、祖曾任官限田额一半的办法，一直实施到南宋晚期。在《名公书判清明集》卷三《赋役门·限田》中，有范应铃（西堂）一篇题为《限田论官品》的判状，其中提到：

准乾道八年六月二十六日敕，品官限田，照应原立限田格条，减半与免差役，其死亡之后，承荫之人许用生前曾任官品格，与减半置田。如子孙分析，不以户数多寡，通计不许过减半之数。谓生前曾任一品官，许置田五十顷，死亡之后，子孙义居，合减半置田二十五顷。如诸孙分析，不以户数多寡，通共不得过所减半二十五顷之数，仍于分书并砧基簿内，分明该说父祖官品并本户合置限田数目，今来析作几户，每户各有限田若干。自后诸孙分析依前开说，曾、玄孙准此。

由于子孙共享一个总额，每一户人家所能够享受的限额就大为减少，经过几代的繁衍分家，这一个限额便不再具有意义，而且这项特权的继承，照规定也只限于五个世代之内。范应铃在另一篇判状里谈到限田的特权，这样说："却不思泽例斩于孙之曾、玄。"到了曾孙、玄孙辈，这项特权的承荫便不会继续传袭下去。如果官员的子孙自己是有官人，用自己的官位立户，自然不受这一项规定的限制。

第四，对于什么样的人家才算是官户，不断地从严加以限定。在《宋会要辑稿·限田》和《庆元条法事类·赋役门》里，都可以看到这一类的诏令。不合规定的人家，即使本身或父祖有官阶、官职，也必须和一般民众一样承担差科。不过这方面的措施，收到多少效果，却有问题，《名公书判清明集》里，就有好几篇关于顶冒官户的判文。范应铃在判文里也说，他刚任县令的时候，曾经拿颖秀乡的版籍中的官户逐一考覆，"其间真伪相半，而实有凭可以免役者无几"。

官户虽然可以限田免差役，役钱却是不能免的。这种情况一直到南宋都是如此。嘉泰元年（1201）臣僚的上言里，就讲到"殊不知出钱免役，在法无官民之拘"。不过由于民户已纳役钱，而实际仍要轮担差役，役钱和役法之间已经没有关联，变成一种新的税目，到南宋时期尤其是如此。而且从南宋初年以来，因为财政来源亟待开辟，官户役钱不再减半征收，所以有官户不减半役钱的税目。但是役钱的增加，并非只有官户才是如此，民户的役钱也增加三分。

士人除了在北宋徽宗时期，部分太学生和州学生可以“如官户法”之外，一般讲来，没有免役的特权。南宋时期，得解举人、免解人和太学生，都可以募人充役，而不必亲身服役；一些以非泛补官方式入仕的官员，没有升到规定的官阶，不能享有官户限田免役的特权，他们也可以募人充役；官户的田产如果超出限额，必须轮充差役，也可以募人充役。不过可以募人充役的人很多，像单丁、女户，田主不住在田地所在的县份，或者住在城郭，法令都允许他们募人充役。一些富有的人家，虽然不在法令许可之列，也常募人充役。这样看起来，士人在役法上所享受的权益，也就不能算太过特殊。

三、法律的特殊待遇

官户、士人在法律上也享有不同于一般平民的特殊待遇，在这一方面，士人的特权比较具有普遍性，不像税、役减免，只有某些特殊身份的士人才能享受。

以官员本身来说，官员本身犯罪，可以当赎。所谓“当”，就是以官当罪；所谓“赎”，就是以铜赎罪。承袭自唐律的《宋刑统》中，对于以官当罪的办法，列有条文：

> 诸犯私罪以官当徒者（原注：私罪谓私自犯，及对制诈不以实、受请枉法之类），五品以上一官当徒二年，九品以上一官当徒一年。若犯公罪者（原注：公罪谓缘公事致罪，而无私曲者）各加一年当。以官当流者，三流同比徒四年。其有二官（原注：谓职事官、散官、卫官同为一官，勋官为一官）先以高者当（原注：若去官未叙亦准此），次以勋官当，行、守者各以本品当，仍各解见任。若有余罪及更犯者，听以历任之官当（原注：历任谓降所不至者）。其流内官而任流外职，犯罪以流内官当及赎徒一年者，各解流外任。（卷二《名例律·以

官当徒除名免官免所居官》)

可知无论私罪、公罪，都可以用官当。官品较高的官员，每一官所能折合的年数比较多；公罪官当，每一官所折合的年数也比私罪多。官当的办法，一直沿用到南宋时期，《庆元条法事类》中就有《当赎门》。南宋的规定，似乎比起北宋初年严格。《宋刑统》中，勋官也可以当罪，而《庆元条法事类》卷七六《当赎门·总法》中，有这样的条文，“诸爵及勋官不在议请减赎当免之例”。在同一篇中，对于以铜赎罪也有条文：

> 诸以铜赎罪者，死罪限捌拾日，流陆拾日，徒伍拾日，杖肆拾日，笞叁拾日，身死或限内未输而遇恩者并免。

赎铜并非真正缴铜，而是折成钱缴纳。在《庆元条法事类》里，每斤铜折120文足。

官员的家人犯罪，则可以荫赎。这也是在《宋刑统》中就可以看到的规定。这个办法大概也是从北宋初年以来逐渐加严。庆历六年（1046），由于一位致仕官员的孙子屡犯屠牛法，当以荫免，于是诏令官员子孙如果曾经犯罪判刑，再犯私罪，不得以赎论。至和二年（1055）又接受上言者的意见，有荫子孙犯杖以上私罪，情理重者，州县要批写所犯在用荫官诰之后；如果三犯，上奏听候裁决。《庆元条法事类》卷七六《当赎门》中，对于荫赎有详细的规定，其中也有条文涉及在哪些情况之下不可以荫赎：

> 诸有荫人参犯私罪杖，各情重，或正犯斗杀罪至死，该恩减等应流配者并不得以荫论，余犯徒、流，罪情不可赎者奏裁。即虽有荫，犯私罪经真决，而更犯私罪者，依无荫人法。

也就是说荫赎有其限制，并非所有的情况都可以荫赎。

对于品官之家，法律也给他们特别的保护。如果侵犯品官之家，判刑要比侵犯民庶之家来得重。《庆元条法事类》卷八十《杂门·诸色犯奸》有这样的法令：

诸人力奸主，品官之家绞，未成配阡里，强者斩，未成配广南。民庶之家加凡人叁等，配伍伯〔百〕里，未成配邻州，强者绞，未成配叁仟里。即奸主之亲（原注：亲之妻服轻或无服者，各用其夫服），品官之家缌麻、小功加凡人壹等，大功、期亲递加壹等，已成并配邻州。民庶之家，大功以上各减品官之家壹等。……诸旧人力奸主者，品官之家加凡奸贰等，民庶之家加壹等。

人力是一种长期被雇佣者，生活在主人家中，受主人指使办事。比较上述条文内所列各项规定，可以看出人力侵犯品官之家，要比侵犯民庶之家受重上一等的刑罚。侵犯品官之家要罪加一等而品官之家自己犯罪却可以罪减一等的规定，已见于《宋刑统》，是从北宋初年就有的规定，应该是沿袭唐律而来。不过法律也不完全偏袒官户，如果违欠税租，一般民众笞四十，递年违欠及形势户杖六十，而品官之家却要杖一百，品官之家的处罚最重。至于处罚的对象自然不是品官本人，而是他们家中负责收租交税的干人。

士人犯罪，也可以用赎。这一个规定，开始于北宋大中祥符五年（1012），曾经参加过礼部考试的贡举人，公罪徒可以收赎，后来扩大到私罪杖也可以收赎。《庆元条法事类》卷七六《当赎门·罚赎》对于哪些士人可以用赎有明确的规定：

诸州县学生、医生、州职医助教，犯公罪杖以下，太学、武学外舍生、僧道犯私罪杖以下，摄诸州助教、翰林祗侯、曾得解及应免解举人（原注：武举同）、太学、武学上舍、内舍生、僧道录犯赃、私罪（原注：以上称私罪、赃罪，并谓非重害者）、公罪徒以下，御前忠佐犯赃、私罪、公罪流以下，并赎（原注：坑户以赏得副尉而依旧充应者，于本场治〔“治”疑应作“冶”〕犯公罪流以下准此）。

可知不同身份的士人，可以用赎的罪刑不一样。淳熙十五年（1188），刑部大理寺又建议科场取中待补太学生比附外舍生，私罪杖以下听赎，不过国子监担心太过泛滥，只同意当次科举取中待补人以三年为限，犯私罪杖以下听赎，而且只许听赎一次。非泛补官人也可以依摄诸州助教的待遇，犯赃、私罪杖及公罪徒以下并赎。

法律虽然规定必须具备某种身份的士人听赎，但是地方官在执行这方面的法令时，并没有那样严格。前面提到那一个豪横胡大发，原本应断徒罪，官府从宽发落，只勘杖一百，编管邻州；然后又因为他能够在地方官面前写出一首粗通的诗，再减为笞二十；最后又因为有乡贡进士身份的士人为他讲情，再改为不送邻州，而是送往州学听读半年。将犯法士人送往州学校读书，似乎是地方官常用的一种办法，在《名公书判清明集》中，还可以看到好几篇这类的判状，士人只要粗知读书，地方官在判决时便从轻发落。送往州学听读的犯法士人，不可以自由活动，而是要住进自讼斋中反省，并且有人监视。有时候地方官甚至因为解试日期将近，而免除士人的罪罚。《淳熙三山志》卷七《公廨类·试院》讲到淳熙元年（1174）史浩知福州时，办理解试的情况："士人有讼在官，除事干人命外，其他并与结绝，或召壮保许试。"这显然是认为士人参加解试，比其他事情都来得重要。

四、对经商、租佃官田的限制

官户、士人拥有上述税、役和法律的特权，然而政府也对他们的一些经济活动加以节制。

宋代政府禁止现任官员运用职权经营商业，目的在于防备他们滥用职权，但只要不是现任官员本人，法令并不禁止品官之家经营商业。《庆元条法事类》卷四八《赋役门·科敷》载有这样的一条法令：

> 诸坊郭品官之家……免科配，若营运与民争利，在镇、寨、城、市及第一等，县第三等，州第四等者，并不免。

所谓营运，亦即经商；第一、三、四等之等，则是户等。宋代按照人户资产的高低，划分成不同的户等，用作差役、科敷的依据，一般乡村分为五等，坊郭分为十等。从这道法令可以看出，政府对城居官户经营商业，并不禁止，只是以免除科配的特权来节制。如果这些兼事营运的官户资产太多，便取消他们免除科配的特权。

上面讨论城居官户兼事营运，是就一般性来讲，除此之外，南北宋之际对于官户、士人经营盐、酒等专卖品，又曾经有所限制。以盐来说，崇宁元年（1102）曾经规定“见任及停闲命官、有荫子弟、得解举人与本州岛县公人之家并不得作铺户，与客人用钞请盐”。所谓钞，是指盐钞，当时商人向政府购运盐货，必须先购买盐钞，再凭钞到盐仓或盐场领盐。宣和三年（1121）又再补充前令，“前项逐色人若自用钞请盐贩卖，或接买停塌盐钞转卖，尤当禁止”（《宋会要辑稿·食货二五之一五·盐法》“宣和三年九月十一日”）。可是两年之后，法令放宽，准许命官与得解举人之家、有荫子弟运贩钞盐及开设盐铺，但仍然保留了一项节制的措施，即是这些人如果违犯盐法，用进纳补官人例，不得以荫赎。所以要放宽法令，原因在于这些人一向是贩盐的主力，不准他们贩盐，盐货就要滞销，政府的收入就要减少，而盐利在政府的岁入中，占有很大的比例。南宋初年原本从严规定，但到绍兴四年（1134），又恢复使用宣和五年（1123）的法令。

以酒来说，向政府买扑酒坊的资格，也经历了一个类似贩盐的放宽过程。宣和五年（1123）以前，地方上官酒的销售，一向是民户和豪户有官者合作，由民户挂名，出财产向政府抵押，承包酒坊营业，亦即所谓“买扑”，而由官户提供资本。宣和五年规定豪户有官者不准和民户合作买扑酒坊。结果由于缺乏官户资本的支持，只靠民户支撑，于是很多酒坊缴不出课利给官府，因而停闭。到南宋绍兴元年（1131），就针对这一个问题而改变规定，准许进纳补官之家而本身无官荫者买扑，本身有官荫者仍然不准。到绍兴二十七年（1157），法令再度放宽，不准买扑酒坊的，只有见欠官钱物、见充吏人、贴司、巡检司士兵及军员等几类人家，有官荫子弟已经不在禁止之列。

政府的官田，用来出租给人经营，承租人的身份也有限制，根据乾道三年（1167）一位臣僚上言：“在法，品官之家不得请佃官产，盖防权势请托也。”（《宋会要辑稿·食货五之三五·官田杂录》“乾道三年六月一日”）品官之家不得请佃官田的规定，可能是从北宋以来已有的法令。建炎三年（1129）时，就已经是“准条，官户许买，不许佃赁”（《宋会要辑稿·食货六一之一·官田杂录》“建炎三年正月十四日”）。所以在淳熙、绍熙之间，韩蕲王府干人郁明租佃平江府吴县县学的学田，就引起了其他有意承佃者的申诉，认为韩府是品官形势之家，不合承佃。法令虽然存在，但实际上官户却常利用别人的名义，向官府请佃。朱熹曾经指出福建举子仓的田产，承佃者多是豪猾士人、仕宦子弟；又指出浙东诸司没官田产，大多是县里公吏和有荫人诡名请佃。有荫人即官家子弟，诡名意指借用其他人的名义。上述韩蕲王府以干人郁明的名字请佃吴县学田，就是一例。这一类人家从政府手中租到官田，自然不可能自己耕种，而是再转租给别人，坐收田租。限制品官之家不得租佃官田的法令，实际上并没有发挥多大的作用。

第十一讲参考书目

一、专著

周藤吉之，《宋代官僚制と大土地所有》，《社会構成史体系》第二部“東洋社会構成の発展”(8)。东京：日本评论社，1950。

高桥芳郎，《宋—清身份法の研究》。札幌：北海道大学图书刊行会，2001，第五章。

二、论文

朱瑞熙，《宋朝官员子弟初探》，收入氏著，《城集》。上海：华东师范大学出版社，2001。

朱瑞熙，《宋朝的“借”》，收入氏著，《城集》。

朱宗源、王曾瑜，《宋朝的官户》，收入邓广铭、程应镠主编，《宋史研究论文集》(中华文史论丛增刊)。上海：上海古籍出版社，1982。

李弘祺，《宋代的举人》，收入国际宋史研讨会秘书处编，《国际宋史研讨会论文集》。台北:“中国文化大学”史学研究所、史学系，1988。

柳田节子，《宋代形勢戶の構成》，收入氏著，《宋元鄉村制の研究》。东京：创文社，1986。

柳田节子，《宋代の官田と形勢戶》，收入氏著，《宋元社會經濟史研究》。东京：创文社，1995。

高桥芳郎，《论宋代的“教刑”：士人应举以及犯法问题》，收入刘海峰主编，《科举制的终结与科举学的兴起》。武汉：华中师范师大学出版社，2006。

梅原郁，《宋代の形勢と官戶》，《東方學報》第六十册，1988，京都。

第十二讲 | 官户、士人与地方事务

一、官府、民众间的桥梁

这一讲虽然所举事例主要在南宋，但是官户、士人涉入地方事务，自北宋已然。第五讲述及北宋太宗、真宗时，莆田方氏族人推动当地官学的建立，即是一例。北宋晚期，关中蓝田吕大钧（1031—1082）拟定乡约，以乡人入约者为规范对象，应以士人为主，在“患难相恤”部分，“盗贼”“孤弱”“诬枉”几项都言及如有必要时白于官司或闻于官府，亦无异于担任政府与民众之间的桥梁。吕大钧曾师从张载（1020—1077）、二程，应受张载《西铭》一文中民胞物与的关怀社会人群之说影响。此外，自北宋初年以来，士人实践儒家伦理，行之于日常生活，关心族人与乡党，在地方上济助贫乏，并从事修桥补路等公益活动，在记载中也不乏见，有些士人并因此而有“长者”之称。到了南宋，理学传播日广，影响日深，加上随着时代的变迁，居乡的官户、士人比起北宋大增，官户、士人对于地方事务的关切也就比过去更为显著。至于成为地方官府、民众困扰的官户与士人，自然也是自北宋以来就已经存在。例如北宋前期的官宦家族麻氏，麻希梦在宋太宗时以年老退居本籍临淄，居乡里常兼并不法，又每每持地方官员的长短；至宋真宗时麻士瑶更为豪纵，地方上畏之过于官府，麻士瑶最后遭受杖杀之刑。这一节先讨论官户、士人在地方上所扮演的官府、民众间桥梁的角色。

官宦、士人虽然为了仕宦、求学，会离开乡里到外地，但是他们的家庭可能仍在乡里，而他们本人也有退而居乡的时候，乡里可以是乡村，也可以是城市。以官员来说，他们入仕之后，不免会遇上待阙、丁忧、贬斥，甚至会自愿辞官或年老致仕。特别是员多阙少的问题到南宋愈益严重，待阙的员数愈益增加，年限也更为延长。官员因各种原因退而居乡，据赵昇《朝野类要》卷二《寄居官》的解释，不论是客居或返住本贯，都称为私居或寄居，“其义盖有官，本朝廷仕宦也”。不过官员如果住于本籍，有时也称为“土居官”，在与“土居”对称的情况之下，“寄居”显然又是专指客居外籍而言。以士人来说，从北宋到南宋，士人数量激剧增加，可是登第名额并未大幅扩增，入仕机会相对有限，绝大多数士人都无法顺利踏入仕途。他们之中自然有些人仍然奋战不懈，不过可能有更多人放弃努力，退而担负起家庭经济的责任，成为乡里的一分子。官宦、士人居于乡里，他们拥有一般民众所没有的学识，其中一部分人更拥有一般民众所没有的权势与特权。即使官宦本人不在家乡，他的家人也可能运用他的名望与权势。像这样一个有别于一般民众的群体，在乡里中究竟发挥了怎样的作用？

居住在乡里的官宦与士人，由于拥有学识，方便和官府来往，又由于住在乡里，对于地方上的各种问题有比较深入的了解，甚至有切身之痛，因而经常成为官府和民众之间的桥梁。他们或是将民间利弊转达给官府，或是为了解决问题而为民众向政府交涉。地方官调动频繁，在一个地方停留不会超过两三年的时间，对于当地的问题了解有限，甚至还可能由于不熟方言，而有语言的隔阂，乡居官宦、士人刚好提供了他们一条认识地方民情的管道。乡居官宦、士人成为官府、民众之间的桥梁，说明了他们在当地社会的重要地位。

在宋人的文集里，不时可以看到作者写给地方官的书信，讨论地方上应兴应革的事宜，就是这种桥梁作用的说明。以南宋漳州学者陈淳的《北溪大全集》为例，从卷四三到卷四八，就大部分是陈淳上于历任漳州地方官讨论地方利病的文字，总数超过十篇，内容包括学校、贡院、民间祭祀活动、会子的秤提、官盐的销售、税钱的征收、海盗、学粮以及其他各种民间利病，牵涉的问题十分广泛。这些文字，显示出陈淳对地方事务了解的深入。陈淳习朱熹之学，以教蒙童为生，一直到六十岁才以特奏名及第，五年后便去世。他虽然只是一个士人，但是声名很大，得到地方官的敬重。他的门人陈沂叙述他的生平，说：

> 壬申（嘉定五年，1212）夏，赵公汝谠守临漳，一见先生貌粹而古，言约而精，信其为得道君子也，重礼招屈，处以宾师之位，先生逊谢不获而后就。其后大老贤侯，时造其庐，或质以所疑，或咨以时政，而一时之硕儒学子，问道踵至。（陈淳《北溪外集·陈沂叙述》）

可知是地方官主动向陈淳请教地方利病。类似的例子也见于欧阳守道《巽斋文集》卷四《与王吉州论郡政书》。欧阳守道曾经举进士，但是他大半生都在家乡吉州以教学为生。在信的一开头，欧阳守道就讲到这位王姓知州：

> 亲屈千乘，俯临陋巷，阁下之意必谓某受廛城郭，或知民病而晓事情，可以时备咨访，裨仁政之万一。

然后这一封长信举出了吉州州城内民间许多亟待解决的问题，也提出了一些解决的办法。

一方面有地方官向当地官户、士人咨询，另一方面地方上的官户、士人也会主动与官府联系，谋求解决民间的困难，社仓的创设是一个例子。一般认为社仓是朱熹在乾道五年（1169）创于建宁府崇安县，实际上在绍兴二十年（1150）时，魏掞之（1116—1173）在建宁府建阳县已有类似的做法，只是经营的方式略有差异。朱熹记载魏掞之在建阳县设仓的经过：

> 绍兴某年，岁适大侵，奸民处处群聚，饮博啸呼，若将以踵前事者，里中大怖。里之名士魏君元履，为言于常平使者袁侯复一，得米若干斛以贷，于是物情大安，奸计自折。及秋将敛，元履又为请，得筑仓长滩厩置之旁，以便输者，且为后日凶荒之备，毋数以烦有司。自是岁小不登，即以告而发之。（《朱文公文集》卷七九《建宁府建阳县长滩社仓记》）

元履是魏掞之的字。可以看出，从最初向常平司借米，到后来在长滩设仓储米，都出自魏掞之主动向官府交涉。类似的例子又有刘宰在镇江府金坛县的活动，刘宰是一位辞官居乡的官宦，《京口耆旧传》末有他的传记，说他"他如定折麦钱额、更县斗斛如制之类，凡可以白于有司、利于乡人者无不为也"。其中所谓"更县斗斛如制"，是由于镇江府官吏在收税粮时，借加大量米的斛斗来多收，税额没有变，民众的负担实际愈来愈重，经过刘宰向当时知府建议，于是改用标准的文思院斛，民众的负担因而减轻。

由于居住在乡里的官宦、士人有沟通地方官和民众的作用，所以有些地方官新到一个地方上任之后，把结交当地的官宦、士人视为一件重要的事情。上述几位和陈淳来往的漳州知州，和欧阳守道来往的吉州知州都是例子。陈淳、欧阳守道、魏掞之和刘宰都学行俱佳，但以经济状况而言，他们四人情况都不算很好，可是他们都没有借结交地方官来谋求自己利益的用心。但是并非所有居住乡里的官户、士人都像他们一样，有些官户、士人在乡里仗恃着家里的财富和权势，横行霸道，结交地方官更让他们如虎添翼，无论官府、民众都深受其扰。

二、扰官与扰民

这一类扰官而且扰民的官户、士人，在地方上被视为“豪横”。豪横不限于官户、士人，民众之中也有，但是官户、士人是其中的重要部分。而且民众中的豪横，往往会以买官、假冒官称或者假借他人之手取得文解（亦即解状）等手法，来掩护自己的行为。这说明官户与士人的身份，对于豪横的行为，具有增强的作用。

袁采在《袁氏世范》里，对于士大夫这类行为曾有所指责，卷二《居官居家本一理》说：“士大夫居家能思居官之时，则不至干请把持而挠时政。”所谓“挠时政”是扰官；而“干请把持”则是为了满足本身的利益，难免不会扰民。袁采的意思是说，士大夫居住乡里，应该想到自己做地方官时不喜欢这些困扰，自然也就不要去做类似的事。又同卷《小人作恶必天诛》：

> 居乡曲间，或有贵显之家以州县观望而凌人者，又有高资之家以贿赂公行而凌人者。方其得势之时，州县不能谁何，鬼神犹或避之，况贫穷之人，岂可与之较？屋宅坟墓之所邻，山林田园之所接，必横加残害，使归于己而后已；衣食所资，器用之微，凡可其意者，必夺而有之。

所谓“州县不能谁何”，说明地方官对于这些贵显之家无可奈何，这正是贵显之家敢于扰民的原因。

何以地方官会对这一类人物无可奈何？原因之一是许多地方官要和他们交结，甚至要借他们的力量来治理地方，尤其是治理县政时常有这种情况。绍熙元年（1190）有一位臣僚上言：

> 比年以来，士大夫寓居多以外邑为便。县官甫下车，则先

诏［“诏”疑应作“访”］问权要声援，往往循习谄媚，互相交结。其为权要声援者，因县官之见知，遂假此以恐吓齐民。或以私忿未决，债息未偿，辄将小民拘送县狱。县官方承奉之不暇，乃俾老胥猾吏锻炼追考，有一人抵罪或至一户荡产，甚者根连逮捕，以决权门之狱。虽其事可以立谈判者，亦必拘囚月余，如此则小民被虐者若何而申诉。（《宋会要辑稿·刑法五之四三·省狱》“绍熙元年十一月二十七日”）

他指出由于县官治县有赖权要声援，所以到任后便与他们交结，使得这些寓居权要得以借用官府之力，欺压良民。

何以县官特别需要和这一类人物交结？一般讲来，宋代地方政府官员大多集中在郡城，可以多达几十人甚至几百人，可是基层的县衙门，不过只有知县或县令、县丞、主簿、县尉等几个官员而已。官员人数少，而县务又繁杂，只要读宋代的官箴书，譬如北宋末年李元弼的《作邑自箴》，南宋末年胡太初的《昼帘绪论》就可以知道，县官因此必须求取地方力量的合作。不仅如此，知县、县令的官阶较低，县丞等官员更是卑微，面对官阶可能比他们高出很多的乡居官宦，也很难不采取妥协的态度。也有个性比较刚强的地方官，要制裁这些豪横的官户与士人，但是这些人却可能运用他们的人际关系向上级官员控诉，使县官受到调查，甚至因此而遭职务革除。至于郡治所在的县份，因为官员较多，官阶又高，有些郡城还驻有转运司、提刑司、常平司这一类高层的监察机构，官户、士人便比较不敢放肆。这并不表示郡治所在的县份就没有豪横存在，只是情况没有外县那样严重而已。

地方官对这些人物觉得无可奈何的另一个原因，是他们在法律上有特殊的待遇。这在上面一讲已经谈过，官户、官学学生、得解举人、免解人等身份，只要罪刑在规定的范围之内，都可以听赎。甚至只要诗文粗通，地方官便接受他是士人，给予比较宽大的处分。这种情形，无疑会助长若干官户、士人在行为上无所忌惮。

以乡居官户和士人来比较，官户比士人更有能力仗势欺人，尤其是以贵宦之家为然。即使官宦本人不在家乡，或者洁身自好，他的子孙如果没有好好接受教育，难免会胡作非为。袁采在《袁氏世范》卷一《子弟宜常关防》对这种情形有所描述：

> 贵宦之子孙不止此也。其居乡也，强索人之酒食，强贷人之钱财，强借人之物而不还，强买人之物而不偿。亲近群小，则使之假势以凌人；侵害善良，则多致饰词以妄讼。乡人有曲理犯法事，认为己事，名曰担当；乡人有争讼，则伪作父祖之简，干恳州县，求以曲为直。差夫借船，放税免罪，以其所得为酒色之娱，殆非一端也。

不只是子孙，贵宦家中的其他亲人，甚至仆役，也会假借权势，扰害乡里。至于一些原本就有意借权势获利的乡居官宦，甚至雇用离职的胥吏做家中的干人，利用他们对官府衙门的熟识，来谋取不当的利益。一个曾任知县的官员在淳熙四年（1177）曾经上言：

> 州县形势官户及豪右之家，多蓄停罢公吏以为干人，恃其奸恶，持吏短长，官物抵顽不输，词讼则变白为黑，小民被害。（《宋会要辑稿·刑法二之一一九·禁约三》“淳熙四年四月二十八日”）

不只是官户，有些士人所以能够在地方上肆无忌惮，也和他们结识衙门里的胥吏，容易打通关节有关。所以李元弼在《作邑自箴》中说：“举人系与在县公人亲者，难为接见。”（卷一《处事》）对他们特别提防。

乡里中豪横的官户、士人，所做的扰官或扰民行为是多方面的，包括抗缴赋税、逃避职役、占佃官田、侵夺民众的产业、诬告他人、干涉诉讼，甚至侵犯人身。黄榦《勉斋先生黄文肃公文集》卷三九、四十两卷中，收了许多篇他做地方官时的判状，不少篇都涉及官户、士人对别人的侵害。其中特别引人注目的是谢知府宅这户人家，牵涉到这家的判状就有七八篇之多。这家官户，是黄榦知临江军新淦县时所碰到的一个大问题，不妨从这几篇判状中，看看一个乡里中的豪横官户的所作所为。

1. 窑户杨三十四等论谢知府强买砖瓦。谢宅和窑户订约，要买大砖大瓦，但是只肯支钱米八贯，却要窑户供纳价值十七千的砖瓦一万三千片，窑户不肯卖。谢宅竟然向官府陈诉，派弓手、保正追逼窑户签约。窑户因此告到官府。

2. 彭念七诉谢知府宅追扰。谢宅甲头彭彦逃走，不肯帮谢宅办事。谢宅竟派人去追唤彭彦的兄弟彭念七、彭三一两人，要他们到谢宅追问，可是他们两人和谢宅并无关涉。彭氏兄弟心里害怕，不敢去，并告到官府。

3. 邹宗逸诉谢八官人违法刑害。谢八官人应该是谢知府的儿子。事情可能是邹宗逸遭到弓手骚扰用刑，认为是谢八官人指示，因此告到官府。

4. 徐十论诉谢知府宅九官人及人力胡先强奸。谢九官人应该也是谢知府的儿子，胡先是谢宅人力，也就是仆人。徐十原本住在谢家房屋，他的妻子阿张遭到谢九官人和胡先强奸。官府原先根据胡先的供词，认为是两人通奸、和奸，并且不曾追问谢九官人。黄榦认为是案吏害怕谢知府的形势，让贫弱之家受委屈，因此要再加以追究。

5. 为人告罪。这一篇判状没有提到任何姓名，但是前后都是有关谢宅的判状，文中又提到“身为士人，强奸人妻”，可能和前面谢九官人的案子有关。事情是有人自称进士，招呼十余人，进入衙门，为涉案的士人陈情。黄榦不接受他们的陈情。

6. 宋有论谢知府宅侵占坟地。谢知府宅假作曾吏部宅的名字，强买宋有、宋辅兄弟共有的祖先坟地。这块坟地，宋有兄弟曾经立约不得典卖，而签署买卖契约的是宋辅尚未成丁的孙子宋朝英，而宋有也作为知见人签押。据宋有向官府指出，他之所以签押，是因为宋朝英被谢宅关了起来，一家人都很害怕，只好签押。

7. 王显论谢知府占庙地。王显用自己家的地盖庙，靠民众到庙里祈神来养家。谢知府在旁边盖房子，把庙的通路占为花圃，又在庙的四周种竹子来遮阴花圃，再把王显赶走，让自己的族人来做庙祝。王显于是向官府论诉。

8. 张凯夫诉谢知府宅贪并田产。张凯夫的寡母陈氏将亡夫所遗留的产业卖给谢宅，为张凯夫所控告。经过可能是张凯夫并非陈氏亲生之子，而是陈氏亡夫所立的继嗣。按法令，继嗣对于遗产拥有产权。谢宅为了侵占这一产业，首先唆使陈氏逐出张凯夫，再由陈氏做主将田产卖给谢宅。

从这些案件可以看出，在黄榦担任新淦知县短短的两三年内，谢知府宅就闹出了那么多的事情。谢宅不仅侵扰百姓，而且又抗缴税租。黄榦在写给朋友的一封信里提到，江西各县收秋苗米一向每石加耗共收一石七斗，并不只新淦一县如此，但谢知府硬是只肯一石就只交一石。谢知府所以敢于如此放肆，一方面由于他的官位，另一方面也由于他和县里的官员早有交结。以往的县官每月朔望都要到这些豪势之家拜谒，黄榦来了才没有这样做。可是当黄榦偶因身体不适，让属下王姓县丞权代职务，谢知府便向官府提诉状，扰害百姓。后来黄榦因押运纲粮而必须离县，竟请求借调新喻县丞来代理，而不让王姓县丞代理，就是因为他认为此人和寓公太熟，多顺从他们的请托，担心势家会借此机会迫害百姓。黄榦以一个小小的知县，而去对抗一个曾任知府的官户，的确不是一件容易的事。

三、贫穷救济与地方建设

身份和财富固然有人借以作恶，但是也有人借以行善。另外有一些乡居官户与士人，在乡里中救济贫穷，参与建设，获得地方上民众的敬爱，其中有一些甚至因此而有“长者”之称。自然不是只有官户、士人才会关怀乡里，有些没有读过很多书的人也有同样的心愿和行为，不过官户、士人以他们所受的教育，应该对造福民众有更强的动机。以官户、士人相比较，士人在这方面的表现，不逊于官户，甚或犹有过之。这可能是由于一些士人在无意进取之后，长期居住在乡里，易于形成和地方上民众休戚与共之心，对邻里的急难因而比较关心。一些有同样表现的官户，其实也已经无意仕途，长期住在乡里，情况和绝意仕进的士人相同。

乡居官户、士人救济贫穷和参与建设的行为，在宋代史料中随处可见。何以这类行为如此常见？这应该也和当时政府治理地方的能力有其限度有关。宋代无论农村或城市，贫民均占人口的大多数。即使像南宋临安这样富庶的大都市，贫民的比例也要达到50%左右，其他地方就更不用说。众多的贫民，平时的生活已成问题，如果有饥荒发生，问题就更严重。政府虽然有各种济贫制度，但是能力有限。以用于赈济和赈粜的常平仓、义仓来说，这两种仓储都设在郡城或县城，施惠常只及于城市之民，对于城市以外广大农村的贫穷救济有鞭长莫及之感。不仅如此，由于地方财政困难，两仓的储粮又常被挪用，仓储因此严重不足。地方财政所以困难，原因在于地方赋入大部分取作上供，这种情况从宋神宗熙宁年间（1068—1077）以后愈来愈严重，州郡所留有限，县邑则更为困窘。县邑的官员既少，又缺乏经费，对于平时与灾荒时的贫民救济问题固然难以处理，有关民众福祉的各种地方建设也不易进行。由于政府功能不足，长者这一类型的人物在乡里中有相当广大的活动空间。

以贫穷救济来说，官户、士人在乡里中这一类活动是多方面的，即使在没有灾荒的平时，他们已经常对贫民赈粮、施药、施棺、宽免欠债。到了饥荒发生时，他们更提供钱谷，竭智尽力，从事赈灾。赈米的数量，有时可以达到数千石，甚至上万石，而受到他们照顾的邻里，有时可以达到一两千家，甚至数万人。

这一类的赈济，以个人从事者为多，但是也已经出现集合众人之力，共同进行的例子。前面提到镇江府金坛县乡居官户刘宰，就曾经在嘉定二年（1209）、嘉定十七年（1224）、绍定元年（1228）三次与人合办大规模的粥局。第一次前后施赈半年，受救济的最多达每日4,000人；第二次前后施赈五十六日，受济者最多达15,000人；第三次前后施赈三个月，受济人数不详。这三次合众力而成的粥局，无论倡议、组织或出资，官户和士人都在其中扮演了重要的角色。其中第二次留有捐助钱谷者的姓名和身份，见于《江苏金石志》卷十五《金坛县嘉定甲申粥局》记文之后，六十多人中，有官职或官称者达十八人，称乡贡进士、国学进士、国学待补生、府学学谕者达三十人，可见是以官户、士人为主干。刘宰和同乡的官户、士人合作进行赈济规模虽然大，却只是临时性的，在其他一些地区，已经有了例行性的共同赈济。周必大在《谭宣义墓志铭》中讲到吉州永新县的情形：

> 庐陵郡统县八，永新为大，西界湖湘，壤沃地偏，民生自足。间遇水旱疾疫，凡邑之大家，分任赈恤之事，某家发廪，某家给薪刍，某家药病者，某家瘗死者。以是流殍稀鲜。县官推勘分赏，必首及之，君子喜其近古。惟谭氏儒术起家，好善乐施，至宣义君复合前四美，终身行之。（周必大《文忠集》卷七二）

可知这里的富家，每遇灾荒、疾疫，合作进行赈恤，分摊不同的责任，已经成为长期例行性的工作，而作为参与者之一的谭氏，有宣义郎的官称，又是“以儒术起家”，是官户或士人。其他参与者之中，也未必没有这类家庭。

除了灾荒时的赈济之外，也有士人或官户，即使在平时，也以个人之力从事对邻里例行性的济助。例如婺州人潘好谦（1117—1170），曾以荫补官，居乡里时，灾荒时的赈济和平时的例行性济助同时推行，“天雨雪劳，赐并舍贫者岁有常，其尤厚者月有秩；年凶民流，则间发囷泛给之”（《东莱集》卷十三《潘朝散墓志铭》）。到后来潘好谦的侄子潘景宪（1134—1190）仿朱熹社仓法在家乡设置社仓，并制定详细的规条，可以说是这种平时例行性济助进一步的制度性发展。

官户、士人所参与的济助民众措施，具有制度性的是社仓。社仓在每年新陈不接时以低利贷米农民，到秋收后收回，也是一种平时的例行性济助。前面提到在建宁府建阳县设仓的魏掞之是乡居士人。乾道五年（1169），朱熹和刘如愚在建宁府崇安县有类似的做法，刘如愚有左朝奉郎的官衔，是官户。而崇安社仓的兴建和管理，根据朱熹在《建宁府崇安县五夫社仓记》所记：

> 司会计、董工役者，贡士刘复、刘得舆、里人刘瑞也。既成而刘侯之官江西幕府，予又请曰，复与得舆皆有力于是仓，而刘侯之子将仕郎琦尝佐其父于此，其族子右修职郎玶亦廉平有谋，请得与并力。（《朱文公文集》卷七七）

除了刘瑞之外，其他四人或是贡士，或有官称。淳熙八年（1181），朱熹上疏朝廷，建议推广社仓于全国，奏疏中也说道：

> 有愿依此置立社仓者，州县量支常平米斛，责与本乡出等人户主执敛散，每石收息二斗，仍差本乡土居或寄居官员、士人有行义者，与本县官同共出纳。（《朱文公文集》卷十三《辛丑延和奏札四》）

每石收息二斗是二分的利息，这在当时认为合理的贷放利息是三分至五分，而有些富家的高利贷更高于此的情况下，已属低利，可以减轻农民的负担。在朱熹的建议中，由地方官户、士人参与经营，这应该也就是取自崇安社仓推行的经验。以后社仓推广，有官府所设和民间所设的分别，民间所设的社仓，有许多都是由官户、士人出资设立；而官府设立的社仓，也往往敦请乡里士人出来主持管理。

以地方建设来说，无论兴修水利、改善交通、修筑城墙等与大众有关的建设，或是兴修学校、贡院这一类有关于士人本身活动的建设，都可以看到地方官户、士人积极参与。他们在倡议、出资、筹划、工程进行中，常常扮演重要的角色。而地方官有各方面的建设构想时，也常会征求他们的意见，争取他们的合作。有些地方建设，往往由地方官户、士人承担了大部分的经费。譬如明州州学在建炎年间（1127—1130）毁于兵燹，郡人前韶州司户曹事林暐，“首捐金钱数十万，草刱黉宇”（《宝庆四明志》卷二《学校》），然后学校各项建筑才逐渐复原。又如宋孝宗末年，明州奉化县学年久失修，县官想修建而缺乏经费，而“邑士汪君伋素好为乡里义事，闻之，谓其弟份曰，是吾曹责也，不待劝率，不谋于众，以身先之，首创大成殿，增广旧址，不日而成”。然后就有里中善士董安嗣、徐如松等三十二人出来修建其他的建筑，“凡为屋四十楹”（《攻媿集》卷五四《奉化县学记》），可以说没有动用到政府的经费。除此之外，也有一些官户、士人喜欢捐钱帮地方盖庙宇。

何以一些官户、士人这样乐于行善？他们有各种不同的动机。其中有些人是想要获得政府的旌赏，宋代政府为了劝谕富家赈粜或者赈济，悬有赏赐官爵的赏格，也确实收到若干效果。但是也有许多人并非为了现实的利益，只是抱着人饥己饥之心，认为是义所当为。宋代理学盛行，这样的一种心愿，又被赋以“仁”的内容。北宋理学家张载首先将仁从抽象的观念推论到具体的社会，而有《西铭》一文。《西铭》文中所描绘人人都能顺畅生活的社会蓝图，成为此后理学家所共有的理想。从这一理想来观察当时的社会，自然应该对众多困苦的民众加以扶助，这种社会理想，成为一些南宋士大夫设立社仓的推动力量，只要读读当时人所写的社仓记就可以知道。不仅社仓的设立是若此，一些受过理学熏陶的士人，在灾荒施赈时也抱着同样的理想。

不过一些官户、士人为民众福祉而尽力，尽管不是为了获得官府的旌赏，也未必就完全没有现实考虑的动机。譬如社仓的创设，动机之一是为了减缓农村粮食问题所引起的社会不安。前述潘好谦之兄婺州士人潘好古（1101—1170），旱灾时听任民众用他个人所有的塘水来灌溉，并且把自己的田亩辟为水塘，好储存更多的塘水，别人说田亩膏腴可惜，他表示“乡邻安则吾安矣”。因为社会的安宁不仅关系着乡民的福祉，也关系到自身的安危。此外，也有人把利益着眼于长远的将来，譬如说子孙繁衍茂盛，或者有助于子孙功名顺遂。真德秀在《浦城劝粜》诗中说：

> 不仁而多财，聚易散亦易。惟有种德家，福禄可长世。不闻眉山苏，盛美光传记。卖田救年荒，生子为国器。（原注：即三苏父子也。近世三山黄长者家，喜赈施，子朴为己丑大魁。）（《西山先生真文忠公文集》卷一《浦城劝粜》）

真德秀的用意虽在劝谕，但是一些官户、士人未必没有这样的想法。从事赈施的士人之家，许多都是从科举的竞争中退下，而经营产业，他们对自己未能达成的目标，想必寄托在子孙的身上，毕竟由考试得来的功名，是凭自己的学力取得，要比官府的旌赏实在得多，光荣得多，也更加有发展前景。施人以德有如栽种作物，将来会有收获，所以称为“种德”。但是栽种作物，也许几个月之内就有收成，种德要有收获却需要更长久的时间，将来可能会落到子孙的身上。嘉定二年（1209）、三年（1210）间，江淮饥荒，陶士达以低价粜米给邻近两千家，他的墓志铭里这样写着：

> 君不求仕，教子而已。一钟之粟，分人之灾，非如畦种，可计日待也。而大章、大甄并入太学，大章擢丙辰第，大甄未

几以上舍策名。(周南《山房集》卷五《陶宣义墓铭》)

墓志铭的作者,岂不喻示陶士达施赈种德和他的两个儿子获取功名的关系?

第十二讲参考书目

一、专著

梁庚尧,《南宋的农村经济》。台北:联经出版事业公司,1984,第五章第二节。

张文,《宋朝民间慈善活动研究》。重庆:西南大学出版社,2005,四1、2。

二、论文

青山定雄,《北宋を中心とする士大夫の起家と生活倫理》,《東洋學報》第五十七卷第一、二号,1976,东京。

邱佳慧,《从社仓法的推行考察南宋金华潘氏家族发展》,《淡江史学》第二十五期,2013,新北市。

梁庚尧,《南宋的社仓》,收入氏著,《宋代社会经济史论集》。台北:允晨文化实业股份有限公司,1997。

梁庚尧,《豪横与长者:南宋官户与士人居乡的两种形象》,收入氏著,《宋代社会经济史论集》。

陈智超,《南宋二十户豪横的分析》,收入邓广铭、徐规主编,《宋史研究论文集:一九八四年年会编刊》。杭州:浙江人民出版社,1987。

爱宕元,《五代宋初の新興官僚——臨淄の麻氏を中心として——》,《史林》第五十七卷第四号,1974,京都。

刘子健,《刘宰和赈饥》,收入氏著,《两宋史研究汇编》。台北:联经出版事业公司,1987。

第十三讲 | 新士族势力的兴起

一、官宦世家

尽管从魏晋南北朝延续到隋唐的一些世家大族到宋代已经消失，当时人也认为“取士不问家世，婚姻不问阀阅”是五代以来的特色，但是社会上仍然存在着一些官宦世家，其中有的甚至在政治上长期活跃，掌握朝廷大权。在第九讲曾经讲到学者对于《宋史》列传中北宋政治人物的家世背景统计，仍然有不及二分之一的人物出身于官宦家庭，出身于高官家庭的也有四分之一左右，正是这种情况的反映。这是科举社会的另一个面相，所谓社会性质的改变，只是就比较上而言，家世在宋代社会里并非丝毫不值得重视。这一讲所讨论的宋代官宦世家所出自的“士族”，是指当时的士人或士大夫家族。

元代费著的《氏族谱》（收入周复俊编《全蜀艺文志》卷五三至卷五五），记录宋代成都及其附近地区的四十几个官宦家族，每个家族兴盛的长短时间不等，有的两三代仕宦，有的五六代仕宦；在宦途上的表现也不一样，有的任中央高官，有的则似乎没有太大的发展。其中最盛的是范氏。范氏在五代时不仕，到北宋中叶，范镃、范镇（1008—1088）的一代开始在科举上有表现。范镃以进士甲科终陇城令，范镇则是宋仁宗宝元元年（1038）的省元，在宋神宗时做到翰林学士，和司马光是好友，由于和王安石不合而致仕。范镇的子、孙、曾孙三世登科。范镃之弟、范镇之兄名范锴，也曾任官；他的儿子范百禄（1030—1094）做官做到中书侍郎，范百禄的哥哥范百祉，儿子就是有名的史学家范祖禹（1041—1098），做官做到翰林学士兼侍讲，范祖禹的儿子范冲（1067—1141）也做到翰林学士；范百祉的曾孙辈都任朝廷高官，也有几个是“不克显”，再往下去玄孙辈又在科举上出头。范百禄的另一个哥哥范百朋的后人，也有人登科。费著对范家有这样的评论：

> 蜀父子兄弟登科至联四世，诸子登科，世又掌丝纶，人共推范氏。论其世德，皆有传。大抵其积也远，其施也博，其传也不已。凡范氏父兄子弟名位虽不尽皆通显，而施为率从厚，为部刺史，为郡守相，门第盖相望。三岁一举，中选者多，记不胜书，至以赏、以恩、以封、以赠，又略焉。它族什如其二三，号曰盛，至范氏则人人以为当然。（费著《氏族谱》）

范家从北宋中叶到南宋中叶先后至少六代都曾经有人入仕，而且有人在朝廷身居高位。这样的表现，在成都附近的家族中，的确是特出，但却也不是个例。其他家族固然不敢望其二三，但从《氏族谱》的记载中已可知道，这种累代仕宦的家族，在成都附近地区不是少数，至于范氏家族在南宋中叶以后的变迁如何，则已不得其详。

在一个地区出现一群官宦世家，大概也不是成都附近地区才有的现象。成都附近由于文风很盛，这类家族比较多，在其他地区，或许有程度上的差异，却也不难看到类似的情形。台湾“清华大学”历史学研究所的何晋勋完成于1995年夏天的硕士论文《宋代地方士大夫家族势力的构成——以鄱阳湖地区为例》中，统计饶州各县的进士，发现大约有一半甚至更多是集中在几个姓氏里，其他许多姓氏合起来所占还不到一半，北宋的比例要比南宋更低。所以他认为在这一个地区，有一些功名姓氏维持着稳定的势力。当然同一个姓氏的人，未必就是同一个家族，但也不能完全排除这一种可能性。就算是集中的程度没有这篇论文中所估计的那样高，这一个地区也的确有一些世代仕宦的家族，其中有的甚至活跃在中央政府。

饶州这一类家族中，经过研究的有德兴县张氏和浮梁县程氏。以张氏为例，张氏原本是一个农家，到宋仁宗嘉祐（1056—1063）、宋英宗治平（1064—1067）年间张须、张汲弟兄先后进士及第。长兄张潜则在家经营产业致富，积极培养家中子弟读书。他的几个儿子都曾应举，却未能及第，只有三子张由晚年获特奏名。张潜的次子张盘，大概是因为叔父的恩荫，曾经任主簿小官。张盘的四个儿子有三个进士及第，其中张根做到转运使，张朴则在朝廷做到中书舍人。他们的堂兄弟张植也曾及第任官，做到提点刑狱，官都不算小。张根的儿子张焘（1092—1167）把张家的政治事业发展到顶点，他在北宋末年进士及第，在宋高宗时曾在朝廷任吏部尚书，在地方任安抚使，宋孝宗初年则曾任同知枢密院事。他的两个儿子都是以荫入仕，做官做到地方的监司，孙子辈则官位更低，再往下的情况则已不得而详。张氏家族的显赫虽然比不上前述的成都范家，却也从北宋中叶到南宋中叶连续有六代仕宦。至于程氏，在北宋中叶程节、程筠以科第起家，但是他们的子孙都只能以荫补入仕，到北宋末年在仕途上的发展已经无法持续，仕宦前后大约只维持了三代。

饶州世代仕宦的家族并不止张氏、程氏两家。南宋晚期，张世南在《游宦纪闻》卷六中有这样一段记载：

> 鄱阳自雍熙乙酉（二年，985）梁颢榜，至绍定己丑（二年，1229），登科者五百七十余人。其间三世联登者，唯三家：龙溪先生汪藻（1079—1154）、汪盘、汪谷；张宗谔、张琮、张棫；鲍煜、鲍安世、鲍升之。汪氏之登科者七世，张氏今亦六世，然非正嫡相续也。鲍氏安国、安行、安世兄弟，三科连

中，故程文昌伯禹赠之诗，有“七年三破桃花浪”之句。其余父子兄弟俱中科第者甚多，不胜记载。

能够有六七代连续登科，自然至少也有六七代连续仕宦。即使没有几代连续登科的家庭，也可能以科举、荫补等方式互相配合，而成为官宦世家。

再一个例子是兴化军。简杏如在完成于1996年夏天的台大历史学研究所硕士论文《宋代莆田方氏家族》中，也做过统计。兴化军莆田县的宋代进士，虽然各个姓氏都有，但是多数的姓氏两宋合起来不会超过十人，唯独方、林、陈、黄、郑五姓特别多，方氏有111人，林氏有98人，陈氏有94人，黄氏有66人，郑氏有56人，合计北宋五姓共205人，占莆田进士人数的60%；南宋五姓共220人，占莆田进士人数的一半。在兴化军三四代连续登科的家庭也有不少例子，在李俊甫的《莆阳比事》卷一里，就有一条“三世登云，四代攀桂”，叙述了兴化军包括莆田、仙游、兴化三县在内三、四代连续登科的家庭总共十四个。

在莆田的科第姓氏中，从上列的数字可以得知，自然以方氏最为兴盛。但是莆田方氏的例子，也可以让我们尝试从另一个角度去思考，这也是前面讲饶州时所提过的，同一个地区的同一个姓氏，是否就可以算是同一个家族？莆田方氏在宋代大别可以分为长史、白杜、方山三派。长史一派源出于唐都督府长史之孙廷范，亦即方氏后人所称的长官；白杜一派家谱上讲是唐末名阀之后，也有传说是长官的遗腹子，和长史派还可能有点关联；而方山一派则出自唐泉州长史叔达之后，和长史一派似乎没有血亲关系。即使是长史一派，在宋代尚未统治福建的闽国时期，就已经分为六房，从北宋到南宋那样长久的时间，各房各支关系愈来愈疏远，南宋晚期方大琮就说：“其且远者，相值于涂，憧憧往来不相孰何，固宜。噫，由一人之身，分而至于涂人……”（《忠惠铁庵方公文集》卷三四《方氏族谱序》）

即使是方大琮推算自己的族人，也只能从北宋末年的福平长者方祐算起，到他是玄孙辈，再加上他的下一辈，“合六代子孙余二百人”（《忠惠铁庵方公文集》卷三七《记后埭福平长者八祖遗事》）。福平长者本人并没有从事举业，到他的儿子辈开始有人得解，孙子辈开始有人进士及第。方大琮在《记后埭福平长者八祖遗事》一文中记载福平长者的后代在举业上的成就：

> 端溪丞公讳衡，第三子，首预乡书，长者喜甚。南安丞，第十孙，与长者同疏，则孙十一人皆当见之。绍兴甲子（十四年，1144）乡荐二，又十五年，己卯（二十九年，1159）荐亦二，遂登庚辰（三十年，1160）进士第，文子之祥，始兆于此。曾孙三十人，淳熙丁酉（四年，1177）、庚子（七年，1180）、癸卯（十年，1183）七年三诏，荐者七，登第二，特奏一，渐趋于盛矣。玄孙五十三人，甫十预荐，某才品最下，偶脱场屋，居昆仲先，而真才硕能所望以张吾军者，犹未易量。来孙八十余人，预荐者甫一二见，七世孙又将诜诜矣。（《忠惠铁庵方公文集》卷三七）

据方大琮所述，可知福平长者后人众多，而能预乡荐者有限，能进士及第者更少，但从儿子辈起，每一代都有人预荐，孙、曾孙、玄孙三代，每一代均有人及第，方大琮本人在地方、朝廷都曾任过官，曾经做过广东经略安抚使，他的儿子方演孙也曾经仕宦，在时间上已经到了南宋末年。

学术界最熟悉的例子应该是明州。只要翻阅袁桷《延祐四明志》卷六所载宋代明州历榜的进士名单，就可以发现从北宋中叶到南宋晚期，像楼、史、汪、袁、高等姓氏经常出现。包括这几个姓氏在内，许多姓氏进士名字下都会注明他们彼此之间的亲属关系，这说明这里有些家族不断有人在科举上取得成就。不断有人及第，就成为官宦世家。明州的官宦世家，像史氏已有美国学者戴仁柱（Richard Davis）的研究，楼家已有美国学者万安玲（Linda Walton）及包伟民、黄宽重的研究，汪家、袁家、高家也有黄宽重的研究，晚近对这些家族的研究又续有增加，是研究得比较清楚的一个地区。

明州的官宦世家，有些好几代都在朝廷有特殊表现。《延祐四明志》卷六《衣冠盛事》曾经列举：

> 四世宰执：史才（枢密），侄浩（丞相、越王），子弥远（丞相、卫王），从侄嵩之（丞相、永国公）。父子宰相：史浩，子弥远。父子御史：王次翁（御史中丞），子伯庠（侍御史）。父子侍从：杨王休，子烨；袁燮，子甫；魏豹文，子峻。父子西掖：陈居仁，子卓。祖孙侍御史：陈禾，四世孙大方……祖孙侍从：林保，孙祖洽……兄弟侍从：史弥大，弟弥坚；史宅之，弟宇之。

其中父子西掖的陈居仁和其子卓，都曾任中书舍人。这些官宦世家里，最引人注目的，自然是四世宰执、父子宰相、兄弟侍从的史家。这个家族在南宋可以说是权倾一时，“满朝朱紫贵，尽是四明人”（张端义《贵耳集》卷下）的谚语，也就是因为史家在朝廷中喜欢引用明州同乡而得来。

史才（？—1162）的祖父史简是一个家境并不很好的士人，父亲史诏曾经由地方以八行贡于朝，但他不肯就。史才、史浩都进士及第，史弥远（1164—1233）一辈的堂兄弟包括史弥远在内至少有九人进士及第，史嵩之（1189—1256）一辈的堂兄弟包括史嵩之在内，及第的人数大概也不少于这个数字。史家在宦途上的发展不限位极人臣的史才、史浩、史弥远、史嵩之等四人。楼钥在《跋叶夫人墓志》（叶夫人为史简妻，墓志见《攻媿集》卷七四）提到史浩一辈已有五人入仕，史弥远一辈自然更多。楼钥写这篇文章时，史弥大已经做到礼部侍郎，史弥正做到两浙路提刑，史弥远则还只是起居郎。根据估计，这一代史家族人约有四分之三有官位、官职。但是也由于史弥远、史嵩之牵涉朝廷上的政治斗争太深，也过于专权，他们的作为引起很大的争议，有些族人后来为了表明他们不满的立场而不愿出仕。到了南宋灭亡，由于政治局势的改变，这一个曾在政治上极度显赫的家族便不免走向没落。南宋末年史家在鄮山山麓所建的家祠，入元之后“时异势殊，颓垣荒址，过者悯焉”（程端学《积斋集》卷四《跋二史公唱和诗》）。

宋代在政治上显赫到几代担任宰相，执掌国柄的，并不止南宋史氏一家，北宋河南吕家也有同样的情形。这个家族一直活跃到南宋。吕家的祖先可以追溯到五代后唐的吕梦奇，从吕梦奇开始，吕家就是一个官宦世家。他的两个儿子吕龟图、吕龟祥都在宋朝初年任官，他们的五个儿子有四个进士及第，其中吕龟图的长子吕蒙正（946—1011）是太平兴国二年（977）榜的状元，在宋太宗、真宗时三度入相。宋真宗曾问吕蒙正：“卿诸子孰可用？”吕蒙正回答说：“诸子皆不足用，有侄夷简，任颍州推官，宰相才也。”吕夷简（979—1044）于是见知于宋真宗。吕夷简是吕龟祥的长孙，进士及第，到宋仁宗时果然也三度入相。吕夷简的几个儿子都在恩荫授官之后，再取得进士出身，次子吕公弼（1007—1073）在宋英宗时曾任枢密使，三子吕公著（1018—1089）则在宋神宗时任同知枢密院事，是执政的职位，到宋哲宗初年出任宰相。吕公著的孙子吕好问（1064—1131）以恩荫得官，在宋高宗初年任尚书右丞，也是执政的职位。所以王明清在《挥麈前录》卷二中讲吕家“相继执七朝政，真盛事也”。至于吕氏族人担任其他中央职位，或是地方长官的，则人数更多。不过吕家从北宋晚年已经逐渐往学问的方向发展，到吕好问的曾孙辈吕祖谦、吕祖俭（？—1196），都是著名的学者，而且他们家在南宋初年已迁居浙东婺州。吕家的再下一辈，则已罕见他们的活动。

北宋还有不少家庭，父子兄弟先后执政。徐度《却扫编》卷上

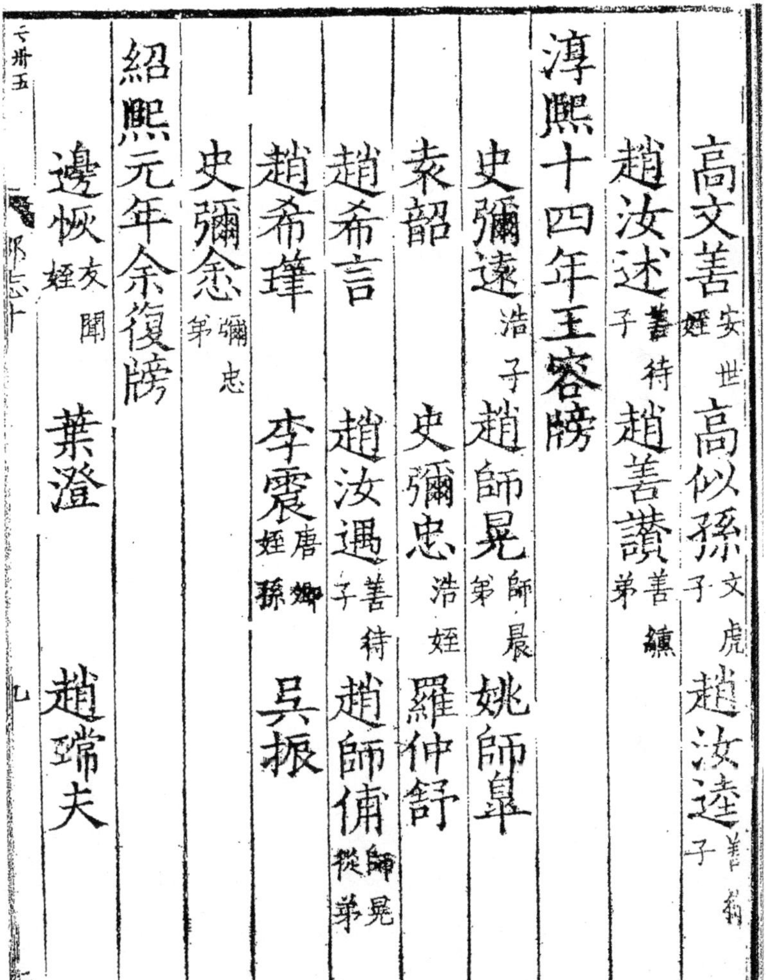

高文善 安世姪　高似孫 文虎子　趙汝逵 善[illegible]子

趙汝述 善待子　趙善讃 善續弟

淳熙十四年王容牓

史彌遠 浩子　趙師晃 師晨弟　姚師臯

袁韶　史彌忠 浩姪　羅仲舒

趙希言　趙汝遇 善待子　趙師傭 師晃從弟

趙希瑋　李震 唐卿姪孫　吳振

史彌悆 彌忠弟

紹熙元年余復牓

邊恢 友聞姪　葉澄　趙端夫

淳熙十四年（1187）王容榜的部分，史家就有史弥远、弥忠、弥悆三人上榜，名字下分别注明是“浩子”“浩侄”“弥忠弟”。史浩是宰相，登第见于绍兴十五年（1145）刘章榜；史弥远也做到宰相，且是权臣。

载，至绍兴年间（1131—1162）时，父子秉政有十二家，兄弟秉政有七家，祖孙秉政有四家，叔侄秉政有三家。其中比较特殊的有韩亿（972—1044）和他的三个儿子韩绛（1012—1088）、韩维（1017—1098）、韩缜（1019—1097），父子四人先后任执政、宰相；韩琦（1008—1075）和他的儿子韩忠彦（1038—1109）先后任宰相，而韩琦的曾孙韩肖胄（1075—1150）则曾任执政。《却扫编》的统计只到宋高宗朝为止，后来宁宗朝的权相韩侂胄（1152—1207）据记载也是韩琦的曾孙，不过他的权位更重要的是来自其外戚的身份，其祖父嘉彦娶宋神宗之女，父亲诚（或作诚）娶宋高宗妃之妹，这位妃子即后来的宪圣吴皇后。这些例子，说明显赫到不断执掌中央政权的官宦世家，在宋代也不稀有。

二、起家、延续的途径

这一类家族是怎样兴起的？以什么方式延续他们在政治上的地位？是否仍然像魏晋南北朝隋唐的门第一样，即使改朝换代也无法影响他们在政治社会上的势力？

这一类家族，大体上都不是唐代以前门第势力的延续。费著《氏族谱》中所记载的成都名族，很多都追溯祖上渊源到唐代的名人、官宦，在唐僖宗时因为黄巢之乱而迁入四川。一来这些渊源追溯未必可靠，二来即使他们确实是系出唐代名族，他们在宋代的兴起也和唐代这些名族的政治社会地位没有延续的关系。以成都范氏来说，追溯渊源到唐代宰相范履冰（和范仲淹同源），但是迁到四川之后，在唐末、五代都没有人出仕，经过三代，才能“有立为著姓”，可见家族的地位是重新建立起来的。饶州德兴张氏也把自己的祖先追溯到唐代的官宦家族，但实际上到张潜这一代为止，已经有四五代“潜德不仕”。河南吕氏从五代后唐吕梦奇以来仕宦，可是祖先只能追溯到吕梦奇的父亲，就再也追溯不上去。韩琦的祖先也是从五代以来仕宦，远祖则可以追溯到唐代的官宦，但只是地方政府的低层官员，而且中间也有两代没有出仕。韩亿的父亲只是从河北到开封读书考试的士人，当韩亿初考中进士，宰相王旦择他为婿，王家族人群起反对，认为韩氏不甚显大，并非大家著姓，可见他出身比较寒微。至于明州的史家、楼家、袁家等几个家族，都是北宋庆历兴学以后才兴起的士人，没有远祖可以追寻。只有莆田方氏，从晚唐到五代时期的闽国，官宦不断，但是方氏在唐代算不上名门大族，而且追溯到晚唐就再也无法追溯上去了。

从一个没有功名的家庭，起家而成为官宦家庭，在宋代的社会里，自然要靠科举上的成就。前面提到的成都范氏、德兴张氏、四明史氏都是如此。但是即使已经是官宦家庭，要想能够世代延续，科举也仍然是最重要的途径。所以费著在《氏族谱》中强调范氏家族能够“世其科”“父子兄弟登科至联四世”；李俊甫的《莆阳比事》里会有“三世登云，四代攀桂”的条目。北宋的河南吕氏、南宋的四明史氏世代官宦，家势显赫，可是他们家中的优秀子弟，仍然要求取进士出身，即使已经取得了恩荫，也还是要再参加科举考试。如果只有恩荫，在仕途上并非不可能有所发展，但是毕竟会受到比较多的限制。德兴张氏到了张焘的儿孙辈全靠恩荫入仕，表现便远不如他们的父祖。四明史氏到了史嵩之的下一辈，中进士的人数已经大为减少，也正象征着史家的势力走向衰退。前面提到的一些官宦世家，几乎没有一家不是在他们家族兴盛时期，在科举上也有优异表现。

要在科举上有所成就，必须要靠本身的实力。考试当然免不了有弊端，也免不了靠机运，但是宋代考试制度严密，个人的实力仍然是最重要的因素。要子弟在考试时能够表现出实力，就必须重视教育。无论对一个官宦家族的起家或延续来讲，子弟教育都是一项很重要的事情。重视教育，子弟固然不一定在举业上有成就，但是不重视教育，子弟却很难在举业上有成就。前面几讲已经讲过四明楼家、袁家对子弟教育的重视，史家的情形也是一样。当史简去世之后，妻子叶氏守寡，家境清寒，却仍然鼓励其子读书修身：

> 四壁萧然……恶衣菲食，杜门自守，俾女织绩，教子读书，人不堪其忧，夫人盖自若也。逮其子长，勉从乡先生游。夫人每戒之曰，纵观圣贤之书，而操笔作语为士者，孰不能？要当慕古人行己为贵尔。其子愈自刻励，遂以问学德业为士大夫称道。（罗浚《宝庆四明志》卷九《叙人·中·列女》）

这时史氏家境寒微，尚未起家。到了史浩位极人臣，还乡告老，仍然没有忽略族人的教育，他延请沈焕、袁燮、杨简、吕祖俭等学者，到家中讲学，教育子弟。所以楼钥讲他所见到的史家子孙，“大率性行端良，相勉于学”（《攻媿集》卷七四《跋叶氏夫人墓志》）。教育不仅在于知识，也在于品德，史家子弟大率性行端良，所以能够免于一般贵盛子弟的偏差行为，不至于败坏家门。

许多家庭重视教育往往是在经济富裕之后，所以家庭的经济状况也是一个足以发挥影响力的因素。德兴张氏就是在张潜经营产业致富之后，开始搜购书籍，建立斋馆，延聘明师，来教育子弟，而且让其他人家的子弟也来一起共学。同是德兴人的汪藻，在一篇名为《为德兴汪氏种德堂作记》的文章里，这样写道：

> 汪氏世家新安。当唐末五季干戈纷扰之时，衣冠散处诸邑之大川长谷间，率皆即深而潜，依险而居。迨宋兴百年，无不安土乐生。于是豪杰始相与出耕，而各长雄其地，以力田课僮仆，以诗书训子弟，以孝谨保坟墓，以信义服乡闾，室庐相望为闻家，子孙取高科，登显仕者，无世无之。而汪氏尤其章章者也。（汪藻《浮溪集》卷十九）

就是把力田致富、教育子弟和世代高科显宦连在一起讲。但是家庭经济环境对于科第、仕宦的影响，却也不是绝对的。一个士人家庭如果已经把业儒当作人生的理想，即使在贫困的环境中也会坚持下去，前面讲到史简的妻子叶氏对儿子的教导，就是一个例子。以前也提到过不少家境贫寒的士人，及第起家，成为著名的官宦。一个贫困的家庭，在家中有人入仕之后，经济情况多少会好转，教育下一辈应该更不成问题。但是下一辈能否学好，却不是家庭的经济情况所能够决定，清寒子弟有时比富裕子弟更能够奋发。不过财富可以提供比较好的教育条件，却是不能否认的。至于财富的多寡，则和官位的有无或高低没有必然的关联，高官显宦之家不见得每一家都比一般家庭有更好的经济条件。

官宦家族的延续，子孙多寡和寿命长短或许也会有影响。像前面提到的莆田官宦世家方氏，福平长者的一支，到方大琮的下一辈，已经“合六代子孙余二百人”。费著《氏族谱》中的华阳李氏，也是“族大子孙多”，而“近世多有以世科名闻其世”，另一支官宦世家成都房氏在排行从的一辈有兄弟四人，下一辈排行知，共八人，再下一辈排行昭，再下一辈排行审，审字辈有十八人，再下一辈排行希，有三十八人，希的下一辈有六十四人，再下一辈超过百人，再下一辈则已超过两百人。子孙多，出头的机会也多，某些地区的几个特定姓氏中举的人数特别多，也有可能是这几个姓氏在地方上繁衍最盛、人口最多的缘故。如果家中的男丁寿命不长，就会影响到考试的机会和宦途的发展，也会影响到家庭的经济，还可能减少了多子嗣的机会。像费著《氏族谱》中的成都吕氏，从吕陶起，到第三代以后，在宦途已无所发展，原因就在于“兄弟皆不得中寿”，所以“家声为不长”。

官宦家族的政治社会网络，对于家族地位的延续有重要的作用。高官和皇帝的关系，是这一张网络中重要的一部分。皇帝赏识大臣，也有可能连带地想提拔他的子弟。尽管宋真宗在科举考试发榜之后曾经问宰相王旦等人:“有知姓名者否?”可是他也问过另一位宰相吕蒙正:“卿诸子孰可用?”吕蒙正因此向皇帝推荐侄子吕夷简。但是这一种皇帝特达之知究竟不常有，对于许多官宦来讲，比较可靠的是婚姻关系，婚姻关系虽然很难帮助一个士人在科举考试中成功，却不能说对一个官宦在仕途上的发展没有帮助。

官宦家族家世与婚姻关系的研究，自日本学者青山定雄起始之后，已经累积了不少成果。学者的研究发现，宋代的一些高官之间，往往有错综复杂的婚姻关系，而且有时会延续好几个世代。他们为子女选择婚姻对象，尽管不像中古时期的高门大族那样严格讲究门第，但是门当户对仍然是重要的考虑，有时选择缺少家世背景的新科进士，也是看中他们将来在政治上会有大好前途。像前面讲宋真宗时宰相王旦挑中新及第的韩亿做女婿，族人因为韩亿并非大家著姓而反对，但是韩亿后来做到参知政事，可见王旦的确有眼光。王旦的其他女婿、媳妇则都是出自高官之家，甚至好几个是出自宰相家庭。而王旦的亲家之间，彼此又有婚姻关系，像一张网一样，把这些高官之家联结在一起。执政七朝的河南吕氏，也是这张网络中的一分子。这种高官家族之间错综复杂的婚姻，自然有利于他们援引亲戚子弟，延续家族的政治地位与势力。韩亿的几个儿子，把这种婚姻的政治作用做了高度的发挥，也因此引起苏辙的批评：

> 然臣窃见本朝势家，莫如韩氏之盛，子弟姻娅，布满中外，朝之要官，多其亲党者。昔韩维为门下侍郎，专欲进用诸子及其姻家。陛下觉其专恣，即加斥逐。其后宰相范纯仁秉政，亦专附益韩氏，由此阿私之声，达于圣听。今纯仁罢去未几，而傅尧俞（1024—1091）任中书侍郎，尧俞与韩缜通昏，而素与纯仁亲厚，遂擢其弟纯礼自外任权刑部侍郎，曾未数月，复擢补给事中。纯礼门荫得官，初无学术，因缘侥幸，致身侍从，与尧俞阴为表里，惟务成就诸韩。近日韩宗道（1027—1097）自权户部侍郎迁试刑部，于法，经年乃得待制。宗道之迁曾未三月，适遇青州阙守，特迁待制出守青州，人言

沸腾，徐乃依旧。其他韩氏亲戚，度越众人，与优使差遣者，盖未易一二数也，是以外议纷然。

又指出：

谢景温（1021—1097）、杜纯（1032—1095）、杜纮（1037—1098）皆韩氏姻家，尧俞、纯礼窃相拟议，欲相继进此三人。（《续资治通鉴长编》卷四五三“元祐五年十二月壬子”）

苏辙奏疏中的韩维、韩缜都是韩亿的儿子，韩宗道的父亲则是韩亿的另一个儿子韩综，范纯仁则和韩宗道之间有姻亲的关系。从苏辙的批评，可以看出韩氏和他的姻家彼此配合，互相提拔的情形。

不仅这一些世代高官之家之间的婚姻，可以带来政治利益，有利于他们家族政治地位的延续，其他官宦家庭之间的婚姻，也有同样的情形。但是也不要认为所有官宦家庭的婚姻，都是一种策略，用来延续自己家族的政治地位。其中当然有些是作这种打算，但是也有一些是出自相同的社会、文化背景，或是个人、家庭之间的情谊，也许这些婚姻后来也带来了延续家庭政治地位的效果，但这不是当初两家通婚所计划的目的。像德兴张家，张潜的孙子张根在进士及第之后娶了礼部尚书黄履的女儿，张根的长女又嫁回给黄履的长孙，张家几代在仕途上受到黄履的照顾是毋庸置疑的，但是两家婚姻最基本的动机，恐怕是出自黄履和张潜的弟弟张须是同年好友。张家通婚的对象，只有黄履是外地人（福建邵武军），其他大多是饶州本地的官户和士人。这一类地方性的婚姻，也有学者解释为是用来巩固家族在地方上的势力。这一种考虑当然不容否认是存在的，但同样也并非所有这一类婚姻都是如此，而且地方官宦、士人家族之间的通婚，共同社会、文化背景和个人、家庭情谊所占的分量可能更重。以南宋莆田方家和刘家（刘克庄的家族）之间的累世通婚为例，就应以居家邻近且属同一文化阶层的考虑为多，再加上通婚所造成的累世情谊，导致两家一再亲上加亲，看不出有家族的经济或政治势力的考虑在内。

除了婚姻之外，官宦彼此之间的同学、同年、同僚等关系，以及各种形式的交游，也是拓展他们政治、社会网络，延续家族政治地位的可行途径。扩大政治、社会网络固然有助于官宦家族、政治地位的延续，但有时对他们也不见得完全有利，朝廷对他们的做法也加以防范。宋朝任官有各种回避制度，亲属回避是其中重要的一项，凡是官员亲戚在职务上有统摄或相干的，都要回避。所谓亲属，不仅包括父系的五服亲，也包括母亲、妻子方面的亲戚。提拔亲人做得太过火，会引起其他官员的攻击，就像前述苏辙批评韩家的例子。同时遇到官员贬斥，亲戚也常遭波及。政坛上各种争端，大至党争，小至人事上的冲突，失败的一方，常常会连累到亲戚也一起失势。吴越钱氏的后人钱惟演往士大夫的方向发展，在宋真宗朝不仅与后族联姻，又与权臣丁谓（966—1037）联姻，他也因此不得不介入政争，他的婚姻关系助成了他在权位上的发展，可是也每每成为在政争中一些官员用来攻击他的口实，导致他几起几落，几个儿子都受到波及。

不管怎么样说，虽然官宦家族有各种延续本身政治地位的办法，有一些家族也能够长期兴盛，但是前面所提到的那些官宦家族，似乎只有莆田方氏一家在资料上可以看出，从唐末一直到南宋末年不断有人仕宦。不过方氏族人的官位大多不高，也不曾在朝廷有过势力，而且其间也有未能入仕的世代。至于其他家族，在南宋灭亡之际，已经看不出哪一个仍然在政治上活跃，更不要说像中古门第那样跨越朝代了。

第十三讲参考书目

一、专著

孔东，《宋代东莱吕氏之族望及其贡献》。台北：台湾商务印书馆，1988。

何晋勋，《宋代地方士大夫家族势力的构成——以鄱阳湖地区为例》。新竹：台湾“清华大学”历史学研究所硕士论文，1995。

唐燮军、孙旭红，《两宋四明楼氏的盛衰沉浮及其家族文化——基于〈楼钥集〉的考察》。杭州：浙江大学出版社，2012。

陶晋生，《北宋士族：家族·婚姻·生活》。台北:“中央研究院”历史语言研究所，2001。

陈莉萍、陈小亮，《宋元时期四明袁氏宗族研究》。杭州：浙江大学出版社，2012。

黄宽重，《宋代的家族与社会》。台北：东大图书公司，2006。

简杏如，《宋代莆田方氏家族》，台北：台湾大学历史学研究所硕士论文，1996。

戴仁柱（Richard Davis）著，刘广丰、惠冬译，《丞相世家：南宋四明史氏家族研究》。北京：中华书局，2014。

Bossler, Beverly J. *Powerful Relationship: Kinship, Status, and State in Sung China* (960-1279), Cambrige: Cambridge University Press, 1998.

二、论文

小林义广，《宋代福建の莆田の方氏一族について》，收入中国中世史研究会编，《中國中世史研究續編》。京都：京都大学学术出版会，1995。

小林义广，《宋代の二つの名族真定韓氏と相韓韓氏》，收入井上彻、远滕隆俊编，《宋—明宗族の研究》。东京：汲古书院，2005。

王章伟，《宋代士族婚姻研究——以河南吕氏家族为例》，《新史学》第四卷第三期，1993，台北。

朱瑞熙，《宋代官员回避制度》，收入氏著，《城集》。上海：华东师范大学出版社，2001。

衣川强，《宋代の名族——河南吕氏の場合》，收入氏著，《宋代官僚社會史研究》。东京：汲古书院，2006。

伊原弘，《宋代明州における官戶の婚姻關係》，《中央大學大學院研究年報》第一号，1972，东京。

伊原弘，《宋代婺州における官户の婚姻關係》，《中央大學大學院論集》六卷一号，1974，东京。

何晋勋，《宋代鄱阳湖周边士族的居、葬地与婚姻网络》，《台大历史学报》第二十四期，1999，台北。

青山定雄，《五代宋における福建の新興官僚について——特に系譜を中心として——》，《中央大學文學部紀要（史學科）》第七号，1961，东京。

青山定雄，《宋代における四川官僚の系譜についての——考察》，收入和田博士古稀纪念东洋史论丛编纂委员会编，《和田博士古稀紀念東洋史論叢》。东京：讲谈社，1961。

青山定雄，《宋代における華北官僚の婚姻關係》，收入《中央大學八十週年紀念論文集（文學部）》。东京：中央大学，1965。

青山定雄，《宋代における江西出身の高官の婚姻關係》，《聖心女子大學論叢》第二十九号，1967，东京。

青山定雄，《宋代における華南官僚の系譜について——特に揚子江下流域を中心として——》，《中央大學文學部紀要》第七十二号，1974，东京。

柳立言，《北宋吴越钱家婚宦论述》，收入氏著，《宋代的家庭和法律》。上海：上海古籍出版社，2008。

胡昭曦，《宋代"世显以儒"的成都范氏家族》，收入邹重华、粟品孝主编，《宋代四川家族与学术论集》。成都：四川大学出版社，2005。

张邦炜，《宋代避亲籍制度述评》，收入氏著，《宋代婚姻家族史论》。北京：人民出版社，2003。

简杏如，《宋代莆田方氏家族的婚姻》，《台大历史学报》第二十四期，1999，台北。

Walton, Linda. "Kinship, Marriage, and Status in Song China: A Study of The Lou Lineage of Ningbo, c.10150–1250," *Journal of Asian History* 18, 1984.

第十四讲｜科举文化（上）

一、贡院与进士题名碑刻

清代吴敬梓《儒林外史》讲到一个老童生周进，到了六十多岁还不曾中举。有一次跟别人到了省城，参观贡院，不禁悲从中来，倒在地上不省人事。别人把他扶了起来，他仍然哭个不停，哭到吐出鲜血。大家出钱帮他捐了监生，然后连中举人、进士，才心满意足。省城里的贡院，正是科举文化最具体的象征，所以周进会深有所感。而贡院被确立为地方城市里象征科举文化的建筑物，可以往上追溯到宋代。

贡院是科举考试的专用试场。京师礼部的贡院，早在唐代就已经设置；至于地方城市用作解试试场的贡院，大概要到北宋后期才开始陆续出现。较早的例子，像福州的试院，建于宋哲宗元祐五年（1090）。宋徽宗政和二年（1112），曾经下诏各州普遍设立贡院。这时实施州学升贡法，地方解试已经停罢，贡院的设置应该是为了选拔各州贡入太学的学生。但是这些贡院只维持了短短十年的时间，就都废罢，原因应该在于州学升贡法在宣和三年（1121）即停止实施。地方城市贡院的再次普遍兴建，要到南宋初年以后，大约起自宋高宗绍兴中叶，到宋孝宗、光宗时期普遍展开，蔚成一时风潮。这些贡院建成之后，大多能够在南宋时期始终存在，并且多次翻修扩建，和北宋晚期地方城市贡院的随成随毁有所不同。

贡院建筑的主体，是供考生应试的试场。除此之外，又有弥封、誊录、阅卷等工作场所，供参与试务工作官吏使用的餐厅、厨房、浴室和住宿的房舍。而代表整个贡院精神的，则是进士题名碑。在各地贡院建立以前，地方解试并没有固定的举办场所，只是借用学校、官舍，甚至佛寺。政府特别为地方解试的考生兴建专用的考场，是科举考试发展到相当程度，考生大量增加的结果。

贡院的兴修虽然由地方政府负责，但是在许多地方常出自地方士人的主动建议，他们向地方官提出要求，再由地方政府出来推动。而在取得兴建土地、进行建筑工程、筹集工程经费等过程中，地方士人也经常参与，在其中扮演了重要的角色。从这种情形，可以看出士人对这一件事情的重视。而士人所以重视此事，不仅在于一所独立的贡院可以提供比较宽广的考试空间，容纳比较多的士人参加考试，更在于一所独立的贡院具有重要的象征意义，象征着政府对于人才选拔的重视，象征着士人受到尊重。正如一篇贡院记这样说："吾待进士试不薄，俾士亦不自薄进士，而后得士。"（周复俊《全蜀艺文志》卷三六载关耆孙《大贡院记》）南宋漳州学者陈淳在一封写给漳州知州的信中，建议迁移贡院，信中有这样几句话：

> 若夫贡院奉天子明诏宾兴之地，在此邦关系尤为重，而视学校为尤急，尤不可不择形胜之最者处之。……创新贡院，以为吾君选取忠义孝友之士，使行所学于斯世，以佐国家理民物，诚大公至正之举，非燕私亭榭之比。（《北溪大全集》卷四三《拟上赵寺丞改学移贡院》）

陈淳这几句话，说出了贡院对于政府选拔人才所具有的重要性，也因此在他的心目中，是"视学校为尤急"，必须选择一处最为形胜的地方来兴建。学校是地方上推行教化之所，具有重要的文化意义，而

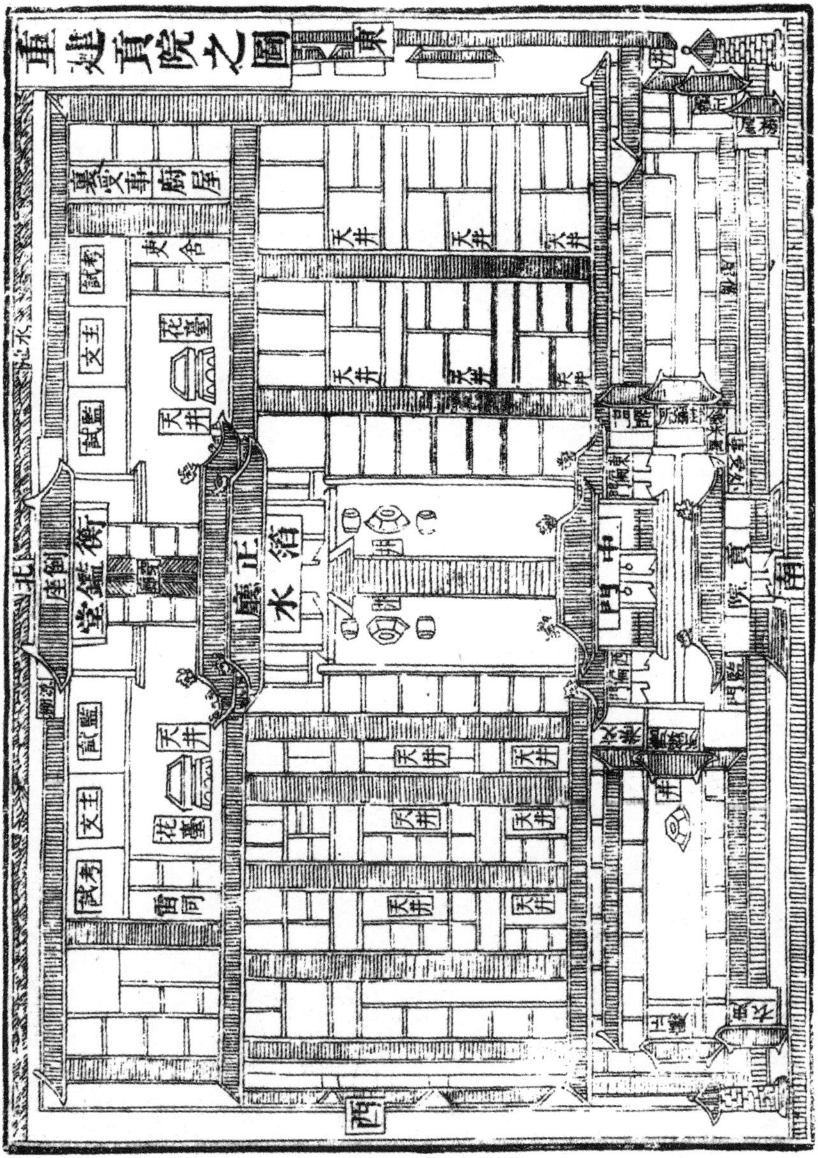

［宋］周应合纂，《景定建康志》卷五，南宋晚期建康府的“重建贡院之图”。

陈淳认为贡院的重要性更要超过学校，原因应该在于贡院是国家取士之所，是教化成果的验证，士人平日所学，经由科举考试的选拔，踏入仕途，才能贡献于国家、人群。这也就是何以陈淳说是“诚大公至正之举”的原因，显示贡院的设置具有文化理想的意义。

主导各地贡院兴修的，固然是郡守，但是乡里官宦与士人，对于此事，从动议、取得土地、筹款到施工，都参与其事。这些人包括被尊称为进士的一般士人、地方官学的学职人员和学生、出身于本地的中央和地方官员，以及乡居的学者，在动议兴修时，尤其以学生提出要求的情况为多。贡院的兴建、扩建或迁移，常出自本地士人向地方官员的建议；在贡院用地的选择上，他们关心的是形胜与风水，有时也会捐献土地供兴修之用；当政府的兴修经费不足，他们也会亲自捐助，或协助筹款，有时甚至成为修建经费的重要来源；当工程进行时，他们有时也会承担起办理的责任。他们的热心参与，显现出地方士人阶层对本身事务的关心，也显现出他们深深体会到贡院这所建筑物在地方上的重要意义。

在地方贡院中通过考试的士人，会被贡举到京师，在礼部贡院中参加省试，通过者获奏名参加殿试，登第者的姓名，在风俗上会被刻在一块碑版上长久流传，此即进士题名碑。进士题名碑刻见于贡院、佛寺、官私学校、书院，象征了登第者领先群伦的成就，向士人显示了可以留名的价值，表达出对士人科第表现的鼓励与期望。不仅进士登第有题名，有些地方贡士也有题名。

进士题名的风俗，始于唐代神龙年间（705—707）。新科进士在考过吏部的关试之后，游宴于长安城东南的曲江，并且期集于曲江北岸的慈恩寺大雁塔下题名。此一风俗，在宋代演变为刻碑题名，“碑礼闱以纪同年，碑郡县学以纪同乡”（徐硕《至元嘉禾志》卷十六《碑碣志》载《进士题名序》），由京师的礼部贡院扩大及于郡县城市的贡院和学校、书院。至于佛寺或佛塔题名的风俗，在宋代也没有消失，进士及第题名于京师的相国寺和兴国寺。不仅见于都城，也见于地方，南康军、绍兴府和通州等地都有这方面的记载。

地方贡院中的进士题名，见于南宋一些零星的记载。例如南康军在增辟贡院的空间之后，将两百年的进士题名移置于此。绍兴府的进士题名，是在南宋庆元二年（1196）才由地方人士搜集资料，刻石于贡院。兴化军的进士题名碑刻，则是陈列于观光堂上。所谓“观光”，意思是“观上国之光”，指从地方前往京师去见识。

我们知道得比较详细的，是地方官私学校、书院中的进士题名碑刻。较早的例子，见于北宋前期宋州的睢阳学舍。这所学舍原为戚同文创设于五代后期，到北宋初年戚同文去世之后仍然有教学活动，要到宋真宗大中祥符二年（1009）才改为官设的应天府书院。释文莹《玉壶清话》卷一载戚同文教学事，“登科者题名于舍，凡孙何（961—1004）而下，七榜五十六人”。孙何登淳化三年（992）榜，已在戚同文死后十余年，从他之后的第七榜是景德二年（1005），也还没有到改为应天府书院之时，仍然是一间民间的学舍。在这所学舍改为应天府书院之后，成为官办的书院，范仲淹随后在这所书院中读书应举。约在宋仁宗天圣七年（1029），这时应天府已建为南京多年，书院立有进士题名碑，范仲淹写了一篇《南京书院题名记》（《范文正公集》卷七），文中指出，二十年间，书院的学生相继登科，成为政府中的重要官员，“宜观名列，以劝方来”，对书院来讲有重要的意义。借着过去学生在科第和仕宦中的成就，不仅可以表现书院的教学成果，对以后的学生亦能有所激励，更可以推动全国学校的兴设，所强调的是学校教育和科举、仕宦之间的关联。

宋真宗、仁宗的时代也是宋代政府比较积极推动教育的时候，学校的建置在宋仁宗时代有比较大幅度的进展，尤其以庆历改革为关键。此后州县官学中设置有进士题名碑刻的记载逐渐增多。比较早的例子见于成都府学，皇祐二年（1050），“主学者议建荣名堂于宣圣殿之东北，尽题皇朝及第进士名，刻于石柱，以示来者”（扈仲荣、程遇孙等《成都文类》卷三十载田况《进士题名记》）。这样的活动陆续在各地进行，在南宋见于记载者尤其多。尽管自北宋中叶以来，已有地方官学立有进士题名碑刻，但更多的学校是到南宋时期才竖立，即使是一些大郡也不例外。例如以科第人才众多闻名的温州，到宋孝宗时楼钥任职于此才刊置。到南宋末年，各地州县官学的进士题名碑刻大概已颇为常见。即使偏远如海南的琼州，从绍定二年（1229）起才有进士登第，也在咸淳八年（1272）于东坡书院筑锦衣堂，立进士题名碑。

在一些民间家族所设的书堂或书院里，如北宋初年的睢阳学舍一样，也有这样的摆设。例如在宋真宗、仁宗之际，越州新昌县石家设有万卷堂及义学，石待旦"剏堂贮书，又为义学三区，号上、中、下书堂，使学者迭升之，人以此勉励，成名者众"，"俗传旧有题名碑，韩玉汝撰，杜祁公（衍）（978—1057）而下七十二人皆由此登科"（施宿《嘉泰会稽志》卷十八《拾遗》）。南宋徽州绩溪县汪家所建的云庄书堂，立有两块进士题名碑，一块自嘉祐六年（1061）科至端平元年（1234）科，一块自淳祐六年（1246）科至咸淳九年（1273）科。

民间家族所设书堂或书院竖立进士题名碑，固然出自家族本身的意愿，用以表彰祖上的成就，并期许子弟的未来；即使是地方官学中进士题名碑的置立，也常与地方士人的要求有关。这种情形，在南宋的一些州县官学不乏其例。提出建议的士人，或是地方上的长老，或具有官员或曾得解人的身份，有些只是地方官学的学生。他们不仅会联合起来向官府提出建议，也会共同考索乡里登科进士的姓名，进行刻石立碑的工作，把这件事情看成是地方上与学校相关的一项重要事务。这件事情所以重要，在于士人登科及第已成为地方上的荣耀，将他们的姓名题刻于石碑上长久流传，是一种褒扬，让进出于学校的其他士人见而效法，有更多人在将来登科及第，可以更为增进地方的光荣。

进士题名碑刻的设置，不仅是对于未来应考士人的一种期望，也显示了科第本身是一种值得竭力去追求的价值，至少也是一处值得穿越的门槛，而其普遍地植立于学校，正是从教育上对这种价值的肯定。贡院只设置在州城，而官私学校则广布于州县城市，甚至乡村，象征着科举文化深入到社会的基层。无论贡院或进士题名碑刻都广布于全国各地，甚至出现在偏远的海南，显示了科举文化传播的广泛。

二、坊表与学校建筑物的名称

上面所讲科举文化那种广泛和深入地传播、分布，也见于城市中坊表和学校建筑物的名称。

州城、县城的坊巷入口，往往竖立着牌坊，上面书写着此处坊巷的名称。北宋时期由于资料的关系，对于坊巷命名的情形不太清楚，而南宋时期不少郡县城市的坊巷名称，往往和科第有关，用以表扬地方在举业上有成就的士人。譬如说，城里有士人高中状元，地方便会在他居住的坊巷立状元坊。像平江府城东南醋库巷有状元坊，是“黄魁所居”（范成大《吴郡志》卷六《坊市》），黄魁就是黄由（1150—1225），是淳熙八年（1181）榜的状元；庆元府城西北厢鉴桥下的状元坊，是“为袁甫立”（罗浚《宝庆四明志》卷三《叙郡下》），袁甫（1174—1240）是嘉定七年（1214）榜的状元；临安府盐官县城有状元坊，其中有“张公九成宅”（潜说友《咸淳临安志》卷十九《疆域·坊巷》），张九成（1092—1159）是绍兴二年（1132）榜的状元；常州无锡县城东大市桥有状元坊，“以蒋侍郎所居得名”（史能之《咸淳毗陵志》卷三《地理·坊市·无锡》），蒋侍郎就是蒋重珍（1188—1249），是嘉定十六年（1223）榜的状元。此外，许多郡县城市中有重桂坊、符桂坊、丛桂坊、聚桂坊、桂林坊等坊名，也往往和士人在举业上的成就有关。所以喜欢用桂字，是因为唐宋人称登科为折桂。即使不使用桂字，一些坊名有时也和科举有关。

有些地方志里，对于牌坊的命名有稍微详细的说明，可以举一两个例子，加深我们对于宋代城市中牌坊作为科举文化象征的认识。《至元嘉禾志》卷二《坊巷·录事司》载聚桂坊：

> 名义：旧名神童，盖市心有唐尧臣、包时习与弟时中、时飞俱中童科，后徐闻诗又以童科第进士故也。尧臣后人梦符、震龙、天麟又相继擢第，景定庚申（元年，1260），请于郡，改是名。

嘉兴府城的聚桂坊原名神童坊，是由于当地先后有人中童子科而命名，已和科举考试有关；后来又因为同一族人相继登第，而改名为聚桂坊。有些坊名含有期望士人登科的涵义。《淳熙三山志》卷四《地理类·罗夹城坊巷》："兴文坊，地名塔巷，旧曰修文，其中举人数不利，陈知县肃改修为兴，其年登科。……秀实坊，旧曰升秀，士人有累举不第者，后有登科，故名。"修文坊在士人累试不利之后改名为兴文坊，秀实坊在士人登科之前原名升秀坊，都含有期盼士人兴起高升的意思在内。到了有士人登科了，升秀坊改名为秀实坊，则表示士人的努力已经有了收成。

城市中的牌坊名称除了常在涵义上和士人举业有关之外，也常为定居当地的著名官宦而命名。譬如泉州州城有三朝元老坊，是为留正（1129—1206）而立；有衮绣坊，是为梁克家（1128—1187）而立。留正、梁克家都是南宋宰相。又如平江府常熟县城也有衮绣坊，是因为丞相曾怀（1107—1175）曾居于此；南康军建昌县城有公辅坊，是因为谢方叔（？—1272）曾居于此。类似的例子散见于各处城市，并不一定要做到宰相，只要是有名望的官宦，就常可见到牌坊或是巷道为他们命名。官宦事业是举业的进一步发展，也是士人从事举业所要追求的目标。牌坊巷道因为著名官宦而命名，同样表现出科举文化的价值观念。

学校各类建筑物的名称，也和城市中的坊表一样，在命名上常表达出科第的象征意义，具有鼓励学生追求举业成就的作用。

这种情形，最明显的是设于南宋行都临安的太学。《咸淳临安志》卷十一《行在所录·学校》载有太学的斋舍及各斋舍的亭台名。太学斋舍多以道德观念来命名，但是各斋舍的亭台名称，却多蕴寓科第的涵义。二十处斋舍的四十八处亭台中，状元、宰相、伦魁、宰辅四亭均直接表达了对高第和显宦的肯定；唐宋时人称登科为“折桂”，含有“桂”字的亭台有四处；名冠多士者为“魁”，含有“魁”字的亭台有四处；“登云”或“梯云”是用来表彰登科者的词汇，含有“云”字的亭台有七处；“登龙”的用法也和“登云”相似，含有“龙”字的亭台名称有十处，其中三处是和“魁”字、“云”字合用；又如“登瀛”“登津”两处亭台名称，更进一步表达对登进政府清要或枢要官职的期许；魁星是北斗七星的前四星，又连向参宿之首，含有“斗”字、“参”字的亭台名称，除两处和“魁”“龙”合用外，又有三处；奎宿主文章，含有“文”字、“奎”字的亭台名称有三处；新科进士解褐衣绿，含有“绿”字的亭台名称有四处；此外，有一处亭台名“聚星”，取“黄甲聚魁星”之义；另一处亭台名“汇征”，有“学而优则仕”之义。总计四十八处亭台中，至少有三十七处的名称有科第的涵义。州县学校留下的一些斋舍名称，也有类似的情形。这样的命名，一方面是对以往学校学生或本地士人在科第上的表现引以为荣，另一方面也是对后来者的期勉。

更加值得注意的，是南宋初年以来地方官学中以魁星为名的亭、台、楼、阁的出现。一些州县学校的建筑物所以如此命名，主要是取此词的象征意义，以天象的魁星和科举考试的榜首相对应，既用以宣扬地方士人已有的科第成就，也用以寄望来者的兴起。何梦桂（1229—1303）在元代大德三年（1299）为严州淳安县学的魁星楼写记文，指出宋代末年所以如此命名的缘故，“作楼以魁名，以崇科目也。何也？繇唐、宋以科目拔擢天下士，其名在举首者，率曰魁”。廷试称廷魁，省试奏名称省魁，由太学、宗学、武学选出称舍魁，由地方贡举者称乡魁，不同的考试科目各有魁。淳祐七年（1247）科的廷试亚魁，十年（1250）科的廷试大魁，都出自淳安县学，“以其在人为魁名，在天为魁象，故特书魁星楼者，昭其名也”（何梦桂《潜斋集》卷九《淳安县学魁星楼记》）。起初这些以魁星命名的建筑物可能并没有祀奉魁星，但是在这些建筑物逐渐增多的淳祐、宝祐年间，民间祀奉魁星于祠庙的风气也已兴起，随后在官学中也出现相同的情形。如严州州学在宝祐二年（1254）至四年（1256）间建了魁星楼，景定元年（1260）至三年（1262）间的知州钱可则进一步绘魁星之像于其上。瑞州的西涧书院和正谊书院，更早在淳祐年间就祭拜魁星。

除了以魁星为名的建筑物外，从南宋初年起，也有学校的建筑物以文昌来命名。文昌为北斗魁星前的星名，主文运官禄。南宋末年，有些学校已建有文昌祠、文昌庙或文昌宫，祀奉梓潼帝君。梓潼帝君“握造化之柄，提名位之权”（姚勉《雪坡舍人集》卷三三《明州奉化县梓潼帝君殿记》），是南宋以后最受崇拜的科举神。而南宋末年的上海镇学，景定年间先有了祀奉梓潼帝君的文昌宫，咸淳五年（1269）设镇学于宫内，这与北宋中叶地方官学的重新建设大多即祀奉孔子的文庙而立学大不相同。要到上海镇学成立之后，才有孔子像的设置，但是寄身于文昌宫中；元代至元三十一年（1294），由于上海设县，改镇学为县学，这所学校中的文昌宫也随着改为文庙。

三、风水与谶语

贡院与学校已经成为科举文化的象征，而在许多例子里，贡院、学校的兴修和地方科第表现的关联，牵涉到其坐落环境的风水，人们认为风水会影响到科第表现的盛衰。和风水相关的，又有谶语。

风水观念在宋代已经深入人心，在选择葬地时尤其如此，即使理学家也不例外。魏了翁在嘉定二年（1209）于邛州蒲江县为生父守丧时，就曾远从资州请来一位风水名家，为父坟择地。朱熹也不反对这种做法，只是认为不当专以趋吉避凶存心，以致先人逾时不葬，或是极意求其为富贵利达之计。所谓富贵利达之计，应该就是指期望葬地能有利于后人在科举和仕宦上的成就。从朱熹的意见，可以了解借助风水以影响科第表现的想法，已存在于社会上一般人的心中。

这种观念不仅导引着人们对于葬地的选择，也导引着人们对于城市环境的看法。陆游曾经在一篇《常州开河记》（《渭南文集》卷十八）中讲到，常州的士人将当地从北宋以来科第的盛衰，归因于城中后河的畅通或堵塞，所以尽管淳熙十四年（1187）新任知州上任之后力倡儒学，地方人士仍认为有所不足，而请求开浚后河。这位知州也顺从众意，如此做了。陆游虽然认为后河为一郡之利，并非专为士人应举而设，但是从北宋以来的历史看，亦自有理。他希望当地士人能够自勉，不负知州开河的厚意。这个例子，说明在许多人的想法里，是可以借改变城市环境而促进地方科举的兴盛。

科第和城市环境的关系，又涉及谶语。谶语也是风水观念的一种表现，只不过在上述常州后河的例子中，是以人为的力量来改变环境，而环境的符合谶语，则除了可以用人力来求取外，有时又须等待其自然演变推移。佚名《宝祐寿昌乘·贡举》：

> 古谶有云："沙接寒溪口，武昌出状元。"故胡朝颖诗有"久闻父老言沙谶，为问何时出状元"之句。比年江水涌沙成洲，渐接寒溪口矣。

寿昌军原本是武昌县，所以谶语中说"武昌出状元"。久在父老口中流传的谶语，说明地方人士对科第表现的深切期望，而此一谶语的实现，则必须等待环境的自然变迁。沙洲既已渐接寒溪口，所以人们深怀信心。这类谶语，当时流行于各地，例如建宁府也流传古谶"淮尾沙圆，宰相状元"，当人们见到"建之沙圆矣"，于是深信"谶必应"（《雪坡舍人集》卷三八《圆沙桂籍序》）。

人们对于城市环境与科第表现之间的关系，看法既然如此，以养成科第人才为重要目标的学校，以及作为科举考试场所的贡院，都是构成城市活动的重要部分，也就容易受到这种观念的影响。

在选择贡院的用地时，即使名儒名宦也会考虑到风水。例如真德秀为了选择江东漕司贡院用地，曾经“相其阴阳”(《景定建康志》卷三二《儒学志 · 贡士》)。陈淳向漳州知州建议迁建贡院，所持的理由之一，也是贡院所在地点自从建南桥于漳水之后，犯了阴阳家之忌。程珌（1164—1242）曾经写信给徽州知州赵希齐，反对迁建徽州贡院，并举出潮州贡院作例子。嘉定七年（1214）潮州的士人曾经考得省元，后来认为贡院狭陋而迁建，迁建后接连两举，都无人奏名，考虑到新址风水欠佳后，于是在嘉定十二年（1219）又将贡院迁回原址。潮州的情形如此，而徽州贡院于乾道四年（1168）建成后，次年省试，徽州士人高占省元、状元，及第者两倍于从前，风水既然这样好，又何必迁建？这几个例子，说明风水之说已经深入人心。

这种心态对学校的影响，最晚在北宋中晚期已经出现。元丰二年（1079），江阴县令同意当地士人的要求，导引河水环学而流，原因就在于认为江阴县学长久科第不盛，与水旁流而不顾有关。潮州州学的位置，就阴阳看皆以为不利，所以在元祐年间（1086—1094）有迁址的想法。到了南宋，认为科第表现和学校风水有密切关联的想法，更为常见。许多学校校址的选择或建筑物的位置，以至于学校的迁建或校舍的整修，甚至地方官整治与学校关联的地方环境，都会考虑到配合阴阳或谶语。尽管并非人人尽以为然，不过这已成为地方士人的一般心态，有许多人认为会应验。即使是理学家魏了翁，也曾自述他目击风水先生从白鹤书院的形势预言科第应验的经历。如果地方士人共同就学校的风水问题提出建议，有的地方官即使不以为然，也只能勉强接受，自然也有许多地方官乐于动工改变被视为不利于士人登科的环境。

南宋晚期漳州龙岩县学和长泰县学的事例，以学校改建为中心，汇集了各种验证的说法。龙岩县学在淳祐六年（1246）改建，这年秋天，县里有三人通过解试，都出自县学，次年其中一人登第。这位新科进士的父亲是县学的学长（县学之长，管县学事）。这位县学学长认为，从北宋治平四年（1067）到南宋乾道（1165—1173）年间，约一百年，龙岩县擢第者十一人；从乾道至绍定年间（1228—1233），甲子一周，却只有一人擢第。在这样的情况下，他的儿子能够登第，他认为是有所验证，首先是县学久遭兵燹破坏，到现在才重修；其次他归因于时序，唐代元和丙申（十一年，816）漳州有人擢进士第，漳州有乡荐登科记始于北宋元祐戊申（七年，1092），现在他为儿子求人作登科记，又在淳祐戊申（八年，1248）；再有就是县里有谶语说："水从桥上过，代代出公卿。"而最近有人塞旧溪，开新港，导水过县前南桥，正合于符兆。

长泰县学原来在登科山旁，后来迁于祥光寺东，自绍兴年间有人登第之后，一直无人继起，当地士人觉得位置不好，想要迁校。绍定六年（1233），经过风水先生观察地势，"得县之左臂，乃县之主山，良冈钟秀，草然犛然，若蛟龙之跃渊，祥凤之飞舞"，于是迁建校址。次年，在县学戟门之内凿地，由于池水旧传有"龙浚出泉"之语，于是居民争相汲取；到了秋天，大成殿庭之中，长出两桂子，目击者莫不以为祥异，认为"必有盛事验于一纪"。果然在淳祐四年（1244），漳州在省试告捷者三人，长泰县居其二，距绍定六年恰好一纪；淳祐七年（1247），又有长泰县士人自太学内舍登第。

在这两则事例里，人们认为学校兴修、城市与学校的环境、谶语、时序以至于祥瑞等因素，都对一个地方的士人在科第上的表现发生作用。这些因素，有些是必须等待其自然发生，如谶语、祥异与时序；有些则可借人力以达成，如学校兴修及其配合风水环境。但是即使是那些须等待其自然发生的因素，也未尝不可以诉诸人力。在龙岩县的例子里，就由于开河导水，而使谶语实现。由于人们认为可以借人力以达成，于是他们的想法引导着他们的行动，举业已经不纯粹是读书应考，还牵涉到许多学习以外的因素。

但是这些学习以外的因素，也未尝没有鼓励士人在学业上努力的作用。韶州仁化县人邹姓兄弟，在淳祐六年（1246）到吉州从欧阳守道求学，不久离去，辞别时请欧阳守道为他们家所设的青云峰书院写一篇记文。他们向欧阳守道说明，这所书院“因地为名，盖青云峰之下为龙骨岭，书院席龙骨而枕青云，前有水焉，抱书院而东，谓之斗水”，又说“峰以青云名，决科者以为祥也，予兄弟学于此，谓天之衢亨在此矣，揭斯名也，亦以动策励之心焉”（《巽斋文集》卷十六《青云峰书院记》）。邹家兄弟清楚地说出，希望家中书院的吉祥环境，可以让他们生惕厉之心，求取科举上的成就。

有关科第表现与风水关联的事例，虽然自北宋以来就已经出现，却以到南宋晚期最为常见。上述漳州龙岩县学、长泰县学和邹家青云峰书院，包括官私学校在内的例子，都发生在南宋末年的淳祐年间，讲法也愈来愈复杂，显然这种心态随着时间的推移，愈演愈盛。

第十五讲 | 科举文化（下）

一、求神、祈梦与相命

许多士人都在孜孜不倦地读书，但是到科举考试时却绝大部分都会落榜。尤其是从北宋到南宋，士人的数量大增，录取名额却没有太多的变化，竞争愈来愈激烈，不要说科举及第，就连取得解送的资格也愈来愈困难。不少士人会自认聪明才智不比别人差，努力也不比别人少，何以别人能够幸运地通过考试，而自己却落榜？这不禁让人怀疑，是否在冥冥之中，另有一股不可知的力量，在安排着士人的命运，才华努力都敌不过这一股力量的影响；或是命运早已前定，再努力也无法摆脱宿命的安排？这样的一种心态，在当时也许有相当的普遍性。所以在宋人的笔记里，可以读到不少故事，涉及神意对于科举考试的预兆；而在真实的生活里，宋代的士人也的确有许多人喜欢以求神问卦，来判断自己的前程。

这一类故事，散见于宋人的笔记小说中，而以洪迈的《夷坚志》为最多。这些故事有共同的主题，却有不同的表现方式。最常见的神兆是梦兆，有的是托梦给本人，也有的是托梦给别人，此外还有响卜、扶箕、鬼物现形、僧人预言、谶语，以及其他各种方式。有时会有好几个预兆同时出现。《夷坚支志》中有关罗点（1150—1194）的故事是一个典型的例子：

> 罗春伯，抚州崇仁人。淳熙甲午，僦馆于邑人吴德秀家，受业者数辈。吴梦馆之西偏有物类狗，起于芭蕉丛下，已而两角嶷然，奋身飞跃，历舍东升于天，光采粲然，照耀远迩，遗鳞脱甲，委坠满地，方审为龙也。觉而喜，遍以告人，不知为谁祥应。比秋试，独罗中选，其所居正在邑西。未试前，与一友同行，占响卜，约以首语为友证，次者为罗证。约方定，闻路人回顾曰：来不得。友即失色。又有相谓曰：桂枝香。盖用四平语呼其侣共归也。是岁，友黜，罗次年廷策为第二人。初名维岳，字伯高，肄业于郡城西南之别墅，梦报榜者至，名乃点也，遂更之，以乾道戊子获乡荐。又梦到官府阅金书扁榜，中有"两举登科，四遭荐达"八字。竟两到省闱，几魁多士，春秋四十五，超佐枢庭，然未两月，终于位。所谓四达之兆，兹未能晓。（《夷坚支志·乙》卷二《罗春伯》）

故事中的"四平语"，是"市语"的意思，当时市中各行业各有本行所用的市语。这个故事显示罗点的房东和他本人都曾经得到梦兆，罗点又和他的朋友一起行过响卜。罗点所获得的神兆很准，大多故事里也是如此。但也有些故事里，因为解释预兆错误，而令人失望。例如有一个故事讲，一位士人祈梦于仰山庙，梦到有人告诉他"姓名不在张九成下"，心想必定可以和张九成一样高中状元。到了省试，入试场后，看到他的座位旁边有人题"张九成"三个字，心里更加高兴。结果却没有考取，原来神所告诉他的只是考试的位子而已。

祈梦风气的盛行，甚至影响到宋人生活的其他方面。例如有人搜罗了一些为功名而求梦兆的故事，并写成书，书商也迎合市场，予以出版，还不止一种。《夷坚支志·乙》卷二从《罗春伯》条以下，共记载十则科举与梦兆关系的故事，洪迈在最后一则的后面放了一个小

注："右十事，临川刘君所记《梦兆录》。"祝穆《方舆胜览》卷十《福建路·邵武军》篇记载有广祐庙，收录了十则事迹，其中九则与士人为前程而至庙中祈梦有关，在最后一则的后面，有"余不胜纪，悉见《谒梦录》"两句。这类书籍在当时一定广泛流传，很多人对其中的故事感兴趣，所以为其他书籍所收录。当时士人的命名，也受到祈梦风气的影响，从有些名字的涵义可以看出其是来自因对功名期望而生的梦兆，如梦魁、梦龙、梦桂等，在南宋中晚期不时可以看到，到南宋晚期尤其多。例如淳祐十年（1250）榜的状元方逢辰，原名梦魁，登第后因宋理宗赐名始改为逢辰；方逢辰有一个同乡好友何梦桂，是咸淳元年（1265）榜的探花；在《宝祐四年（1256）登科录》中，四甲第二十一人名沈梦龙，第六十三人名杨梦魁，第一百四十四人名舒梦桂，五甲第十人名马梦桂；以梦龙为名或以之为字，见于梁克家《淳熙三山志》所载经过后人增补的宋代福州士人登第榜单，包括文、武两举正奏名、特奏名在内，至少就有十一人，其中包括不同县份的两个陈梦龙，这些人的上榜时间均在嘉定十六年（1223）以后；载于《名公书判清明集》卷七的一篇判文《先立已定不当以孽子易之》，讲到一个"身以儒名"的阳锐，也有一个侄子名梦龙。

士人求问科举功名的神，各形各色。譬如有些故事讲到用扶乩向紫姑神问考试题目，有些故事讲到前往仰山神庙祈梦，也有些故事讲到求问后土、上竺观音，或是到大乾庙焚香，似乎任何神都可以成为祈求、占问的对象。不过在宋代也已逐渐出现一些专门指示科举功名的神。譬如北宋的开封有一所二相公庙，供奉的相传是子游、子夏，举人入京，必定前往拜谒祈梦，据说十分灵验。北宋开封又有一所皮场庙，后来迁到南宋临安，皮场庙供奉皮场大王，有关疾病方面的祈祷很灵验，但同时也是士人到行都考试时祈神的处所。此外，上一讲也提到南宋士人拜魁星、拜文昌。

至于在宋代发展起来，而跟后世关系比较密切的科举神，则是梓潼神，也就是元代以后的文昌帝君。梓潼神原本是四川地方的保护神，源起于晋代，本名张恶子，是一条蛇精，后来因屡次显灵而受封。到了南宋，梓潼神演变成为四川士人所崇拜的科举神。《夷坚志》里记载了一个故事，有一位何丞相，当初从四川仙井监前往京师应考。路过梓潼，想要拜谒张王庙却忘记，行十里之后才想起，下马回望，默祷再拜。当晚梦见进入庙中，神投出一轴文书，只记得其中几句话，讲到他是天子亲擢的十人之中的首名，而且后面写上所授的官。他想，殿试所取何止五百人，怎么只说十人，不过是戏弄我。到了考试唱名，他果然高中状元，第一甲正是十人，所得官也和梦中所见到的一样。这个故事里的梓潼神，仍然是在四川本地。随着到东南来的四川士人逐渐增多，至南宋晚期，东南各地也有了梓潼神的行祠。这些庙宇大多是来自四川的士人所建，每逢二月初三日梓潼帝君生辰，四川的士大夫都会到庙里举行祭典。扩展到东南来的梓潼神仍然是士人问科举功名的对象，而且已不限于四川士人，像建于临安吴山的梓潼帝君庙，“专掌注禄籍，凡四方士子求名赴选者悉祷之”（吴自牧《梦粱录》卷十四《外郡行祠》）。从《梦粱录》的记载，可以知道梓潼神在南宋末年已有梓潼帝君之称，不仅考科举的士人向其祈祷，赴吏部铨选的低层官员，到了京师也要到庙里祈祷。梓潼神信仰和文昌信仰的结合在何时，不得而知，但在南宋末年已很确定。庆元府昌国县的文昌宫，在县学东侧，创建于咸淳五年（1269），祀奉梓潼帝君；上一讲也提到，上海镇学的设立，是先有了祀奉梓潼帝君的文昌宫，咸淳五年才设镇学于宫内。

除了求神、祈梦之外，不少士人也喜欢找相士相命，来探问自己的前程。北宋汴京的大相国寺，是一个兴盛的大市集，有许多相士在此营业，他们顾客的一个重要来源，就是到京师应考的举子。宋神宗时这里的一个相士，“以技显，其肆如市，大抵多举子询扣得失”（《夷坚支志·丁》卷八《丁湜科名》）。除了大相国寺之外，汴河岸边是另一处卜肆的集中地。朱彧在《萍洲可谈》卷三记载他的父亲朱服（1048—？），在十八岁时取得解送的资格，到汴河岸上向一位闻声而知祸福的相士瞽者张听声问前程，这位相士一听朱服讲话，就准确地指出他是某人之子，曾在他满月时到过他家，听过他的声音，然后断言朱服“此举未及第，后六年当魁天下”，结果就如这位相士所言。南宋的临安，算命摊铺散布城中各处，大街上的夜市更是兴盛，还有沿街巷叫卖的。聚集在行都的士人和来此赶考的举子，应该也是他们营业的重要对象。绍兴年间，临安有一位相士韩慥，就以卜算士人前程知名，《夷坚志》、周密《齐东野语》都载有他的故事，故事中找他算命的士人，有一些后来还成为著名的官宦或学者。

一些故事虽然把神意的预兆讲得十分神奇，但是在现实生活里，这一类的神兆恐怕以不灵验的居多。南宋时就有人讲，扶箕言祸福多不验。一些故事也把相士的卜算讲得神准，但是相士牟利其实有他们的一套方法。沈括讲汴京的卖卜者“唯利举场”，对于举人叩问得失，是“取之各有术”，凡是考试之前，来“求目下之利者”，就说“必得”，迎合了士人渴望上榜的心理，于是求卜者纷纷而至；凡是发榜之后，来“邀以后之利者”，就说“不得”，由于下第者通常会超过十分之七，来求问的人考虑到现实的境况，都认为这位相士“术精而言直”，于是相士也就“后举倍获，有因此著名，终身飨利者”（《梦溪笔谈》卷二二《谬误》）。不过也不能忽视这一类信仰和行为，对于考生有纾解紧张情绪和安抚挫折心理的作用。可以看出，读书人和一般民众在精神上有时未必有明显的分别，都会把自己的际遇归之于神意或宿命。

二、积善与种德

仰赖神意的指示或相士的卜算，在心理上是消极的，可是也有许多人积极地想要用自己的行为去影响冥冥之中已经安排好的命运，这就是以积阴德的方式来促成自己或子孙有考中的机会。在宋人的笔记小说里，也有很多这一类的故事。积阴德是两方面的，一方面是不要做坏事，另一方面是要多做好事。做坏事会恶有恶报，做好事则善有善报，这是宋代一些讲善恶报应的书如《厚德录》《乐善录》《太上感应篇》里都有的观念。而对于科举的成就来讲，后者尤其重要，举业的成功不完全靠读书，也要看一个人是否有过帮助别人的行为；不仅是要有，而且要能够不断地有，也就是要能够长期累积。这一类行为是多方面的，譬如赈粮、行医、为人赎身、代人受过、修桥补路等等，其中似乎以赈粮最受到重视。元代无名氏编的《湖海新闻夷坚续志》，绝大部分收的是宋人的故事。《前集》卷二《报应门·善报》共收了十五则故事，其中有八则在行善之后所得的回报与科第或官宦有关。

如果命中原定登科，做了坏事就会导致命运的改变，但是若能及时悔改，仍然可以挽回。《夷坚支志》中有丁湜的故事，他家中资产豪盛，有才气却嗜赌博，熙宁九年（1076），获省试奏名，到大相国寺向一位相士求卜，相士观察他的气色，断言他将高中状元。丁湜仍然好赌如故，引诱两位同获奏名而多赀的蜀士豪赌，赢了六百万。过两天，丁湜又往访那位相士，相士大惊，说他的气色大非前比，是否设心不善，为牟利之举。丁湜据实以告，并且询问如果把钱归还，是否有用；相士说："既已发心，冥冥知之矣，果能悔过，尚可占甲科，居五人之下也。"丁湜急忙找到两名蜀士，归还赌资。到殿试后唱名，果如相士所言，"湜为第六云"（《夷坚支志·丁》卷七《丁湜唱名》）。类似的故事，也见于《湖海新闻夷坚续志·前集》卷一《艺术门·相·登第气色》所述太学生陈道金的事迹。

这样一种把科第功名和善行联结在一起的想法，在宋代似乎很早就有了。范仲淹有一篇《窦谏议录》（《范文正公集·别集》卷四），记载五代人窦禹钧，到三十岁仍然无子，梦见父亲、祖父告诉他说："汝早修行，缘汝无子，又寿算不永。"窦禹钧本来就是敦厚长者，以后继续做各种济人于困乏的善事。十年之后，又梦见父亲、祖父告诉他说："阴府以汝有阴德，延算三纪，赐五子各荣显，仍以福寿而终。"从此他更努力地积功德，结果他有了五个儿子，而且都是进士登第，贵显于朝廷。这一个故事，后来有很多书都摘录，广泛地流传。窦禹钧的故事也试图显示，积善不仅会改变自身的命运，也会影响到子孙的际遇，科第功名的实现，有可能不在自身，而在后嗣。在许多故事里，可以看到因果报应成为宋人用来解释亲子关系缘起的一个重要因素。一个人如果行善，就会获得由原无子嗣而有子嗣或是子孙贵显的福报；反过来说，如果行恶，就会获得子孙夭亡或是没落的祸报。此外，福报也可能是子孙报恩，祸报也可能是子孙耗尽家财。

这种将善行与福报联结在一起的观念，渊源甚早，在《尚书·汤诰》中已有“天道福善祸淫”的说法；如前引《窦谏议录》所传达的“阴德”可以泽及后人的观念，在西汉时也已经可以见到。到北宋晚期以后，又盛行一个名词，称为“种德”。施人以德有如种植农作物，就如苏轼解释《尚书·大禹谟》中“皋陶迈种德”说：“种德者，如农夫之种植也。”（《东坡书传》卷三）种了之后，将来会有收成，而子孙在举业和仕宦上的成就，就是收成的一种。以“种德”与“积善”联结在一起讲，至晚见于《隋书·高祖纪》所载北周静帝于大定元年（581）颁给相国隋王杨坚的策命，又见于同书《李德林传》所载隋文帝时大臣李德林所撰《霸朝杂集序》；《李德林传》载其所撰《天命论》中又有“本枝种德，奕叶丕基”之语，也已含有前人积善，泽及后人的意义。宋代地方官用这个观念来劝谕富有之家施粮赈济，而一些富有的家庭也以此自我期盼，这在第十二讲中已经提过。

宋人心目中前人种德与后人在举业及仕宦上成就的关系，见于当时人所讲述。两宋之际，汪藻所写的《为德兴汪氏种德堂作记》中，有这样一段话：

> 汪氏之居石田者数世，皆有隐德，而训子弟尤力。石田之先君子，尝抚其子弟而叹曰，吾不愧于天，而无以见世矣。天其或者将使汝曹大吾家乎。乃筑堂于其居之东偏，名之以种

德，曰，此吾所以志也。未几，果有乘驷马高车而归者，里人以为荣。(《浮溪集》卷十九)

汪氏世有隐德，所以说不愧于天，但是尽管训子弟甚力，却一直无人及第，于是把希望寄托于以积德来影响天意，以天意来使子弟能出人头地。以“种德”名堂，正代表了这一种期望。筑种德堂之后没多久，有人乘驷马、高车而归，在科举、仕宦上有了成就，长期种德终于有了成果。

类似的讲法，亦见于南宋晚期方大琮为其祖上福平长者祠堂种德新庵落成所写的祝词。祝词中说福平长者“积善好施，以长者称”，虽然“种德之报，不在其身”，可是“甫一传后，联翩策名，五世其昌，蓄久发宏”(《忠惠铁庵方公文集》卷三八《种德新庵拜福平长者祠》)。福平长者平日发廪捐金、疗疾赈贫、造桥砌路，多行善事以造福乡里，所以说是“积善”。尽管种德的回报不在他自身，可是到下一代以后就见到成果。在这篇祝词里，也是以“积善”与“种德”并言。方大琮在《忠惠铁庵方公文集》卷三七《记后埭福平长者八祖遗事》中，更详细地讲述了福平长者种德和后裔在举业上的表现。此文首先叙述了方氏自福平长者之后聚族之盛，要族人不要忘记他种德的事迹。然后举出他为乡人所传诵的善行，包括“高价买产，贱价粜廪，值岁荒则倾囷无吝色。……饥食寒衣，病药死棺，人人满意。衲子将疏以桥道寺宇请者，无不遂其求”，并且从地方上桥梁、寺庵的碑记题刻，记录了福平长者所捐助的经费和所助塑的梵像。最后强调福平长者注重子孙教育，“子孙满前，督教不倦”，长子“有声乡校，将贡不果，而能以长兄助其父课子弟于学”，第三子首开本支派预荐的纪录，为福平长者所亲见，从孙子一辈开始有人登第，到方大琮是玄孙辈，登科或预荐未尝中断，当方大琮写此文时，再下一辈也已有人预荐。这就是方大琮在前引祝词中所说的“甫一传后，联翩策名，五世其昌，蓄久发宏”。福平长者的种德事迹和后代子孙在举业上的成就，是此文的两个重点，方大琮之意应在于表达两者之间的关联。

汪藻用种德一词来讲德兴汪家的事迹，方大琮用种德一词来讲莆田方家的事迹，已显示回报未必是落在种德者的自身，而在其后嗣，甚至要等到数世之后。他们两人，都借事实讲明此词具有比较长久的家族性意义。这种观念，更清楚地表达于苏轼在为司马光曾祖改赠太子太保所撰的制书中:“皋陶迈种德，种之远，故其发也难，发之难，故其报也大。古之君子有种德于百年之前，而待报于数世之后者。昔闻其语，今见其人。”制书中指出，由于司马光的曾祖父“笃行有闻，信于乡国”，所以到了曾孙司马光“其德日跻，衮衣绣裳，进位于朝”(苏轼《外制集》卷中《曾祖赠太子太保》)。这段文字表明，种德的收获不会马上来到，甚至要等百年或数代之后，前人行善将会遗荫给后人。从这段文字又可以看出，种德一词不仅地方官和民间在使用，也见于皇帝的制书，这对于此一观念在社会上流传，应该有推波助澜的作用。苏轼只是说种德的回报要在百年之后才到来，李流谦则讲得更为深入，认为用在种德上的工夫就要累积到百年以上。他吊挽一位多阴德的张主簿，写下这样的句子:“尝闻种德如种木，百年培壅犹不足。”(李流谦《澹斋集》卷四《挽张主簿》)较百年犹长的培壅之功，那就是不仅本身要有善行，必须累世都有善行，若有回报，自然也落在百年之外的族裔。无论是回报要等到数世之后，或是要累积较百年犹长的培壅之功，都是家族观念的一种表现。此词所含有的家族性意义，也见于当时的类书。在南宋人潘自牧纂修的《记纂渊海》卷四五《性行部》，有“种德”条，所摘录典籍中的相关词句，就多是“积善之家，必有余庆”“德垂后裔”这类与家族观念有关的文句。这种观念，正好与宋人把追求科第成就看成是家族之事互相结合，只要播下种子，勤于耕耘，即使百年或数代之后才有收成也不嫌迟。

这一个观念，对当时读书人的家庭颇有影响，很多家庭乐于不惜花费地济助贫困，很可能由于他们希望这种行为能在子孙的举业上获得回报。“种德”所得到的收获，在人们的心里，自然不限于举业的成就，但是举业的成就却是其中重要的一项。此词在当时的记载里经常出现，还有人写《种德说》《种德喻》这一类文章，对其涵义加以引申、发挥。也有一些家族，就像前述德兴汪家、莆田方家一样，将自己家族的建筑物命名为种德堂、种德亭或种德庵。

宋人把此词的渊源追溯到先秦儒家经典《尚书·大禹谟》，但是也有可能和佛教的“福田”观念有些关联。福田主要有三种，报恩田是对父母师长而言，功德田是对佛、法、僧三宝而言，贫穷田则是对一切穷若困厄之人而言。由于一切众生皆是菩萨，所以有所布施，便是功德，将获福报。布施与福报之间的因果关系，有如《大智度论》卷五四所说：“因缘功德，故所愿得满，如种良田，则所收益多。”这种说法，和苏轼以农夫种植来比喻种德，有可以相提并论之处。《大方广佛华严经》卷五九有“立志如大山，种德若深海”的偈句，慧琳《一切经音义》就以“功德”解释此句中“种德”的“德”。道教应是受佛教的影响，也使用“福田”一词，并且在五代杜光庭《太上黄箓斋仪》所载的《旋行礼诵七真赞》中，可以看到以“种德”和“福田”并言。这种以此两词相并而言的情形，也见于宋人日常生活中涉及佛、道两教的文字。例如苏轼在一篇言及神仙的《斋日致语口号》中，有“种德方知福有田”之句（《东坡续集》卷九）；胡铨（1102—1180）在一篇为佛寺募化买田而写的疏文中，则说：“要托心地，广开福田；倘种德之弗深，则为仁而不熟。”（胡铨《胡澹庵先生文集》卷二十《青原山抄题买田疏》）总之，“种德”一词在宋代已经广含儒、释、道三家的成分在内；而如前述莆田方氏福平长者的事迹所显示，对僧徒和庙宇的施舍也已是种德行为的一种。不过庙宇与民众的宗教生活密切相关，而僧徒若有劝募修桥筑路的活动，更事关公益，即使是施舍给僧徒与庙宇，地方民众也共同受惠。

当种德的主体从儒家典籍中辅佐圣君的贤臣，变成宋人心目中登科者没有官职的祖先，甚至如苏轼比喻里种田的农夫，此词的平民性便大增；但是当此词在原有的儒家理想之外增添了佛教和道教的涵义之后，“种德”的“德”在意义上，也就不纯是同样见于《尚书·大禹谟》的“德惟善政，政在养民”的“德”，亦即意在造福生民而为所应为的“德行”之“德”，而在相当程度上转变为期待回报的“功德”之“德”。这其间的差异，或许有如苏轼在《东坡书传》中解释“皋陶迈种德”所说的：“众人之种其德也近，朝种而暮获，则其报亦窄；皋陶之种其德也远，颠沛未尝不在于德而不求其报也，及其充溢而不已，则沛然下及于民而民怀之。”他所说的众人种德是朝种而暮获，其报也窄，应是指他们的眼光比较浅近，期求实际的回报能够及早到来，而所得的回报则只限于己身或一家一族之内。当苏轼在前引司马光曾祖父赠太子太保的制书中，以种德立说，用“待报”于数世之后来讲他生前获信于乡里的笃行之德，从苏轼自己在《东坡书传》中对“皋陶迈种德”的解释来看，两者的性质已不尽相同。但是当儒家理想增添入佛、道两教的涵义，对社会所发生的影响却可能更大。

天意是无法掌握的，但是行善积德却可以自己掌握，以行善积德来影响那一股决定科举前程的不可知力量，比起坐待神意自然要积极得多。所以汪藻在前面提到的那篇记文中又说：“人定者胜天，天定亦能胜人”，而君子“知修吾身以待其定而已”。这样的一种报应观念，和前面所讲求取神意、预兆或命相的指点一样，也不是读书人所独有的，读书人在这一方面和民众并没有太大的分别。在这里可以看到科举文化和大众文化之间的关系，也可以看到科举文化不仅存在于读书应举的有限范围内，而且扩大影响到当时人们生活的其他方面。

三、荣耀家邦

士人通过科举考试，登第仕宦是一件十分光荣的事情。这不仅是个人的成就，对于他的家庭和乡里来讲，也增添了几分荣耀。亦即科举及第的光荣不仅是个人的，也是群体的。前面所讲的种德观念，正是这种想法的一种表现。

上面讲到在许多郡城、县城里，常用坊巷名称来表扬在举业上有成就的士人，就是这一项成就同时也是乡里之光的最好说明。四川的泸州州城有桂林坊，《江阳谱》说明命名的由来，是由于乡士王世民住在这里，兄弟三人都获得荐送，而王世民登绍兴十一年（1141）第，“里人荣之，故以此名其坊”。“里人荣之”这几个字，正显示地方人士把王世民的光荣当作他们共同的光荣。前述南宋晚期的寿昌军，有沙圆之谶，“古谶有云：‘沙接寒溪口，武昌出状元。’故胡朝颖诗有‘久闻父老言沙谶，为问何时出状元’之句。比年江水涌沙成洲，渐接寒溪口矣”（佚名《宝祐寿昌乘·贡举》）。寿昌军原本是武昌县，所以谶文说武昌出状元。这两句谶文，表达出当地人的一种期望，也显示了他们的价值观念，地方上如果能够出一位状元，那是地方的光荣。而贡院、学校在选择用地时所以会考虑到风水，也就是由于各地的士人认为，如果有助于本地的科举成就，那是地方上的荣耀。所以各地贡院、学校的用地风水问题，经常是当地人士向地方官提出，再由地方官促成。

此外，各地学校中进士题名碑刻的竖立，也是如此。如上一讲所说，地方士人所以重视此事，是由于他们认为登科及第已成地方上的荣耀，如果进出于学校的士人见到碑上题名而起效法之心，有更多人列名其上，将更增添地方的光荣；而地方官员愿意接受地方人士的意见，甚至主动地推动，也由于他们同样认为这件事情关系地方的光荣，而且可以表现自己的施政成绩，也与有荣焉。《江苏金石志》卷十三载镇江府学教授陈德作于庆元六年（1200）的《京口先达题名记》说：

> 于是命学之职书史者，与领袖诸公同共参订，考其宗派，稽其勋阅，摭其禄仕稍穹者，悉表而出之，勒诸坚珉，以侈缨簪之盛，以励衿佩之志，使他日继此而书者，源源不绝，岂惟是邦之荣，德亦与有荣焉。

正是这种心态的说明。这些碑石上刻的，不仅是进士录取名单，还有他们的家族背景、仕宦经历，这些都是用来鼓舞士人的志气，勉励他们努力，好让地方上、家族里能够继起有人。

由于科第的荣耀是地方所共有，所以地方政府对于通过解试的士人有一套仪式，一方面用以表现他们已有的光荣，另一方面也鼓励他们到京城去，进一步为乡里争光。唐代进士及第以金花帖子通报，宋代已经不用，但是到南宋时有些地方却用之于解试。四川州郡在解试发榜前，预先照领荐人数造好金花榜子，每宣布一个录取人的名字，立即在一份金花榜子上填上户贯、三代、姓名，派人送到录取人的家中。宝祐六年（1258），吴潜在浙东知庆元府，认为可以取法，“一可以还前古之风流，二可以为乡党之美观，三可以杜捷子之纷扰”（梅应发《开庆四明续志》卷一《科举》）。所谓“还前古之风流”“为乡党之美观”，都是在于表达荣耀。至于“捷子”则是私自报捷的人，按照规定，只有金花榜子到了才算是正式通知，以避免误报或漏报，所以说“可以杜捷子之纷扰”。

许多地方都为通过解试的举人举办鹿鸣宴。举办这项宴会，目的不仅在于庆祝，更加重要的是在于“劝驾”。地方官亲自敦劝得解举人前往都城参加省试，这一方面是为国家推荐人才，另一方面如果举人在都城有优异的表现，那就是地方的光荣。王之望（1103—1170）知福州时（乾道元年，1165），在一份给应考解试的士人的戒谕文中说：“鹿鸣开宴，黄堂享劝驾之仪；豹变还乡，绿袂耀观光之宠。”（《淳熙三山志》卷七《公廨类一·试院》）指的正是这一件事情。“绿袂耀观光之宠”的“绿袂”，如同第十讲所引“老来方得一青衫”的“青衫”，是指登第之后，换上品官所穿的绿袍。为了敦劝得解举人前往京城应考，有些地方官会致赠礼金、礼品，用意在于补贴举人前往京城的旅费和各项开支。礼金、礼品的多寡，自然因为地点、时间的差异而有所不同。

对于士人的家庭来讲，通过科举考试也是极其光荣的事情，以前已经讨论过，“业儒”是当时许多家庭所共有的理想，是一个可以世代追求的目标。当举业的成功成为一个家庭的最高价值时，为了达成这一个目标可以不惜花费，延聘贤师，聚集图书，不要子弟参与生产、家务，好让他们有充分的时间来准备应考。应考不是士人一己之事，而是事关门户，子弟在举业上有优异的表现，家中的长辈便觉得门户有望。

这样的一种心态，甚至和伦理关系中“孝”的观念结合在一起。科举及第，可以立身扬名，以显父母，是孝道的最高表现。财富再多，如果家族没有人能在举业上有所成就，也仍然不能算是光大祖业。洪适（1117—1184）为一位成都富人刘革写墓志铭，有这样的一段话：

> 刘在成都为右姓，群从同坊，闬闳相接，所谓夹寨。刘家府君少不群，有奋拔志，尝曰：刘氏善富数世，所不足者，非财也，不学无以崇孝亨宗。则作家塾，聚书求师友，合同族之子姓，朝夕咨讨。居亡何，从兄长源擢政和进士科，府君谂于众曰，非舌耕明验欤。（洪适《盘洲文集》卷七六《刘府君墓志》）

刘家是成都大族，虽然已经富裕数世，但是刘革认为有所不足，不足之处，在于“不学无以崇孝亨宗”，而学的目的，则在于举业上的成就。当他的从兄刘长源进士及第，他认为是舌耕明验，也就是实践了孝道，光大了祖业。当然我们也不要认为科举成为社会的最高价值，就会使得人们不计一切，只求及第入仕。儒业的教育，也使得许多士人明了做人的道理，坚持自己的人格。像上面所讲到的这位刘革，自己入了太学，表现出色，同舍生自以为不及。有一位贵人垂涎他的宝带，别人告诉他献给贵人可以入仕，他却不肯如此做，说：“学不遂，命也。”于是弃学业而西归。（《盘洲文集》卷七六《刘府君墓志》）

光大祖业不只要靠一己的中举，要家族中不断有人在举业上有成就，才能维系家族的光荣。家庭或家族的仕宦背景，并不保证子孙一定就能通过科举考试，即使是以恩荫得官，前程也还是要靠自己的表现。没有科第家族背景的士人，固然为了登第而有一段奋斗的历程，可是这样的历程，也一样会见于那些具有家族仕宦背景的士人身上。任何参加科举考试的士人，在考试的过程中都处在竞争的状态之下，一个家族的起起落落，各个支派的遭遇不同，是常见的事情，因此若是能够累代及第，那是家族的光荣。宋代地方志或宋人的笔记里，常列有一些累代及第的家族，就是这种荣耀的表现。在第十三讲，已经提到过一些。福建兴化军的莆田方氏，是这一类家族之一，莆田人甚至有"无方不成榜"的谣谚（王迈《臞轩集》卷十一《莆阳方梅叔墓志铭》）。这个谣谚正显示出当地人对方姓的钦佩与羡慕，而所以钦佩与羡慕，则在于他们一族在举业上的成就。

由于莆田方氏福平长者这一房支的方大琮留有文集，有较多的资料可以看出家族对于科第成就的期望。绍定元年（1228）是解试年，开科之诏已颁，方大琮聚集了福平长者这一支派的族人，到魁星堂、龙岬庙、顺济庙、籍桂堂等处祈福。魁星堂祀魁星，籍桂堂供列有莆田本地包括方氏族人在内的历榜登科名籍，都与科第明显相关；龙岬庙在乌石山，为本郡郡守每年春祈秋飨之处，所祀奉的是当地人敬信的地方神；顺济庙祀湄州神女林氏，亦即后来自莆田传播到全国各地的天妃，以航海保护神知名，对莆田当地来讲，也是本地的保护神。在几篇祝文中，方大琮指出福平长者之后的五世子孙，"人物视他姓为最稠"，"秋赋春闱，多列前鞅，犹有待者，占人头上"；期许族人能够"奋其锐气，联翩策名，以满宗人之望，以称福平所期"；对于家族过去的成就，他强调是"福平祖种德以遗子孙"，可是又认为"科名夙定，神物司之"，因此当"较艺有日"之时，"聚族丐灵"，祈求"神其听之"，达成族人"开黄榜之墨，共续世科"的愿望（《忠惠铁庵方公文集》卷三八《戊子诏合属祈福六首》）。这几篇祝文，不仅显示出家族的光荣有赖族人不断在科第上有所表现来延续，也显示出在人们的心目中，祖先种德和神灵庇佑两种力量可以结合在一起，对于面对科第激烈竞争的士人，共同发挥鼓励其奋力并安定其情绪的作用。

家族对科第成就的期望，又见于方大琮一篇《方氏仕谱志》。这篇文章首先叙述了长官（方廷范）后人从北宋以来在科举、仕宦上的成就，然后就叙述所以立仕谱的由来：

> 吾大父和剂（万），以一经名堂，实藏书万卷，谓姓名漫漶，弗纪将轶，立仕版于堂楣。以进士标其首，特奏次之，世赏又次之，封赠又次之。高伯祖岳阳史君扩为之记，深以淬砺望后学。盖绍兴二十八年（1158）戊寅也。版成之二年而大父策名其间，版载登仕籍者百二十人。距今五十年，彬彬辈出，版溢久矣，来者无以容，欲更大之，未果，姑取而列之谱系之后。既首述吾祖所以擢第之由，复推广伯祖所以责望之意。吾祖积善种德，以遗子孙，余三百年。诗书有种，公侯有种，本厚根深，其发畅也易。然非学不足以承之，不学则与稊稗何异。……虽然，学者何，记诵多而已乎，词艺精而已乎，科第华其身而已乎。要必基以忠孝，充以器识，自其师友讲习，无非君民事业，则其出也光明俊伟，为国闻人，而后得其所以学。（《忠惠铁庵方公文集》卷三七《方氏仕谱志》）

方万为家族立仕版，记录仕宦的族人，因为这是家族的光荣，不能让后人遗忘，同时对自己、对后辈也是一种勉励。勉励的动机则在于延续家声，也就是所谓“深以淬砺望后学”。仕版首列进士，次列特奏，这显示家族的光荣是由于科举而得来的，进士、特奏虽然在名声上与宦途的发展上有悬殊的差异，却都是由个人的努力而得来，所以列在前面。再次列世赏，也就是恩荫，恩荫在宦途的发展上虽然优于特奏，却只是承先人的余荫，所以列在特奏之后。最后列封赠，这只是由于家中有人仕宦而为父母或其他亲人带来的荣誉。世赏和封赠两项荣誉，其实也和科举的成就有关，但不是出自己身的成就，而是由别人的成就而得到。仕版立后五十年，列名于其上的族人愈来愈多，已经没有空间容纳，显示方氏的家声延续不断，也表现出作者心中的欣慰。但是要怎样才能继续有人在科举上有成就，把家业承袭下去呢？方大琮清楚地指出，“非学不足以承之”，必须要学。那么，学又是要学什么呢？从文章可以看出，尽管科举、仕宦已经被看成是家族的最高荣耀，是家族声望所赖以延续不断的重要因素，但是方大琮并没有认为学只是为了通过考试，而是有更高的理想在，必须要学到做人的原则，也必须要学到对国家社会怀有抱负。

正因为家族在科第上的光荣必须由学带来，所以在宋代的社会里，有那么多的家庭重视子弟的教育，无数的士人孜孜不倦，穷年累月地在苦读。我们看到一些累代登科的家族，其实他们的族人也常经历过苦读的辛劳。许许多多苦读之中的士人，他们有些像方大琮那样，读书而能怀有理想，但也许更多的士人则只是想着怎样从时文模板中学到应考的技巧。姑且不论他们是否怀有理想抱负，他们都必须通过科举考试，才能够成为家邦的荣耀，为族人和乡里所钦羡。

一个一个家庭或家族，一个一个地方，争取着本身的荣耀，争取着在京师考试上榜的机会。为了上榜，各地的士人都读着国家考试所要求的书，练习着在国家考试中所要求的诗文。各地的教育，也都因应着国家考试的需求在教学。当金榜题名，他们将被分发到乡里以外的地方去做官，将会游宦各地，有朝一日，说不定会在中央政府出人头地，成为重要的官员，那更是家邦之光。于是科举考试把全国一个一个家庭或家族、一个一个地方联结在一起，成为一个具有共同文化价值的整体国家。通过士人的赴外地游学、应考，或是为了生活而赴外地任教，以及官员的游宦，各地之间的文化交流得到了促进。科举考试在这样的情况下，逐渐发展成为塑造宋代社会文化性质的重要因素。

因此，当走进一处宋代城市，举目望见街头的某些坊表，推敲其命名的意义；行经贡院，了解到这是一座这里以往未曾有过的建筑物；

进入学校，见到学生在研习时文，传来琅琅的读书声，听见人们在谈论风水或谶语的证验，浏览矗立于讲堂内的进士题名碑刻，注目于丛桂、魁星、文昌及其他一些建筑物的名称，甚至发现建筑物中奉有魁星或梓潼帝君的神像；走入一家茶肆坐下，听见邻桌的几位士人在聊着某位相士断言前程的名声。走出城市，走进乡村，行经一所庙宇，也许会遇见前来祈梦的士人；在路口，说不定可以看到地方官张贴的文告，鼓励富有人家行善种德，把储粮拿出来济助饥民。这一切都触及了当时士人们的共同心态，也都是新社会、新价值的共同产物，经唐代、北宋长期酝酿发展，到南宋普遍出现，这也是科举文化趋向于成熟的时候。这种社会特质，虽然经过元代一度停废科举考试的转折，却没有消失，在科举试复行之后，延续到明清。上一讲一开头所述清代吴敬梓《儒林外史》中周进的故事，所显现的正是这种在宋代就已确立的社会特质。

第十四、十五讲参考书目

一、专著

何忠礼，《南宋科举制度史》。北京：人民出版社，2009，第十章第五节。

许地山，《扶箕迷信底研究》。台北：台湾商务印书馆，1967。

陈祈安，《宋代社会的命份观念》。台北：台湾大学历史学研究所硕士论文，2001。

贾志扬，《宋代科举》。台北：东大图书股份有限公司，1995，第七章。

刘静贞，《宋人的果报观念》。台北：台湾大学历史学研究所硕士论文，1981。

刘祥光，《宋代日常生活中的卜算与鬼怪》，台北：政大出版社，2013，第一章。

二、论文

伊原弘，《宋代浙西における都市と士大夫——宋平江圖坊名考》，收入中

嶋敏先生古稀记念论集事业会编,《中嶋敏先生古稀記念論集》上卷。东京：汲古书院，1980。

梁庚尧,《南宋的贡院》，收入氏著,《宋代社会经济史论集》。台北：允晨文化实业股份有限公司，1997。

梁庚尧,《士人在城市：南宋学校与科举文化价值的展现》，收入刘翠溶、石守谦主编,《第三届国际汉学会议论文集历史组：经济史、都市文化与物质文化》。台北:"中央研究院"历史语言研究所，2002。

森田宪司,《文昌帝君の成立——地方神から科挙の神へ》，收入梅原郁编,《中國近世の都市と文化》。京都：京都大学人文科学研究所，1984。

刘静贞,《报偿——宋人对亲子关系缘起的一种解释》,《东吴历史学报》第二期，1996，台北。

廖咸惠,《祈求神启——宋代科举考生的崇拜行为与民间信仰》,《新史学》第十五卷第四期，2004，台北。